秦巴山地建筑热环境营造与低能耗建筑模式研究（国家自然科学基金5

宁夏回族自治区重点研发项目（2018BEB04012）资助

Research of Construction Mode and Strategy of
Ankang Migration Relocation and Resettlement Community under
the Background of New Urbanization

新型城镇化背景下

安康『移民搬迁安置社区』

营建模式及策略

余咪咪　马冬梅◎著

经济管理出版社

ECONOMY & MANAGEMENT PUBLISHING HOUSE

图书在版编目（CIP）数据

新型城镇化背景下安康"移民搬迁安置社区"营建模式及策略/余咪咪，马冬梅著．—北京：经济管理出版社，2022.3

ISBN 978 - 7 - 5096 - 8361 - 3

Ⅰ.①新…　Ⅱ.①余…　②马…　Ⅲ.①移民安置—研究—陕西　Ⅳ.①D632.4

中国版本图书馆 CIP 数据核字（2022）第 057860 号

组稿编辑：郭丽娟
责任编辑：吴　倩
责任印制：黄章平
责任校对：王淑卿

出版发行：经济管理出版社
　　　　　（北京市海淀区北蜂窝 8 号中雅大厦 A 座 11 层　100038）
网　　　址：www. E - mp. com. cn
电　　　话：（010）51915602
印　　　刷：唐山玺诚印务有限公司
经　　　销：新华书店
开　　　本：720mm×1000mm/16
印　　　张：13.5
字　　　数：249 千字
版　　　次：2022 年 5 月第 1 版　　2022 年 5 月第 1 次印刷
书　　　号：ISBN 978 - 7 - 5096 - 8361 - 3
定　　　价：88.00 元

前　言

为避灾减灾、减贫脱贫、建设生态环境和发展社会经济，2011 年陕西省政府实施陕南移民搬迁工程，目的是保障居民生存安全、改善人居环境和推动城镇化发展。移民搬迁安置工程实施以来，在取得显著成效的同时许多问题也逐渐凸显出来：生态承载论证不足、人口再分布不协调，产业支撑带动不足、人与资源矛盾突出，移民需求关注不足、社会网络难以建立，城乡统筹选址不足、缺乏适宜性营建模式。本书在借鉴国内外移民搬迁安置实践的经验和对现状问题分析的基础上，试图探求安康"移民搬迁安置社区"营建的适宜理论与方法体系，指导移民搬迁安置社区的建设，也为其他类似区域的移民搬迁安置工程提供启示和借鉴。

本书以新型城镇化内涵为研究视角，试图探求适宜于安康的环境条件、可行性强的移民搬迁安置社区营建模式与策略，从区域和个体层面引导移民搬迁安置社区的合理营建。以新型城镇化内涵为主旨，从"解读本底、总结现状、分析机制、构建模式、提出策略、评价反馈"六个方面形成本书的研究框架：首先，从自然生态、经济发展、社会人文和空间营建四个方面对移民搬迁安置社区营建的环境本底进行解读，明确移民搬迁安置社区营建的约束条件。其次，通过对安康 2011～2015 年移民搬迁安置社区营建的目标、工作框架、类型、生态恢复与营建、产业支撑与资源利用、社会网络与社会管理保障及空间营建的梳理，总结了当前营建的成效，归纳了营建存在的问题。再次，针对营建存在的问题、移民的需求以及新型城镇化内涵要旨，明确安康移民搬迁安置社区营建的特征，并围绕营建目标、影响因素作用机制、营建路径三个方面，通过借鉴相关理论，建立了新型城镇化背景下安康移民搬迁安置社区营建模式的研究框架，完成由问题到方法的转化。又次，从区域和移民搬迁安置社区两个尺度层面提出营建策略，在区域尺度下侧重人口再分布的合理调控基础上的移民搬迁安置社区选址，提出市域、县域两个层面的综合选址方法；在移民搬迁安置社区尺度下侧重营建的可操作性，通过"基本单元"的研究合理确定移民搬迁安置社区的规模，并针对移民搬迁安置社区营建中生态自然、社会人文与空间三个层面提出了具有针对性的营建策略与实施原则。最后，建立涵盖目标、过程、结果的 PPR 评价体系，衡量目标实现度、营建过程合理性以及营建造成的影响，并应用于现状评价实证反馈。

本书通过对安康移民搬迁安置社区营建本底、现状、营建模式及策略的系统性研究，建立了移民搬迁安置社区自区域至个体的选址方法体系，提出了移民搬迁安置社区基本单元的概念及其适宜规模的确定方法，并建立了移民搬迁安置社区的 PPR 评价体系；从理论层面上对既有的移民理论系统进行整合，完善移民搬迁安置社区营建理论研究体系框架；从实践层面上为安康移民搬迁安置社区建设政策的制定提供理论依据，也为其他类似区域移民搬迁安置社区的建设提供启示。

本书由余咪咪执笔完成。其中第四章"新型城镇化背景下安康移民搬迁安置社区营建体系建构"、第五章"安康移民搬迁安置社区区域选址策略"由马冬梅负责协助构思框架和提供方法支持。

余咪咪　马冬梅

2021 年 10 月

目　录

第一章　绪　论

第一节　研究背景

一、全国生态发展战略和陕南自然灾害加剧要求实施移民搬迁

随着社会经济的发展和科技的进步，环境污染、资源危机和生态破坏等环境问题日益凸显，不仅影响了我国的生态安全，也阻碍了社会经济可持续发展进程。为促进经济社会的可持续发展，改善生态环境，提高人类社会与自然界的协调度，我国 2008 年制定了《全国生态功能区划》，该区划指出了国家生态安全的重要意义，确定了不同地域单元的主导生态功能，为产业合理布局、自然资源有序开发和生态环境的保护提供了有力的指导，推动中国经济—社会—环境的健康、协调发展。

陕南是陕西省南部地区，北靠秦岭，南依巴山，西、南、东部分别与甘、川、渝、鄂、豫五省市接壤，包括汉中、安康、商洛三市 28 个县（区）。《全国生态功能区划》中将陕南秦巴山地确定为"水源涵养生态功能区和生物多样性保护生态功能区"，是秦巴山地水源涵养重要区、国家南水北调中线工程的重要水源地，具有十分重要的水源涵养和生物多样性保护功能。《全国主体功能区规划》中陕南属于限制开发的重点生态功能区，是国家"两屏三带"生态安全战略格局的重要组成部分，该规划提出对于重要的生态功能区应"停止建设所有环境污染严重的工程项目；禁止所有导致生态功能严重退化的开发活动；严惩生态环境的人为破坏活动；严格控制人口持续增长，对超出区域承载能力的人口进行移民；改变传统粗犷式发展模式，用科学的生态发展思路实现可持续发展；对已经发生破坏的重要生态系统，结合环境修复的措施，遏制生态环境的持续恶化趋势"。

生态资源、地理位置及历史原因造成了陕南地区人口与资源环境之间的关系比较紧张，长期的人口压力和经济贫困，形成了对资源的掠夺式开发，导致森林质量、水源涵养功能不断下降，野生动植物栖息地质量下降、破碎化加剧，生物多样性受到威胁。陕南地质环境脆弱、地质灾害隐患严重，地质灾害易发区面积占全区面积的50%，制约了陕南的经济发展，威胁到山区群众的生命安全，区域生态安全问题日渐突出。2001～2010年，陕南共发生地质灾害2000多起，直接经济损失高达460多亿元。2010年，陕南三市遭遇特大暴雨、滑坡、泥石流灾害，导致177万人受灾，倒塌房屋14万间。特别是2010年7月18日至24日，安康市连续发生特大暴雨洪涝和泥石流地质灾害，造成10县（区）168个乡镇受灾，紧急转移安置群众58万人，受灾人口155万人，因灾害造成直接经济损失65.6亿元。受灾范围广、重灾乡镇多、民房损毁重、伤亡人数多，均属历史罕见。

2011年陕西省政府启动陕南移民搬迁安置工程，计划2011～2020年，汉中、安康、商洛三市28个县（区）搬迁240万人，是协调人口与资源环境、保护和恢复秦巴山地生态系统、保障水源涵养和生物多样性保护功能的重要举措，既是对国家和省域生态发展战略的响应，也是避灾减灾、保障居民生存安全与发展的重要路径。

二、新型城镇化发展战略和扶贫开发要求陕南加快移民搬迁安置社区规划建设

改革开放后我国在城镇化快速发展的同时，粗放的发展模式导致资源环境恶化、产业升级缓慢、社会矛盾增多等诸多问题出现，阻碍了城镇化的健康发展。面临全球经济发展的新局面，扩大内需代替出口拉动成为经济发展的新方向，城镇化是扩大内需的重要支撑，通过人口向城镇的聚集进而对公共设施、基础设施产生巨大需求，相应地城镇规模、功能和布局需要进行优化和重构。为解决传统城镇化带来的问题、应对全球经济发展环境，我国提出了新型城镇化战略。2012年10月党的十八大报告指出："要构建科学合理的，与区域产业布局和经济社会发展紧密联系的，与资源环境承载能力相协调的城市格局。以生态文明理念指导城镇化建设，有序推进农业人口市民化，走绿色、低碳、智能、集约的新型城镇化道路。"2014年《国家新型城镇化规划（2014－2020年）》中明确提出"城镇化水平和质量稳步提升、城镇化格局更加优化、发展模式科学合理、生活和谐宜人、机制不断完善"的发展目标。2014年陕西省也提出"城镇化水平和质量稳步提高、城镇化格局进一步优化、城乡公共服务实现均等化、城市环境生态宜居"的发展目标,提升农业转移人口市民化进程,城镇化保持高于全国平均水平的增长速度,优化构建"一核两轴两带三走廊四极"的城镇群格局。陕南的安康市既是陕西省南北发展轴上的重要城市,也是全国城镇格局的"两横三纵"中南北纵轴包昆通道上的重要节点,承担着推进地区城镇化发展的重要任务。

受自然、历史、社会、经济等因素制约,陕南地区城镇化与新农村建设进程相对滞后,山区群众产业单一、生活条件差、基础设施薄弱。2010年党的十七届五中全会明确指出"着力推进以生态移民攻坚为重点的扶贫开发",2011年《中国农村扶贫开发纲要》提出"有效地将城镇化的推进、社会主义新牧区新农村的建设与扶贫开发相结合,有效将生态环境的保护和建设与基础设施建设相结合,充分发挥贫困地区的自然资源优势,促进区域人地关系系统的协调发展",对包括秦巴山区在内的十四个集中连片贫困区的贫困人口实施易地搬迁的扶贫措施;提出"生态规划先行,衔接主体功能区规划,强化工业发展、新型城镇化建设,推进易地扶贫搬迁,引导贫困人口向城镇、园区的有序转移。完善协调统筹机制,制定相关配套政策,妥善解决搬迁人口在就业、住房、生产、医疗、教育、社会保障等方面的问题,确保搬出来、住得稳、发展快、致富强"。

新型城镇化和扶贫开发战略都要求要推进农业人口特别是贫困地区的农业人口向城镇有效转移,在城乡一体化发展过程中更注重对广大乡村地域的支持、鼓励与扶持。全国、省域的新型城镇化发展战略指引了陕南城镇化发展的目标和方向,也为移民搬迁安置工程建设提供了良好的机遇。如何以"移民"为本,协调好移民搬迁安置社区建设与生态环境的关系,统筹协调、引导移民向城镇合理转移,协调安置社区与城镇的发展关系、解决产业配套和就业、完善社会保障体系、提高移民搬迁安置社区的建设水平是亟待解决的现实问题。

三、陕南移民搬迁安置社区规划建设问题凸显

在2010～2020年实施陕南移民搬迁安置工程计划的10年间,汉中、安康、商洛三市28县(区)共搬迁240万人,工程规模大、时间紧、社会效益巨大以及对环境造成的复杂影响,引起国内外的广泛关注和重视。自2011年移民搬迁工程启动以来,移民搬迁安置社区建设问题已成为陕南区域发展的首要问题,其中较为突出的是以下几个方面:

(一)人口再分布与资源的协调发展问题

陕南地处秦巴山区,地形复杂、土地资源紧缺、人口容量较小,自明代以来

大量移民使区域人口密集，移民开发加剧了对自然资源的破坏，造成了自然灾害的隐患，导致区域承载力逐渐减弱。被称为"九山半水半分田"的安康，2010年人口密度达到130人/平方千米，而根据有关测算，秦岭山区每平方千米能容纳5人，巴山为10人左右，已远远超出其资源环境的承载力；据专家研究论证，紫阳县人口承载力合理值是12万人，而全县实际居住了35万人。2011年启动的陕南移民搬迁工程是在区域行政范围内移民搬迁，人口总量并未发生大的变化。陕南三市各区县之间的自然资源条件、社会经济发展与人口分布并不平衡，在缺乏对资源禀赋和生态承载力合理评估的情况下，生态超载地区推行的移民仅仅是进行了人口的空间位移，并未从根本上缓解其生态环境和资源的压力。因此，移民主导下区域人口与资源环境协调的空间合理再分布问题是陕南区域可持续发展的关键问题，也是移民搬迁安置社区营建的核心问题。

（二）产业结构调整和发展支撑乏力问题

秦巴山地阻隔造成了陕南地区的交通不便，加上历史上移民开发加剧了对自然资源的破坏，使产业发展比较滞后，产业吸纳农村劳动力能力不强，对城镇化的拉力不足。虽然陕南三市通过"集约土地发展产业、集中培训促进就业、集成政策鼓励创业"，推行"景区、园区带动，资金互助，鼓励家庭创业、以资代劳，促进就近就业"的模式，支持在集中移民搬迁安置社区大力发展劳动密集型、就业主导型产业，采取加大招商引资、鼓励返乡创业、能人大户带动等多种方式，引导民间资本建设农业园区、工业园区和旅游景区，解决移民就业问题，但是由于缺乏总体规划，导致移民搬迁安置社区与区域产业体系布局不能有效衔接，并且土地资源稀缺加剧了移民安置社区与产业发展用地的矛盾，致使多数移民安置社区的产业发展处于停滞状态，"造血"功能不足，外出务工仍然是移民主要的劳动就业方式，许多移民安置社区进一步向"空心新区""留守新区"演化。

（三）资金来源及管理机制问题

按照《陕南地区移民搬迁安置总体规划（2011-2020年）》，移民搬迁安置需1100亿元，通过省级财政扶持、地方配套、中央财政统筹、项目支持、对口支援和群众自筹六个方面筹措，资金实行"省—市—县—镇乡"四级协调制度，但由于三市经济发展基础薄弱，地方配套资金难以保障，尤其是市县筹款压力较大，加上搬迁补偿与实际建房支出之间的巨大差距，导致众多移民负债累累甚至不愿搬迁，影响了移民搬迁的进程。如白河县茅坪镇枣树移民搬迁安置社区的低层院落式移民新居，政府每套补贴3万元，但是建房、装修花费在10万到15万元，移民将大部分资金用于住房建设，缺乏必要的生产资金，也导致后续发展动力不足。面对资金困境，陕南移民搬迁安置规划中提到要"资金渠道多元化"，采取财政资金配套、多元主体参与、中标企业垫资、安置户预交等办法，建立移民搬迁多元投入机制，对移民搬迁资金实行专户管理、专款专用，但由于搬迁后农林地流转缓慢、移民贷款风险大金融部门不积极支持、政策不完善导致多元主体资金投入保障不足等都影响了融资效果，影响了移民搬迁安置工程的进展。

（四）社会组织有效化和政策扶持问题

中国长期的封建自然经济使人们对土地产生了一种依赖的情感，对集体有一种缱绻之情，国人传统上是安土重迁的。由于移民搬迁，以血缘为主导的家族关系和以地缘为主导的邻里关系所形成的社会关系网络不可避免地瓦解，关系资本链断裂，移民面临如何融入新社会网络关系和保持原有的社会关系网络的双重问题。当前各级政府虽然采取了就近搬迁等措施避免移民在语言、风俗习惯等方面的差异，但由于人户分离、人地分离，加上社会管理、保障体系乏力，国家及地方相关法律政策对于移民安置的后期扶持和管理办法仍较缺乏，使移民无法较快地适应迁入地环境，社会关系网络重建困难，不利于社会稳定。

（五）空间结构无序导致空间资源开发失范问题

严酷的自然环境、闭塞的交通条件导致陕南地区城镇普遍规模小、职能单一、布局分散、城镇发展不均衡、城镇化水平较低，严重制约着社会经济的发展。近几年移民搬迁安置社区建设虽然直接促进了城镇人口规模的增加、推动了城镇化的发展，但同时出现了对区域生态承载力考虑不足，选址在生态敏感和脆弱地区，使有些地区超载现象加剧，给生态环境带来二次破坏；与城镇发展和产业辐射结合不足，就业机会少，公共服务和基础设施不完善；移民安置社区数量多、规模小、布局分散，不能达到基础设施配置的经济门槛，难以得到安全保障、管理等服务，更难以形成良好的生活氛围和社会交往等问题，使区域空间资源的开发重组陷入新的困境，制约了区域城乡的有序发展。因此，以空间资源的合理配置及空间结构的重组加快陕南的经济社会发展转型，成为陕南新型城镇化发展的重要任务。

上述问题不是某个区县的特殊问题，而是陕南三市移民搬迁安置社区建设普遍存在的问题。移民搬迁安置社区营建是政策性强、涉及面广且技术复杂的综合系统工程。因此，从多学科、多层面提升移民搬迁安置社区营建效果事关陕南移民"搬得出、住得稳、要致富"的关键，直接影响移民搬迁事业的可持续进程，更是改善陕南地区人居环境、促进资源与环境可持续发展的关键课题。

第二节 研究目的及研究意义

一、研究目的

本书以探索移民搬迁安置社区营建模式和策略，引导科学搬迁、有序建设和健康的城镇发展为目标，以城乡规划学、建筑学、生态学、社会学、人文地理学、历史地理学等学科为理论基础，按照"解读本底—总结现状—分析机制—构建模式—提出策略—反馈评价"的思路，梳理安康移民搬迁安置社区营建的本底条件、现状问题及其原因，揭示新型城镇化背景下安康移民搬迁安置社区营建的特征，探究移民搬迁安置社区营建的适宜性营建模式及不同尺度下的营建策略，并构建评价体系及时反馈调控，为下一步制定移民搬迁安置社区营建策略提供理论依据和实证支撑。

二、研究意义

（一）理论意义

国内外关于移民问题在各个学科领域都有了大量研究成果和实践探索，但研究多集中在各相对独立的学科领域，缺乏移民搬迁安置社区营建对新型城镇化的响应，移民搬迁安置社区营建研究系统性不足，对于陕南安康在区域内优化迁移的移民搬迁安置社区的营建缺乏理论和方法的指导。本书在此基础上，整合以往有关移民的研究成果，从以往多学科的分散研究向移民搬迁安置社区营建"目标—机制—策略—评价"全面、系统、动态的研究思路转变，结合新型城镇化的内涵建立营建目标体系，通过对营建的影响因素的分析，揭示生态环境、经济发展、社会组织以及空间营建的机制，提出实施路径，建立综合性的移民安置社区营建范式，完善和丰富移民搬迁安置社区营建理论和方法体系框架。

（二）实践意义

（1）为安康移民搬迁安置工程建设政策制定提供理论依据。安康位于西北、西南和关中、成渝、江汉三大经济区的交汇地段，具有承接东西，连接西北、西南的特殊区位优势，必将成为东中部生产力要素向西部转移的首选地区和前沿阵地。但安康作为我国"南水北调"工程的水源地和生态保育区，相对闭塞的内陆环境掣肘了外向型经济的发展，也限制了城镇的发育。安康正值新型城镇化的发展契机，面临极为深刻的环境保护与经济、社会发展的矛盾，如何认识新型城镇化的内涵并将其转化为具体的建设要求，建立系统的营建理论方法指导具体建设，不仅关系到移民的生存和发展，而且关系到整个安康地区的发展。

针对当前安康移民安置社区建设的问题，追本溯源，结合国内外相关案例与安康历史移民的回顾，解读新型城镇化内涵和要求，探讨移民搬迁安置工程的影响因素的作用机制，从不同层面提出移民搬迁安置社区营建策略，具有较强的可操作性，为安康政府、相关决策部门制定新型城镇化战略和移民搬迁安置社区建设策略提供新思路和新方法，对于降低移民搬迁安置工程开发建设中的相关风险、改善移民人居环境、促进安康城乡经济发展有积极的作用。

（2）为其他类似区域搬迁安置社区营建提供启示。我国幅员辽阔、地理环境复杂，有大量人口生活在生态环境脆弱、自然灾害频发的地区，这些地区通常也是我国集中连片的特困区，为了保护修复生态环境、避灾减灾、扶贫开发、推动城镇化进程，需要实施易地扶贫搬迁。安康移民搬迁安置工程在自然环境、移民问题和城镇化发展方面都具有典型代表意义，通过对安康移民搬迁安置社区营建模式及策略的研究，有助于推进安康移民搬迁安置社区和区域的可持续发展，为陕南的汉中、商洛两市的移民搬迁安置工程建设提供借鉴和示范，也为地理环境、发展条件类似的区域以及考虑采取移民来扶贫的地区提供实践经验和启示。

第三节　研究范围及相关概念界定

一、研究范围——安康市

陕南北依秦岭，南靠巴山，包括安康、汉中、商洛三市，东与河南毗邻，西接甘肃，南连重庆、四川、湖北，北与西安、渭南、宝鸡相接，国土总面积6.99万平方千米，2010年总人口为928万人。

基于陕南的城镇发展趋势、移民搬迁的进程以及对未来的推广性考虑，本书将研究范围选择在安康市，对安康市的移民搬迁安置社区进行重点研究。安康市位于陕西省东南部，北与西安市、商州市毗邻，西与汉中市接壤，南与川渝两省市相连，东与湖北省为邻，包括汉滨区、汉阴县、石泉县、宁陕县、紫阳县、岚皋县、平利县、镇坪县、旬阳县、白河县1区9县，面积233.91万平方千米，2010年总人口为303万人。选择安康市作为研究范围，基于以下原因：安康市北靠秦岭，南依巴山，汉江由西向东流经全境，"两山夹一川"是陕南三市的典型地理特征；安康还是全国新型城镇化格局"两横三纵"南北纵轴包昆通道上的重要节点，是陕南城镇化发展的前沿地带；安康计划移民88万人，占陕南移民总数的36.7%，涉及辖区内所有的区县，移民数量多、分布广泛，近几年移民搬迁安置社区建设力度相对较大，已建成的移民搬迁安置社区数量、类型众多，存在问题多样化，其中所反映的现象和规律能够代表陕南三市各地所存在的现实问题，也与全国移民区域中该研究领域所存在的问题具有一定的共性。

二、新型城镇化

最早的城镇化概念由西班牙工程师 A. Serda 于 1867 年在其著作《城镇化基本理论》中提出，城镇化是人口持续向城镇聚集的过程，是农业人口、非农产业向城镇集中的过程。城镇化促使生产要素向城镇聚集，不断地调整产业结构和优化配置各种资源，也使之成为解决劳动就业、拓展市场、推进工业化的重要举措，促进城乡协调发展。

面临城乡二元结构矛盾、全球经济再平衡和产业格局再调整的大背景等内外要求和挑战，2012 年 10 月党的十八大正式提出"新型城镇化"的城乡建设理念，明确"以人为本、四化同步、生态文明、文化传承、优化布局"的新内涵，要求我们在城乡建设过程中要更加注重与自然生态的协调、关注地域文化传承与创新、以多元化产业发展促进城乡协调发展。

在"以人为本"的基本理念下，我国各个学科领域专家对新型城镇化进行了一系列探索，提出新型城镇化是：以城乡和谐、互相促进、共同发展为目标，城与乡在生产、生活、物质要素的流动，信息内容的共享上更为便捷、和谐、健康和融洽，彼此之间实现互动和共生；发展重点从偏重规模扩张转向注重功能提升、效率和品质提高，重视城镇居民生活质量、社会保障和公共服务水平的提升；动力机制更加多元化，依靠农业现代化、战略性新兴产业、信息化、现代服务业来推动城镇化发展；城乡关系上由城乡差别发展向城乡融合发展转变，强调城乡统筹和城镇体系协调发展的城镇化；资源环境利用以低碳化、低污染、低耗能为基本目标，实现人口、经济、资源和环境相协调的可持续发展；制度创新从自下而上的探索向顶层设计和基础创新相结合的政策保障方向转变。

新型城镇化相较传统城镇化有更深刻和丰富的内涵，它不仅注重城镇化发展的数量，更注重城镇化的质量，强调生态、社会、经济与空间协调发展，同时更突出了"人"在城镇化中的重要作用。其内涵包括以下几方面内容：

在生态保护方面，新型城镇化把生态文明理念全面融入城镇化进程，以生态保护和生态修复为前提，将城镇经济发展、规划建设控制在资源环境承载力许可的范围内，减少对自然的干扰和损害，形成环境保护和资源节约的空间格局、协调的产业结构、科学的生产和生活方式，完善环境补偿政策，加大生态补偿力度。

在经济发展方面，新型城镇化强调产城互动，注重农业与城镇协调，工业与信息化高度统合，就业和人口集聚统一，为城镇化发展提供持久动力。产业发展要依据城市资源环境承载能力、要素禀赋和比较优势，引导产业在中小城市布局，增强中小城市产业承接能力，构建优势互补的城镇产业发展格局。

在社会发展方面，新型城镇化以人为本、科学疏导，有序推进农业转移人口市民化，统筹户籍、土地、社保、财税等制度改革，稳步推进城镇基本公共服务均等化。注重社会公正和社会包容，强调人与人之间的公平正义，强调城镇不同主体发展权利的同质均等。强化文化的传承与创新，承认文化差异性，提倡文化形态多样性，建设符合实际、特色鲜明的城镇化文化模式。

在空间建设方面，新型城镇化以空间优化为重点，根据资源环境承载力的强弱，统筹城乡区域发展，营建科学合理的城镇格局，因地制宜选择集约紧凑型开发模式，提升城市集聚区的密度，在有限的空间布置较高密度的产业和人口，提高土地配置效率，降低能源消耗；完善城乡基础设施和公共服务体系，提升公共服务的质量，发挥外部经济的带动效果；利用人力资本和创新要素促进城镇化的发展。协调大中小城市和小城镇发展，把加快发展中小城市作为优化城镇规模结构的主要方向。

三、移民搬迁安置社区营建

安康移民搬迁安置工程主要针对地质活动频繁和地质灾害危害严重地区、洪水灾害威胁地区、生存环境恶劣地区、生态环境存在潜在威胁地区的居民进行搬迁，采取集中与分散、有土与有业、政府安置与自主安置相结合的办法，推行"鼓励进城、扩张集镇、做好社区、相对集中、梯次推进、支持外迁"的搬迁方式，计划搬迁移民88万人，占安康总人口的28.98%。移民搬迁安置社区是政府主导建设的以移民为居住主体的空间聚落，不同于传统乡村在自生长演进中形成一定的秩序和结构，移民安置社区是人为地形成一定的秩序和结构。

"营建"一词出自《后汉书·郎𫖮传》："离房别观，本不常居，而皆务精土木，营建无已"，是兴建、建造之意。区域环境是移民搬迁安置社区营建的基础，移民作为农村人口转移、推动新型城镇化的驱动力，其发展应架构于区域城乡共生发展的基础上，最终实现城乡体系整体高效与持续运行和移民搬迁安置社区个体的可持续发展。因此，移民搬迁安置社区营建应是一个范畴较大的概念，包括移民政策制定、前期策划、规划制定、安置社区的管理运营及维护等相关内容。移民搬迁安置社区营建关注的是从区域到移民搬迁安置社区的整个系统，涉及生态、经济、社会和空间各个层面的问题，不仅需要研究移民迁入地的生态、经济、社会和空间营建，还要对移民迁出地的生态恢复和可持续发展做出科学决策。

本书所研究的移民搬迁安置社区营建，以新型城镇化内涵为要旨，以最大限度地减小对生态环境的影响和维护生态系统良性循环为前提，以提高移民的生活质量和提供可持续发展的动力支撑为目标，研究侧重移民搬迁安置社区的营建模式、策略及方法，包括对市域、区县以及安置社区的自然、居住生活实体空间的建设引导，以及对社会、经济发展的组织和引导。

四、营建模式及策略

模式是一种认识论意义上的确定思维方式，是解决某一类问题的方法论，它标识出了物件之间隐藏的规律关系。模式是对前人积累的经验的抽象和升华。本书所谓的"营建模式"，是在安康特定的环境条件中，总结现有移民搬迁安置社区建设经验的基础上，为实现移民搬迁安置工程目标对移民搬迁安置社区生态、经济、社会和空间营建方法的选择。策略意指一个事件或者行动是在完整的"过程"中进行的一系列动作、思考与抉择。通常为了实现最终目标，预先研判可能出现的问题，制定若干个应对的预案，并在目标实现的过程中，根据情势的发展和变化来选择相应的预案，或者制订新的行动方案，最终达成目标。

当前安康移民搬迁安置社区确实需要切实有效的营建模式来应对大规模建设需求、短暂的建设周期，通过全新、系统的理念，梳理科学合理的建设目标，通过一系列行动，思考和选择全面长远的发展计划，指导移民搬迁安置社区未来的营建。

第四节　国内外研究现状

一、相关理论研究

（一）区域 PRED 协调发展的基础理论

面对生态破坏、环境污染、资源短缺等问题，1978 年世界环境和发展委员会（WCED）正式提出了可持续发展的概念，其本质强调人与自然的协调共生、人类在其社会经济活动中如何有效地维护"人类—自然系统"及其可持续性。人口、资源、环境、经济等内容的协调发展是可持续发展的目标，实现可持续发展的关键尺度是区域，在这个层面上生态功能和人类行为强烈地相互作用，这两者之间的平衡正是研究和解决自然资源与可持续发展问题的关键。

区域可持续发展研究的是一定尺度的区域范围内由人口、资源、环境和发展（PRED）各要素组成的区域系统。区域 PRED 是通过合理配置系统内部各种资源，促使人口再生产与生态环境容量、资源承载力相适应，确保经济发展、社会进步、环境保护协调一致、持续稳定发展。区域 PRED 以综合协同观点的可持续发展理论研究的系统学为方向，以"协调度、发展度、持续度三者的逻辑关系和交集最大化"为中心，建立人与自然、人与人之间协调统一发展。区域 PRED 协调发展要求区域的发展和规划要以改善人与资源环境的关系结构、挖掘人与自然资源环境关系的潜力、加快人与资源环境相互作用的良性循环为目标，探求区域内部各要素间的相互作用及系统的整体调控。

系统论、控制论、信息论和协同理论为区域 PRED 协调发展提供了方法论基础。1932 年贝塔朗菲（L. Von Bertalanffy）提出的系统论是把研究对象作为一个系统，研究环境、系统及其构成要素之间的相互作用及规律，系统的整体、开放、层次和动态性基本原理有助于正确认识协调发展系统的结构及功能；1948 年诺伯特·维纳（Norbert Wiener）提出的控制论是研究系统的调节和控制规律，探讨系统的自适应、自组织原理，以及系统的改善、反馈调节机制；1977 年赫尔曼·哈肯（Hermann Haken）提出的信息论是关于信息的运动规律和应用方法；协同理论是研究系统从混沌无序状态向稳定有序结构转化的条件和机制，协同效应、支配原理和自组织原理，有助于分析区域 PRED 系统的各构成要素之间的相互关系，为制定协调发展战略提供方法论。

区域 PRED 协调发展水平主要通过资源承载力、区域生产能力、环境缓冲能力、进程稳定能力和管理协调能力来衡量。资源承载力是发展的基础支持系统，是对该区域内人口的基本生存和发展的支撑能力；区域生产能力是发展的动力支撑系统，是区域在资源、人力、技术和资本的总体水平上可以转化为产品和服务的能力；环境缓冲能力是发展的容量支持系统，所有的开发活动都应维持在环境允许容量内；进程稳定能力是发展的过程支持系统；管理协调能力是发展的智力支持系统。区域 PRED 协调发展水平主要从人口、资源环境和经济发展几方面的建构指标体系对区域可持续发展能力进行综合评价，中国科学院可持续发展战略研究中心自 1995 年开始每年撰写的《中国可持续发展战略报告》，是区域 PRED 评价的代表。

（二）人居环境营建研究

人居环境研究始于 19 世纪工业革命时期，以霍华德的"田园城市"、赖特的"广亩城市"、柯布西耶的"阳光城"、格迪斯的"进化中的城市"等为代表的研究都对解决工业化带来的城市环境问题、改善人居环境做了积极探索。在此背景下，1955 年希腊建筑师道萨迪亚斯（C. A. Doxiadis）提出了人类聚居学理论，研究人与环境的相互关系，了解并掌握人类聚居活动发生、发展的客观规律，以便更好地建设合乎人类理想的聚居场所。道萨迪亚斯提出人居环境的组成要素包括自然、人类、社会、居住和支撑网络，总结了人类聚居的基本定理——聚居发展定理，聚居的产生、发展、消亡都遵循一定的规律，聚居的产生源于满足人的需要，聚居的规模和类型取决于它在聚居系统中的地位，聚居的消亡取决于所有的影响因素；聚居内部平衡定理，组成聚居的五项要素之间是动态平衡的，其中人的尺度平衡是最主要的；聚居的实体空间特性定理，区位、规模、功能、结构、形态等聚居实体空间特性相互影响和制约，相应地将人类聚居系统划分成 15 个单元三大层次，个人到邻里、城镇到大城市、大规模人类聚居，各层次中的人类聚居单元有大致相似的特征。

1993 年吴良镛先生在道萨迪亚斯人类聚居学的基础上提出了人居环境学，结合中国城乡建设中的实际问题将人居环境简化为全球、区域、城市、社区（村镇）、建筑五大层次，人居环境的自然、人类、社会、居住和支撑系统五个组成部分在五大层次内相互交叉构成了人居环境的研究框架（见图 1 - 1），遵循生态观、经济观、技术观、社会观、文化艺术观五项原则。

人类聚居学以经验验证及抽象推理为研究方法，利用经验主义实证的方法对人类聚居与其他事物进行比较，以抽象主义研究方法进行理论假设，再把理论假设运用到实际进行验证，结果反馈后并进行理论修正；人居环境学是以问题为导向开展，针对问题确定目标，结合多学科理论方法进行的融贯研究。

在人居环境学的研究框架下，国内各个学科的学者结合各自研究领域以及当前人居环境建设存在的问题进行了大量理论探索：赵万民（2006）结合三峡移民工程和西南山地规划建设问题，提出山地人居环境理论；地理学者李雪铭等（2012）对人居环境的研究概括为人居环境的评价、理想人居环境模式、居住空间的研究、人居环境预警机制及其社会性研究等。

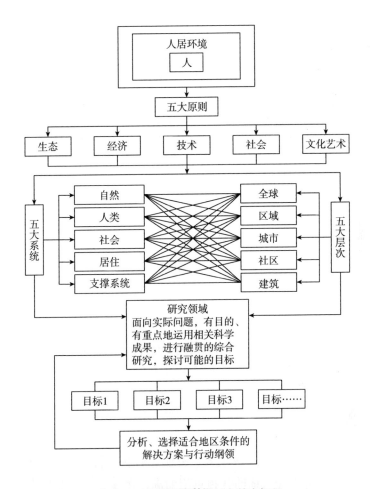

图 1-1　人居环境科学研究基本框架

资料来源：吴良镛. 人居环境科学导论［M］. 北京：中国建筑工业出版社，2001.

（三）人口迁移理论

在世界各地的发展历程中，都有因为自然、政治、宗教等原因而造成的移民。近代国外对移民问题的研究始于 19 世纪 80 年代，这一时期由于工业革命导致国际上出现大规模移民现象。初期研究多侧重于移民原因的分析，以推拉理论为代表。1885～1889 年美国学者乔治·莱文斯坦（E. G. Ravestein）发表了《移民的规律》，揭示了 11 条移民规律，指出经济因素是移民最主要的影响因素。在此基础上，荷伯拉（Herberle）和米歇尔（Mitchell）分别于 1938 年、1946 年提出了推拉理论，认为迁出地的推出因素、迁入地的拉动因素共同作用导致了迁移行为。李（E. S. Lee）于 1965 年系统地提出了人口迁移推拉理论，揭示了人口迁移是迁出地、迁入地、中间阻碍和个人这些因素综合作用的结果（见图 1 - 2）。1970 年马卜贡杰（Mabogunje）在《关于由乡村到城市的人口迁移的系统论研究》中提出人口迁移的"系统分析模式"，认为乡村与城市的控制系统及整个社会经济文化的调节机制是影响乡—城人口迁移的重要因素。国外人口迁移理论研究侧重由区域经济社会发展引导下的自发移民的规律，安康移民虽然是政府主导的非自发移民，但人口迁移理论的基本原理和机制对安康移民仍然有一定的理论指导意义。

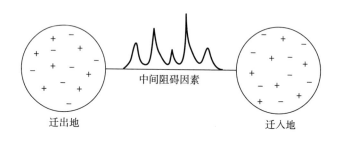

图 1 - 2　影响人口迁移的推力和拉力因素

资料来源：段成荣. 人口迁移研究原理与方法［M］. 重庆：重庆出版社，1998.

（1）推拉（Push - Pull）理论。荷伯拉（Herberle）和米歇尔（Mitchell）提出的传统的人口迁移推拉理论认为，人口推出因素主要源于迁移者对自己所居住地的不满，譬如自然灾害、经济收入、失业、居住条件、环境恶化、耕地减少等；拉力因素主要源于迁入地的各种可能的满足因素，如就业机会、居住条件、高收入、良好的教育、文化环境、社会环境、完善的公共设施等。两种因素综合作用促使迁移的决定形成。李（E. S. Lee）认为拉力和推力同时存在，人口迁移往往在推力大于拉力或拉力大于推力的条件下发生。

安康恶劣的生态环境、频发的自然灾害、落后的经济、设施配套等支撑体系的薄弱都形成了移民搬迁的推动力，与此同时迁入地的生态容量、土地资源、产业发展和就业机会以及支撑设施的完善程度相应地成为了移民强有力的拉力因素，政府的引导既是移民的重要推力又是拉力。国内外大量移民案例都反映出，迁入地社会融入困难、就业困难导致贫困、社会保障不健全等都会成为移民返迁的推力，而乡土情结、熟悉的社会网络和生活环境又会成为返迁的拉力。因此，加强迁入地生态环境、就业环境、设施配套和社会保障体系建设等是保障安康移民目标得以实现的关键。迁出地与迁入地背景接近更有利于移民融入迁入地的社会环境。

（2）系统理论。马卜贡杰（Mabogunje）提出的人口迁移系统论关注移民迁移原因、迁移过程对外界的影响，他认为人口迁移是一个互相依赖、不断循环、自我调节的复杂巨系统，包括环境、基本要素、能量和信息反馈四个方面（见图1-3）。迁移的基本要素包括潜在的迁移者、控制子系统和调整机制，控制子系统包括城市和乡村两个子系统，分别通过调节就业和居住机会，调整土地规模、村庄社区凝聚力和家庭来影响迁移者；调整机制包括各种社会、经济和政治力量。

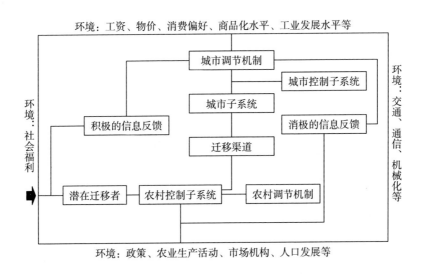

图1-3 城乡人口迁移系统

资料来源：段成荣. 人口迁移研究原理与方法［M］. 重庆：重庆出版社，1998.

安康移民系统中的基本要素迁移者是既定的，可以通过对控制子系统和调整机制的设计来保障移民搬迁和后续的可持续发展，通过调节产业来提供给移民更多的就业机会、文化建设来增强移民搬迁安置社区的凝聚力、资金支持建造住房以保障居住条件等。

（3）移民融入理论。移民融入是西方移民研究的重要内容，包含经济融入、社会融入、政治融入和文化融入等多类型和多维度融入（见图1-4），经济融入指移民者在职业地位、经济收入、劳动力就业市场、住房、消费水平等方面的全面融合；社会融入则是在经济融入基础上的进一步发展，指移民在社会关系、规范、文化习俗、社会组织等方面的融入；政治融入主要关注移民者参与迁入地政治与社会活动的方面；文化融入主要集中在同化主义与多元文化主义的争论，包括移民对迁入地的社会规范与规则的态度、语言表达、配择偶标准、犯罪倾向等方面进行度量。人力、社会资本归因论及制度取向理论为移民融入过程提供了理论解释。人力资本归因论强调移民个体的人力资本对于移民融入的影响，由于移民人力资本的缺乏，融入程度一般偏低；社会资本归因理论认为移民所拥有的社会关系网络、社会资本及社会资源等对于其社会融入起到决定性作用；制度取向理论则强调政策对移民融入的限制作用。研究表明，移民融入的限制因素包括移民的贫困、对迁入地的文化认同低造成的文化疏离、迁入地对移民的歧视性政策、移民的社会资本内卷化等。

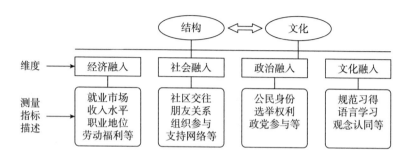

图 1-4 移民社会融入类型化模型

资料来源：梁波，王海英．国外移民社会融入研究综述［J］．甘肃行政学院学报，2010（2）：18-27．

移民的社会融入研究还包括经典融合理论和空间融合理论，经典融合理论认为移民与迁入地居民在居住环境上的相互关系是融合过程中的重要表象，聚集区的移民群体中间更容易形成社会网络，对移民生活提供支持；空间融合理论认为由于移民的社会经济背景与民族不同而形成不同的空间融合模式；移民社会融入的研究方法也更多元化，GIS、计量经济学的统计方法也被大量应用。

国外的移民融入研究为当前安康移民融入研究提供了一个基本的认知框架和解释路径：①安康移民以农民为主，人力资本缺乏，在教育水平、生活方式、工作技能等方面都存在与城镇社会不相适应的地方，在产业配置方面应结合现代农业和对技术要求较低的工业，同时应加强移民的技能和文化培训、提高人力资本，解决移民的就业生存和社会融入；②移民在迁入地缺乏社会资本与支持网络，阻碍他们在迁入地的社会融入，因此采用家庭、家族、同组、同村、邻近村镇就近搬迁的方式，在生活环境和文化背景上有相似性，也更容易在原有的社会网络基础上建立新的社会网络，积累社会资本，有利于社会融入和社会稳定；③在当前二元经济结构体制下，户籍制度等一系列制度与政策因素也使移民在迁入地城镇或乡村受到政策排斥，社会保障难以实现，不利于移民的社会融入，因此需要反思当前的制度体系，借鉴国内外完善的移民政策与制度，提升移民的社会融合度，保障社会稳定。

二、国内外移民搬迁安置研究与实践

（一）国外移民搬迁安置研究与实践

发达国家和发展中国家都有过政府主导的大规模国内移民的实践，发达国家如美国 1784 年独立战争后的西部地区移民开发、加拿大 1867 年联邦政府独立后西部地区的移民开发等，这些国家都采取了诸如鼓励开垦的土地政策、鼓励移民的政策和法律、实施对农业的援助、基础设施的开发政策、扶持教育和科技发展等政策促进移民搬迁和迁入地的建设。发展中国家如印度尼西亚的爪哇岛移民、格鲁吉亚环境移民和埃塞俄比亚环境移民等，其中印度尼西亚爪哇岛移民是政府组织的大规模移民的典型代表。印度尼西亚移民是由于国内人口分布的极其不均衡极大地影响了社会经济发展，爪哇岛占印度尼西亚土地面积约 7%，人口密度却是其他地区 10 倍左右，印度尼西亚政府计划 1979～1984 年将爪哇岛 50 万户约 250 万人搬迁到境内人口稀少的加里曼丹、苏门答腊和苏拉威西等 15 省 250 个安置社区，印度尼西亚在移民的计划和要求上做得很深入细致（见表 1－1），迁入地选址科学谨慎，既要给移民提供适宜生存的空间、具备主导产业农业的发展条件以保障移民的基本生存条件，又要尽量减少对自然环境的破坏；迁入地体系层次分明（见表 1－2），设施配置与人口规模匹配，注重产业发展增强可持续性，在满足有效服务的同时也建立了新的社会网络体系，实现了人口在空间结构上的合理分布。但印度尼西亚政府的移民计划并未有效改变国内人口不均衡的现象，2000 年印度尼西亚人口普查结果表明爪哇岛人口仍占印度尼西亚总人口的 59.19%，而移民计划的负面影响也日渐加剧：大规模移民向人口稀少的热带雨林集中的岛屿迁移，致使森林资源遭到严重破坏，出现水土流失加剧、洪水泛滥、水污染、土壤退化等现象，破坏了生态平衡，也威胁到农业生产；同时由于文化、宗教以及土地所有权属的冲突，造成不同种族的移民在与当地居民的社会融合中仍然存在很多问题，甚至导致了部分地区严重的种族冲突，影响社会稳定；由于本国经济发展落后，移民经费相当大的部分来自外援，经费不足导致移民计划实施得不到保障。

表 1-1　印度尼西亚移民计划工作阶段及工作内容

工作阶段	工作内容	具体内容	工作时间（年）
第一阶段	宏观计划	确定迁入地，选择容易迁入、连接市场和土壤质量好的地区	4～5
第二阶段	详细研究选择的迁入地	包括地理、地形、气候、水文等，尤其是关注农业发展的相关因素	2～3
第三阶段	充实完善移民计划	包括地形测绘、地形勘察、土地使用、森林分布、供水估算及排水等，制定可行性计划	1～2

资料来源：根据相关文献研究梳理。

表 1-2　印度尼西亚移民迁入地规模等级

等级划分	数量（个）	人口规模（户）	用地规模（公顷）	设施配置
迁入地	1	6000	20000	初级市场
一级单元	3	2000		一个健康中心
二级单元	12	500		一所小学、卫生院
村庄	60	100		接近传统村庄规模
户	—	—	2	1 公顷种植水稻，0.75 公顷种植蔬菜水果，0.25 公顷建设住宅及庭院

资料来源：根据相关文献研究梳理。

研究表明，移民开发要以生态保护为前提，人口合理分布是区域可持续发展的基础，产业发展定位决定了移民开发的可持续性，基础设施建设是移民开发的有力保障，城镇的辐射和拉动是移民开发的动力和目标，移民要注重社会融入、协调及与迁入地原住民的社会关系。

（二）国内移民搬迁安置研究与实践

国内对移民搬迁的研究始于 20 世纪 80 年代，早期主要是对移民的历史问题研究以及宁夏生态移民、三峡移民工程的前期探讨；进入 20 世纪 90 年代，对移民的研究进入一个探索发展的阶段，围绕三峡工程和宁夏生态移民展开的一系列研究是这一阶段的代表。自 20 世纪以来移民问题研究的视角逐渐多元化，研究领域也更加广泛。

社会学视角的移民搬迁安置研究主要集中在移民安置模式和移民社会融入方面。研究表明集中组团式非农安置、城乡联动的安置开发模式是移民安置的有效途径，高奇（2000）指出通过兴建"移民城"组团式安置农村移民，集中实现非农化转移；杨文健提出城乡联动安置模式，提出"二元到三维多层面"的小城镇农村移民的社区保障模式；谭国太（2010）概括了农业产业化开发模式、工业化开发模式、城镇化开发模式和旅游开发模式等几种移民安置模式。研究表明可通过经济、文化和政治融入等一系列措施加强移民社会融入；王署见（2007）提出培养移民的社区归属感，转换移民的社会角色，大力发展移民经济；施国庆等（2009）提出建立生态移民补偿机制、强化移民的参与、移民社会资本的重建、制度的创新与供给；胡鸿翔等（2010）构建了生活适应—文化冲突—文化适应—文化选择性融合的文化交融模型；余吉玲（2010）、龙梅（2011）探讨了移民的文化变迁与适应；黄勇（2011）提出重构三峡地区人居环境开放与公平、公正的时空协调体系，促进有机支撑的社会网络的完善。

经济学视角的移民搬迁安置研究主要集中在移民区域产业结构的调整和经济发展模式方面。叶嘉国和雷洪（2000）概括了移民经济发展适应性中面临的主要问题有资源和环境变化大、生产资金缺乏、家庭债务沉重、收入来源少且不稳定，收入农村型、消费城市化，主体能动性弱，对政府依赖性强等。熊文等（2010）、梁福庆（2007）提出发展循环经济，实现移民经济的良性循环和妥善安置。冯明放和冯亮（2011）指出陕南移民搬迁应处理好后续产业发展、陕南循环经济发展新农村建设及城市化等关系。段炼（2009）提出结构优化基础上的特色产业集群建设破解产业空虚化的建设策略。

生态学视角的移民搬迁安置研究主要集中在移民区域的生态承载力和环境容量方面。蒋昭侠（1998）提出了移民环境容量的概念，即特定区域在自然生态环境向良性循环演变的趋势下所能供养和接纳的移民数量。史东梅和郭长友（2004）建立了移民环境容量的指标体系及其评价方法。张志良等（2005）指出按照生态环境保护和生态承载力，以及关于人口迁移的推拉理论来合理确定移民规模，指导小城镇建设。贾永飞和李红远（2008）以耕地资源和水资源为关键指标，以其他指标为影响因素，建立了基于"木桶原理"的农业移民安置环境容量模型。蒋建东（2011）指出移民安置容量分析对生态环境保护的必要性，而且移民安置的环境容量是动态变化的，需要跟随安置实施的进展不断调整。刘定胜（2006）、孙曼莉（2006）、李继翠和程默（2007）都指出生态移民是缓解人口压力、改善生态环境的途径。侯东民（2010）提出生态脆弱地区将移民与城镇化相结合是化解人地矛盾的有效措施，杨培峰（2010）认为生态恶化指数高的区域建议外迁移民，生态条件尚可的区域仍可采用迁建的城镇化模式，提出应引导农村居民点向城镇居民点转型或结合生态管制进行迁村并点，建议生态移民和政策扶持相结合，重点城市工业化与区域生态保育相结合，劳务输出和制度保证相结合。

城乡规划及建筑学视角的移民搬迁安置研究主要集中在移民人口分布与城镇发展、移民安置点选址与建设方面。城镇发展与人口分布的相互关系主要通过建立模型来评价，以此为基础再提出相应的调控措施，甘联君（2008）建立了人口迁移与城市化发展的互动机制模型。郑潇蓉（2009）建立城镇化发展指标体系和人口容量评价模型，对城镇化和人口容量的协调发展度进行分组分类，并提出各类型调控分区的发展对策。段炼（2009）提出了资源环境容量制约下的人口再分布指引缓解人地矛盾的新人居环境建设策略。杨国胜（2007）进行了城镇化和生态环境的协同度评价并进行了协同性等级划分，针对各等级提出了城镇化和生态的发展调控方向。李泽新和赵万民（2008）提到"地域文化的保存和延续、移民安居问题、区域城镇化发展、城镇建设工程技术仍是移民区域人居环境建设的核心问题"。赵炜（2005）以三峡区域为研究对象，提出移民区域城镇体系建设要考虑区域协调、架构区域空间发展极核、区域空间开发管制、规模结构调控、职能结构组合等一系列措施。李泽新（2006）提出对外交通对城市发展的引导、道路布局与自然地形及城市形态的协调、桥梁选址与城市发展的协调等道路交通建设对移民城市发展的控制与引导措施。张兴国和郭璇（2004）指出三峡库区人居环境建设必须考虑土地的合理使用、生态环境的保护与可持续发展以及历史文化底蕴深厚地区的传统文脉延续等多层面的问题。朱亮等（2011）提出人居环境适宜性评价为移民区的居民点布局规划提供依据。

学者还从生态、社会、经济、文化等角度进行了移民安置点选址研究，包智明（2006）提出确定迁出地与迁入地是移民工程成败的关键，既要考虑妥善恢复和保护迁出地的生态环境，也要探索不对迁入地造成新的生态环境影响；梁福庆（2007）认为安置地应选择农用地资源丰富、基础设施完备、有较大安置容量的专业功能区；周建等（2009）认为安置社区选择不但要定量研究，还需要衡量生产习俗、语言、宗教和文化等非定量因素；康新春等（2009）指出移民生产安置关键是合理确定耕作半径，一般按照从居民点至生产用地用时小于等于30分钟控制；张力仁（2008）以文化、风俗、政策等影响人类行为的人文因素为切入点，运用时空剖面分析法，提出人类空间选择行为遵循风俗相近原则，而不是地理环境最优原则，应从系统的观点来综合考察人类环境行为的相互关系，才能深入认识人地关系的实质，并驾驭其机理进行系统化改造；史俊宏和盖志毅

（2006）提出生态移民安置点选择要遵循生态学、宏观视野、土地的有效供给、生产方式创新、基础设施建设和社会化服务体系完善、城镇辐射的原则；聂晓晴（2010）提出了多中心城市格局、促进居住混合、推进多维度的后期扶持政策、整治绿化环境和建筑景观、提升个体移民住区公共空间品质、更新规划设计参与过程等居住空间重构的途径。

国内政府主导的大规模移民实践研究以宁夏生态移民和三峡工程移民为代表。宁夏回族自治区地处黄土高原与内蒙古高原的过渡地带，干旱缺水、植被退化、水土流失等生态问题比较突出，在严峻的生态和贫困双重困境下选择了生态移民和扶贫移民。自 1982 年开始宁夏移民搬迁 66 万人，历经了三个阶段：1983～2000 年吊庄移民、2001～2007 年易地生态移民、2007～2011 年中部干旱带县内生态移民。学者对宁夏移民的总结和评价表明：①重视移民社会融入，采用县内就近集中、县外同名集中的安置模式使移民在文化理念、生活习俗上与迁出区相似，有利于移民的社会融入和适应；建筑风格保持移民原有的地域建筑文化和宗教文化特色，增强了移民的文化适应性；红寺堡移民区"回汉杂居"的方式有利于民族团结和交流，促进民族文化融合，形成民族型移民文化。②移民搬迁与城镇化发展紧密结合，将移民迁移至自然条件较好的引黄、扬黄灌溉区，工业化、市场化、城镇化快速发展的沿黄城市带，结合重点城镇、工业园区、产业基地建设，改善了移民的生活，也推动了小城镇的发展，如贺兰山东麓形成了新兴小城镇带和农业连片综合开发带。③通过移民缓解了迁出区的生态环境问题，但由于对迁入地生态承载力重视不足又引发新的生态环境问题。④实施以产业推动移民发展建设，解决移民的生计和贫困问题。但由于政府引导帮扶力度不足、缺乏长远规划和移民的思想守旧等因素，造成产业结构单一，除隆湖区、镇北堡镇、兴泾镇、闽宁镇几个移民搬迁安置社区外，其他几乎都以粗放的农业为主，第二、第三产业发展严重滞后，使移民经济来源单一，收入增长缓慢，大量劳动力剩余。由于资金支持仍不到位，移民债务负担重、缺乏生产启动资金、政府直补没有覆盖移民区，制约了移民搬迁安置后的生产。

三峡工程是我国综合治理和开发长江资源的关键性工程，自 1993 年开始，三峡移民搬迁涉及 2 个城市、11 个县城、116 个集镇，搬迁约 120 万人。针对三峡库区环境容量有限的问题，三峡移民采用省内与省外安置相结合的方式，约移民 40 万人，分别迁往浙江、江西、福建、四川、山东、安徽、湖北、江苏、上海、广东、湖南等省市，扩大了安置社区区域，利于缓解三峡库区的人地矛盾；省外安置地多经济发达，移民能够迅速恢复并发展生产。

　　学者对三峡移民的总结和评价表明：①论证三峡水库移民工程对生态环境的影响较多，缺乏对移民对于生态和环境影响的关注，加上缺乏相应的生态保护措施，在移民搬迁和城镇扩张的过程中，人口的大量集聚和城乡土地功能的转变产生了大量生态环境问题。目前生态问题主要表现在两方面：水土流失严重、森林面积锐减、生物物种减少、自然灾害频繁等自然生态安全问题；移民导致的社会动荡、文物古迹遭到破坏、人口超载、人地矛盾日益突出等社会生态安全问题。②三峡移民依据地形条件、工程水文地质、区域经济发展、社会发展、基础设施等条件进行科学选址。环境容量论证不仅考虑用地的质和量，还考虑移民意愿、心态、居民融合、发展的潜在动力等多种因素。三峡库区迁移的城镇均发挥了良好的功能，表明了迁建选址的成功。但由于用地紧张也导致移民安置社区选址存在如用地破碎、规模太小导致配套不完善、滑坡地段存在安全隐患、选址地段坡度较陡使建设成本居高不下等一系列问题。③产业发展滞后，经济发展可持续性不强。2010年，重庆市的移民工作报告中指出"三峡移民工程的迁建跨时长，并受经济的转型、政策制度设计等因素影响，移民搬迁遗留问题很多；库区产业仍然十分薄弱，究其原因为库区一产弱、二产缺、三产乏、骨干少，经济持续性差"①。④移民搬迁与城镇化发展的协调性不足。三峡移民是库区城镇格局变迁的主要驱动力，由于水库建设导致大量城镇易地搬迁新建，城镇空间结构打破了传统"点—轴"空间模式，发生巨大变迁，城镇规模也快速扩张，产生了城镇农村化、城镇同质化、过渡商业化、建设平原化等问题。⑤文化传承不足，特色不鲜明。由于移民搬迁时间紧、任务重，在建设中大都采用统一模式，造成城市和建筑都缺少风格，欠缺对地域文明和居民习俗的考虑，三峡地区丰富的山地性和滨水性城市和城镇形象已经失去。⑥乡土文化缺失导致大量外迁移民心理健康失调，难以融入迁入地社会，表现为具有排斥感、心理压力大、对新社区归属感不强、失落感强烈等，社区居民关系不和谐，甚至有一定比例的返迁。

三、陕南、安康移民搬迁安置研究

　　地理位置的特殊性使陕南移民一直是学术界关注的焦点，移民问题研究主要集中在明清和当代两个时期。

（一）明清陕南移民研究

　　陈良学撰写的《湖广移民与陕南开发》《明清川陕大移民》详细阐述了明清

---

①　重庆市移民局公众信息网（http：//jym. cq. gov. cn）。

时期陕南移民的活动，对明清移民的形成、移民对经济文化的影响进行了系统总结，明代移民主要是由屯田制所形成，清代移民是由于特殊的地理位置、气候适中、森林和矿产资源丰富、战争创伤相对较小、人口稀少、清初的"迁海"政策所形成。薛平拴提出陕南移民的来源地相当广泛，绝大部分来自南方地区，移民分布由平原盆地向浅山河谷再到深山逐步推进。

移民的迁入导致了安康及陕南城镇人口的增加、人口构成的变化，明代"自1510年到1542年，由于外来移民造成安康市紫阳县户数增长了274.15%，人口年平均增长率高达43%"；据曹树基先生估算，至清道光三年（1823年），汉中、安康、商洛三市的移民人口合计达310万人，比康熙中期增加了5倍之多。许多县城移民人口占到总人口的一半以上，如安康市白河县移民占总人口的60%～70%，平利县、宁陕县移民人口都占到了总人口的80%～90%等，清代安康各县人口密度在近200年间人口密度都增加了1倍以上（见图1-5）。由于移民的原因，城镇建制得到了扩大和增加，移民的迁入使城镇分布也产生了很大变化，明代移民屯田制结合军事防卫的卫、所进行城镇布点，"以姓为营"的民屯民庄发展成了许多的小城镇和农村聚落，如安康的杨家营、陈家营、刘家营等；移民迁入与安置使城镇建制不断扩大和增加。明清时期汉江走廊地区整体发展是以人口向山区不断渗透、向山区不断开发的动态过程，表现为由腹地向秦岭、巴山纵深处发展的总体特征。移民的迁入及垦荒使城镇分布发生了很大变化：由于汉江谷地土壤肥沃、开发较早，大量移民迁移地只能选择在地广人稀的低山丘陵地区和高山地区，因此造成移民聚落及城镇的山区化进程，城镇的分布也由原来的沿汉江河谷和交通要道分布，扩大到覆盖秦巴山区的地带，如位于秦巴山区的宁陕、镇安、商州等地的小城镇，但这些地区的自然条件恶劣，地质灾害频发，对城镇的发展也形成了一定的制约。

移民开发导致了区域生态环境的恶化，自然灾害频发，人地矛盾突出。钞晓鸿（1998）、赵常兴和周敏（2004）、徐鲲和刘忠群（2004）、吴宾（2005）、佳宏伟（2005）指出明清由于移民的迁入加剧了资源的破坏和占用，导致人地矛盾逐渐加深，致使安康及陕南地区的生态环境遭到较大破坏，自然灾害频繁发生，使经济陷入了恶性循环，影响了陕南经济的进一步可持续发展。

明清移民的迁入使安康及陕南土地的开发利用达到前所未有的高潮，由于移民迁入导致人口增长过快，河谷盆地的土地已不能满足耕种需求，土地开垦逐渐向中高山区推进，这些区域自然环境复杂脆弱，粗放的开发模式使森林植被减少，恶化了生态环境，增加了发生洪涝灾害、滑坡、泥石流、崩塌等自然灾害的

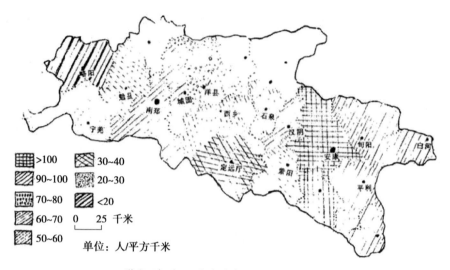

道光三年（1823年）陕南汉江走廊各县人口密度

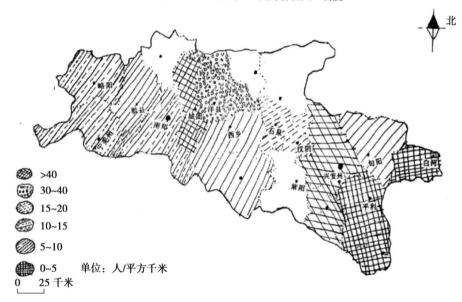

清初（1644~1662年）陕南汉江走廊各县人口密度

图1-5 清代陕南各县人口密度变化示意图

资料来源：陶卫宁.历史时期陕南汉江走廊人地关系地域系统研究［D］.陕西师范大学博士学位论文，2000.

隐患和发生概率，使人地矛盾日渐突出，人居环境恶化。由于山区盆地、密集的水网及生态环境的破坏，频发的洪灾也使近代安康城镇和乡村聚落的发展受到极大的制约，甚至迫使许多城镇为躲避洪灾被迫迁址另建或直接被破坏，如安康府城、平利县城等，其中平利老县城在1954年9月的洪灾中被毁坏。

（二）当代陕南移民研究

自2011年启动陕南地区移民搬迁安置工程之后展开了新一轮的移民研究。研究主要集中在以下方面：

移民搬迁问题研究。冯亮和彭洁（2011）指出陕南移民搬迁应处理好移民搬迁与灾后重建、西部大开发、后续产业发展、南水北调水源地保护、陕南循环经济发展新农村建设及城市化、尊重自然规律与尊重社会经济规律、就近搬迁与远距离搬迁、自愿移民与非自愿移民、移民搬迁与移民教育培训的关系；吕静（2014）通过对移民搬迁成本的分析，提出政府的主要困境集中在资金缺失及资金有效利用方面，移民的主要困境集中在建房资金的不足及后续生计问题；周军峰（2013）提出移民搬迁存在资金严重不足、土地资源供需矛盾尖锐、群众增收困难、难以适应环境、缺乏有效的扶持政策等问题。

移民安置社区建设研究。彭洁指出，安置社区选址要考虑自然、文化、经济等因素，本着安全生态、就近选址、可持续发展等原则；王澍等（2011）指出移民选址宜向已建成区拓展和新址建设、加强前期的地灾评价和安置点选址评价；王吉昌（2015）提出移民迁入地应优先选择有一定基础和人口规模的集镇和村庄，就近搬迁，通过发展生态旅游、特色产业、建立自身工业体系、拓宽资金来源等发展经济，构建新的城镇体系。有关安置社区与城镇发展的关系问题，冯三俊（2013）提出安康市"统筹城乡、城镇承载"的循环发展路径；李明月（2014）以政府主导型生态移民规划实践案例恒口示范区为主要研究对象，探索该类型生态移民与城镇发展模式、空间布局之间的关系以及如何协调发展；燕萌（2015）、黄研等（2013）提出移民安置点要注重乡土建筑和文化的延续。

移民搬迁满意度和后续发展研究。张国栋等（2013）通过调研分析得出移民搬迁使城镇化率显著提升，移民生产生活方式明显改善，但资金、土地资源紧缺、就业增收渠道狭窄制约了移民的可持续发展。刘舒昕（2015）、张芸（2014）基于移民安置社区调查对移民搬迁后的生存状况进行了分析，得出移民对经济、政治、环境和人口都造成了影响，土地、就业是当前及今后最突出的问题。彭洁和冯明放（2011）在调研的基础上总结出旅游景点带动、产业园区带动、股份合作制带动、特色产业带动、劳务输出带动等产业发展模式。

四、国内外研究现状的评述

国内外学者对移民理论和实践的研究成果颇多，研究呈现以下特征：

（1）国内外学者对移民问题研究的侧重点不同。国外学者对移民的研究起步较早，主要关注对移民产生的原因、规律及移民社会融入的研究，理论研究比较成熟，但主要是针对自发性移民。国内对移民问题的研究起步较晚，但由于城镇化发展、生态保护、扶贫等诸多原因形成的政府主导的移民实践很多，国外的自发性移民研究无法有效应用于国内政府主导的非自愿移民，因而国内研究更侧重于实用性，针对移民搬迁安置中出现的问题，因地制宜地从各个学科寻求解决方法，但能够突破城乡规划学的专业领域、结合多学科成果作为指导移民搬迁安置社区营建的理论及方法体系较少。

（2）移民搬迁安置社区营建对新型城镇化的响应研究缺乏。移民与城乡发展之间相互关联、相互影响和促进，但目前从城镇化角度对移民搬迁安置社区建设的研究较少，尤其是新型城镇化背景下的移民研究尚处于起步阶段。因此，将新型城镇化的内涵转化为具体的建设策略，落实新型城镇化的目标，是今后移民搬迁安置社区研究的趋势和方向。

（3）移民搬迁安置社区营建研究系统性不足。已有的移民搬迁安置社区研究多侧重于单一角度，如生态容量、经济支撑、社会融入和空间建设，而移民搬迁安置社区营建是一个综合性的复杂过程，对经济社会、生态环境和城镇化发展各方面都会产生影响。从经济、社会、生态环境多角度，从宏观、中观、微观多层面将移民搬迁安置社区与城乡作为一个有机整体研究，探讨移民搬迁安置社区营建是未来的研究方向。移民搬迁安置社区的选址、规模、产业支撑，以及移民的社会融入及移民效果评价在当前的研究中不够完整、可操作性不强，这也是移民搬迁安置社区营建研究的重点。

（4）对陕南安康移民搬迁安置社区营建的研究较少。虽然国内已有大量针对三峡、宁夏等移民的研究成果，但研究多针对具体移民问题，三峡移民是跨省域迁移，宁夏是省域内迁移，而陕南移民是各市域行政范围内迁移，国内移民的研究成果对于陕南安康的移民搬迁安置社区营建缺乏实际的可操作性。目前对陕南安康移民的历史研究成果较多，而对当前的移民搬迁安置社区研究较少且多侧重于摆问题、寻求解决途径层面，还未形成较为成熟的营建理论和方法。

第五节　研究内容、方法与框架

一、研究内容

本书的研究内容主要包括以下几个方面：

（一）安康移民搬迁安置社区营建环境判识

区域环境是移民搬迁安置社区营建的本底，从自然、经济、社会和空间环境几方面分析区域环境的特征，梳理移民搬迁安置社区营建面临的约束条件，为科学制定移民搬迁安置社区营建策略提供依据。

（二）安康移民搬迁安置社区营建现状与问题分析

通过对安康移民搬迁工程现状的调查以及资料分析，通过营建目标及进展、营建工作框架阐述移民搬迁安置社区营建概况，从营建类型、生态、经济、社会及空间几方面总结移民搬迁安置社区的营建模式，在总结营建积极成效的基础上梳理存在的问题并剖析问题根源。

（三）新型城镇化背景下安康移民搬迁安置社区营建体系建构

针对安康移民搬迁安置社区营建的环境本底和现状问题，结合新型城镇化的内涵，明确移民搬迁安置社区营建特征，建构营建目标体系。在目标导向下，通过对其营建的影响作用机制的分析，选择适宜的营建路径，架构营建模式框架体系。

（四）安康移民搬迁安置社区营建策略

从区域和安置社区两个层面提出安康移民搬迁安置社区营建策略。在区域层面核心问题是要解决人口的合理再分布和调控以及移民搬迁安置社区在城乡发展体系中的定位，对移民的人口流向及移民搬迁安置社区选址进行组织和引导，使移民搬迁安置社区融入城乡体系。

在安置社区层面要解决具体的营建问题，结合当前建设需求提出"基本单元"，对基本单元的合理规模进行多维度论证，进而得出移民搬迁安置社区适宜规模建议。在此基础上，从社会人文和空间两方面提出移民搬迁安置社区营建策略，为具体的建设提供指导。

（五）安康移民搬迁安置社区营建 PPR 评价机制

在梳理国内外移民搬迁安置评价相关文献的基础上，结合安康移民搬迁安置社区营建特征和营建目标，建构涵盖目标、过程和结果的 PPR 全过程营建评价体系，对移民搬迁安置社区营建进行动态的评价与监控，为及时调整营建策略提供依据，并将评价体系应用于移民搬迁安置社区营建现状进行实证分析。

二、研究方法

移民搬迁安置工程是复杂的系统工程，系统内各构成要素相互影响、相互作用，根据研究对象和研究内容，以城乡规划学、建筑学为主导，注重与经济学、生态学、社会学、地理学等多学科的交叉融合，主要采用以下研究方法：

（一）实地调研与文献分析相结合

实地调研是摸清安康移民搬迁安置工程营建现状的重要途径。移民在安康各区、县、镇都存在，面对如此之大的分布范围，采取了普查与典型案例调查相结合的方法，普查是通过陕西省、安康市、县三级的政府主管部门获得移民安置的计划和统计资料，典型案例调查则是选取不同区位类型、不同产业带动类型的移民搬迁安置社区进行调查而获得资料。在普查和典型调查的过程中采取问卷法和访谈法，对移民、移民干部、移民搬迁政策执行和管理者、规划制定和设计者、相关专家进行调查，掌握翔实的资料，提高获得数据的准确性、可靠性和实用性。

文献资料是研究的基础，历史时期安康移民研究的文献资料虽然较为丰富，但当代移民相关研究资料相对较少，因此要广开渠道，广泛搜集必要的文献、资料，本书研究的文献资料主要来源为地方志、规划文本、调查报告、统计数据、法规政策、网络资源等。

（二）理论研究与实证相结合

通过对国内外移民相关研究的梳理，总结并借鉴国内外大规模移民主导移民的经验和方法，结合区域 PRED 协调发展、人居环境、人口迁移等相关理论的基本原理和方法构建移民搬迁安置工程营建模式。

实证研究既是对理论研究的应用和深化，也是对已有理论的验证。结合地缘优势，通过参加安康市白河县、旬阳县等地大量移民搬迁安置社区项目实践，进行移民搬迁安置工程营建模式的探索研究，将理论与实践相结合。

（三）定性与定量相结合

移民搬迁安置工程涉及生态、经济、社会和空间多个层面的问题，仅依靠定性研究，缺乏定量的支撑论证结果缺少说服力和可操作性，因此需要在解决具体问题时采用定性定量相结合的方法，如借助计算机模拟技术、数学计算模型分析区域环境本底条件，进行区域 PRED 协调发展评价，为移民搬迁安置社区选址提供良好的依据。移民搬迁安置社区营建评价中，问题、目标的复杂性很难用量化的指标来判定，且考虑到地域的差异在策略中很难用统一的定量标准，借助层次分析、目标分解等方法，根据指标体系的内容采取定性与定量相结合的方法进行评价。

（四）宏观分析与微观研究相结合

通过对安康市的宏观分析，同时对移民搬迁安置工程营建的相关影响要素进行微观机理的深入探讨，实现宏观结合微观的分析协调统一，探究移民搬迁安置工程营建的瓶颈因素，全面地梳理、阐释、归纳和提炼研究的重点内容。

三、研究框架

本书以安康为研究区域，按照"解读本底—总结现状—分析机制—构建模式—提出策略—评价反馈"的思路展开研究，研究框架见图 1-6。

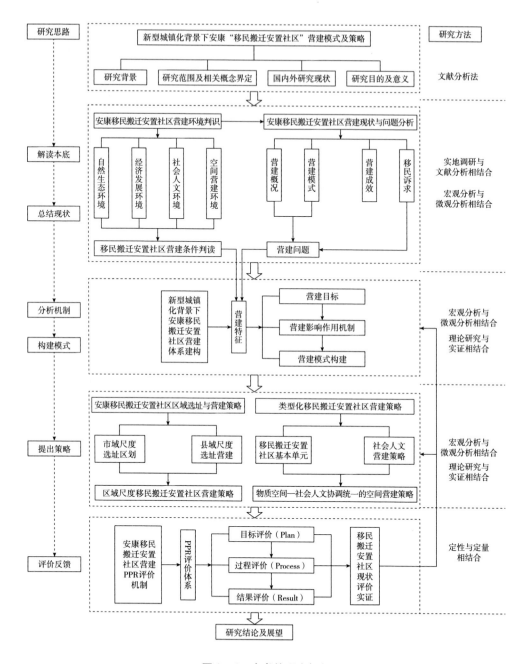

图 1-6 本书的研究框架

资料来源：笔者自绘。

第二章　安康移民搬迁安置社区营建环境判识

安康是我国生态环境保护的重要地区，地理环境复杂，同时由于地理、历史原因受到多元文化的影响使其地域文化特色鲜明，加之长期以来经济发展水平比较落后，城镇化水平较低且区域分布不均衡，整体上是一个比较复杂的区域。区域环境是移民搬迁安置社区营建的本底，本章从自然生态、经济、社会、空间多方面对安康区域环境进行分析，试图找出安康移民搬迁安置社区营建的约束条件，作为确定移民搬迁安置社区营建模式及策略的基础依据。

第一节　自然生态环境

自然条件是指气候、地理、地形、植被、动物、水、土地、土地利用等，是人类聚集的场所和基础。作为聚居类型之一，移民搬迁安置社区与区域生态环境是一个整体，其营建应以区域生态安全和生态系统平衡为前提，维护区域生态环境的整体格局与自然演进过程的连续性。

一、生态环境特征

（一）地形地貌

安康位于秦巴山区东段，以汉水—池河—月河—汉水连线为秦岭和大巴山的分界，北部为秦岭，南部为巴山，形成"两山夹一川"的地貌轮廓，包括川道平坝、低山丘陵、中山、中高山四种地貌，川道平坝约占2%，丘陵约占5.4%，山地约占92.6%。海拔在170~2964.6米，巴山、秦岭海拔低于450米，属河谷川道，分布在区域中部的汉滨区、石泉县、汉阴县、旬阳县和白河县大部；巴山450~900米、秦岭450~800米为低山丘陵区；巴山900~1500米、秦岭800~1400米为中山区；巴山高于1500米、秦岭高于1400米为中高山区，分布在区域北部的宁陕县,区域南部的镇坪县和岚皋县。安康属土石山区,地势陡峭,国土面积中坡度 25°以上的山区占 92.5%。

（二）气候

安康市属北亚热带大陆性季风气候区,秦岭巴山天然屏障导致其形成垂直地带性气候,兼具亚热带向山地暖温带和山地温带过渡的气候特性。热量丰富,降水充沛,四季分明。年平均气温为 12℃~15℃,日照时数为 1400~1850 小时,年降水量在 750~1100 毫米,全市无霜期为 217~271 天。

（三）水文

安康市属长江流域汉江水系,汉江自西向东横贯全市,流经石泉、汉阴、紫阳、岚皋、汉滨、旬阳、白河 7 区县,境内长度达 340 千米。境内河网密度达 1.43 千米/平方千米,是陕西省河流密度最大的地区之一,流域面积在 5 平方千米以上的河流、溪沟有 210 条。

（四）植被生态

安康在山地地形影响下,形成了特殊的北亚热带生物气候带,生物类群复杂,森林覆盖率达 69.31%,森林空间分布呈"南北高中间低",北部宁陕县森林覆盖率为 93.67%,南部镇坪县为 90.12%,中部旬阳县为 40.22%。

安康生态环境综合特征表现为生态脆弱、自然灾害频繁,且时空分布不均匀,主要表现在:①暴雨、洪涝灾害严重,降雨时空分布不均且多暴雨,暴雨灾害导致泥石流、滑坡及洪水等自然灾害频发;②地质灾害频发,山高、沟深、坡陡,地质断裂、褶皱非常发育,随着矿产资源大规模开发以及人类工程活动的加剧,加上降雨集中,极易发生滑坡、泥石流、崩塌、地面塌陷等自然灾害,地质灾害高发易发区占全市总面积的 55%以上;③水土流失严重,土地生态环境脆弱,水土流失区面积约占全市总面积的 41.7%。由于明清移民至 20 世纪六七十年代的土地过垦,林损严重,林缘线不断后移,加之安康市植被多属次生,质量差、结构不合理,林草郁闭度小,导致水土流失严重,生态环境较脆弱。

二、人口分布与区域生态安全

人口是区域 PRED 系统的核心要素,是具有调控性和能动性的因子,在可持续发展中占有主导地位。人口的发展对于区域人地系统的可持续发展来说是一把"双刃剑":人口质和量对城市可持续发展起关键促进作用,但过量的人口以及失调的人口结构会阻碍区域人地系统的协调发展。协调好区域内人口、资源、环境与发展的关系,才能使区域保持可持续发展能力。移民是缓解区域人口压力,改善生态环境的途径，生态安全是移民工程建设的前提和目标。

生态敏感性是指生态系统对自然和人类活动干扰的敏感度，反映产生生态环境问题的可能性。生态敏感性评价主要衡量生态系统所能承受的干扰的最大限度及其受干扰后恢复能力的强弱，通过预测区域发生生态恶化问题的可能性，将之落实到具体的区域范围内，以此为区域环境规划和生态建设提供科学的基础。Steiver 最早在麦克哈格的土地适宜性评价基础上提出生态环境敏感性分析模型，借助 GIS 和 RS 等研究技术，采用定量与定性相结合的方法进行评价。

安康区域生态敏感性评价涉及因素繁多，为了能够准确和客观地评价安康生态敏感性，本书采用德尔菲法（Delphi Method），依据评价目标采用匿名方式，征求专家意见，通过不断反复最终获得具有相对一致性的判断结果，选定对安康生态环境和区域发展比较权威的 10 位专家，从维护区域生态平衡、保障区域生态安全、保护自然与文化遗产以及降低人类建设活动对生态环境影响等方面选择安康区域生态敏感性评价指标，最终确定选择地形、水文、生态保护、文化遗产保护、游憩资源保护和重大基础设施防护六个指标因子，构建生态敏感性评价指标体系（见表 2 - 1），并采用层次分析法构造判断矩阵赋予各指标权重。

表 2 - 1 安康区域生态敏感性评价体系

目标层	准则层	因子层	敏感度得分				权重
			不敏感（1）	微敏感（3）	较敏感（5）	极敏感（7）	
生态敏感指标	地形	高度	500 米	1000 米	1500 米	1500 米以上	0.0571
		坡度	15%	30%	50%	50% 以上	
	水文	现状水系	100 米外			100 米内	0.1172
		模拟径流	100 米外			100 米内	
		洪水淹没	270 米以上	270 米	260 米	250 米	
	生态保护	地表类型	工业用地、居住用地、交通用地	采矿场、裸土、裸岩	旱地、稀疏草地、稀疏林、水田	常绿针叶林、阔叶林、水库/坑塘、河流等	0.1532
	文化遗产保护	文化遗产类资源	100 米外			100 米内	0.1690
	游憩资源保护	景区资源	100 米外			100 米内	0.1407
	重大基础设施防护	高速公路	100 米外			100 米内	0.3187
		铁路	100 米外			100 米内	

资料来源：根据生态敏感性评价相关文献研究及安康自然生态资料整理。

借助 RS 和 GIS 进行单因子评价生成单因子评价图，分析每类因子的不同赋值在空间的反映，再采用叠加分析法可以获得生态安全敏感性分级结果，将安康分为生态敏感、较敏感、微敏感和不敏感区。生态敏感区位于秦岭巴山中高山区的宁陕县、汉阴县及汉滨区北部、旬阳县北部、岚皋县及平利县南部、镇坪县，以秦巴中高山林地景观为主，生态景观脆弱，环境危险性较大；较敏感区位于秦岭巴山的中山区石泉县、紫阳县、白河县、旬阳县南部、岚皋县及平利县北部，植被覆盖度中等，水土流失相对严重，损失度较大；微敏感区位于丘陵及川道平坝区；不敏感区位于汉江、月河河谷盆地。

目前安康市各区县人口分布极不平衡（见表 2－2），人口分布与生态敏感性基本一致，人口密度最高的是汉滨区和汉阴县，位于生态低敏感、相对安全的区域，较为适宜居住；其次为紫阳县、石泉县、旬阳县、白河县，沿汉江流域的中低山及丘陵地区，生态安全有一定风险，需要适度调控；人口密度较小的是平利县、镇坪县、岚皋县和宁陕县，为秦岭巴山中高山区，生态敏感性高。区域内约有 45% 的人口分布在生态敏感区，对生态造成了较大的干扰和影响，需要迁移调控。

表 2－2　2010 年安康各区县人口密度

地区		总人口（万人）	土地面积（平方千米）	人口密度（人／平方千米）
安康市		304.34	23536.31	129.36
其中	汉滨区	100.86	3645.91	276.71
	汉阴县	30.56	1365.16	223.88
	石泉县	18.22	1516.40	120.18
	宁陕县	7.42	3666.89	20.27
	紫阳县	34.17	2240.34	152.54
	岚皋县	17.20	1957.26	87.88
	平利县	23.61	2647.80	89.19
	镇坪县	5.95	1502.45	40
	旬阳县	45.25	3540.66	127.82
	白河县	21.06	1453.44	145.24

资料来源：根据安康市 2011 年统计年鉴相关数据整理计算。

第二节　经济发展环境

一、区域经济发展

安康地处陕西省东南部，地处关中—天水、成渝、江汉三大经济区交汇地带，是长江经济带的重要支点和关天、成渝、江汉三大经济区的几何中心，具有承接东西，连接西北、西南的特殊区位优势，周边西安、武汉、成都、重庆四大中心城市的发展将带动安康将其资源优势进一步转化为产业发展动力，实现城市间的优势互补、互利共赢。

（一）经济发展水平

安康市在2006～2010年的经济发展水平发展较快，国内生产总值保持了年均33.7%的增长速度，但各区县发展水平差异较大（见表2-3）。虽然经济总量增长较快，但产业整体发展基础薄弱，产业结构不够合理，由于资源禀赋相近、产业路径类似，安康各区县内部的低端竞争严重，合作较少，产业同构现象比较突出。产业吸纳农村劳动力能力较弱，对城镇化的拉力不足。

表2-3　2010年安康市各区县国内生产总值（GDP）及产业结构

地区		GDP（亿元）	占全市 GDP 比重（%）	三产所占比重
安康市		331.87	—	20.5∶39.6∶39.9
其中	汉滨区	114.2	34.41	13.4∶34.6∶52.0
	汉阴县	28.45	8.57	29∶36∶35
	石泉县	27	8.14	17∶55.4∶27.6
	宁陕县	11.61	3.5	23∶46.1∶30.9
	紫阳县	28.11	8.47	32∶30∶38
	岚皋县	16.31	4.91	27∶38∶35
	平利县	23.9	7.2	28.3∶27.9∶27.5
	镇坪县	6.81	2.05	28.4∶30.4∶41.2
	旬阳县	55.44	16.71	16.57∶44.63∶38.8
	白河县	20.04	6.04	25∶37.2∶37.8

资料来源：根据陕西省及安康市2011年统计年鉴、安康市各区县2010年国民经济和社会发展统计公报整理计算。

（二）乡村经济

安康乡村经济整体发展缓慢且区域差距较大，沿汉江、月河城镇比较密集的地区，依靠城市的带动发展相对较好，其他地区乡村聚落经济的发展普遍比较落后，主要表现在：①以分散经营为主，不具备发展规模经济的条件。由于地形地貌、传统小农经济观念的限制以及缺乏经济技术条件的支撑，乡村农业生产仍然依靠农户分散经营，无法实现农业规模化经营来满足市场经济发展的要求。②产业结构不合理，产业发展能级低。乡村产业结构以第一产业为主、第三产业为辅，第三产业主要以外出务工以及发展农业和旅游服务为主，少量村庄虽有企业，但规模小、技术附加值低，产业发展整体能级较低，第二产业发展滞后，整体产业结构不合理。

（三）城乡差距

安康市的大部分区县都过于依赖财政转移支付，自我发展能力较弱。2006～2010 年，安康农民人均纯收入、城镇居民人均可支配收入虽不断攀升，但城乡人均收入与支出的差距却日渐增大（见表 2-4 和表 2-5），较大地限制了农村经济的发展和建设。

表 2-4　2006～2010 年安康市城乡收入比较

年份	城镇居民人均可支配收入（元）	农民人均纯收入（元）	城乡居民收入比
2006	6860	1953	3.51
2007	8051	2256	3.57
2008	10150	2770	3.66
2009	12525	3313	3.78
2010	14646	3998	3.66

资料来源：根据安康市 2007～2011 年统计年鉴、国民经济和社会发展统计公报整理计算。

表 2-5　2010 年安康市各区县城乡收入比较

区县	城镇居民人均可支配收入（元）	农民人均纯收入（元）	城乡居民收入比
汉滨区	15683	4020	3.90
汉阴县	14590	4053	3.60
石泉县	14794	4026	3.67
宁陕县	14196	3812	3.72
紫阳县	16880	5966	2.83

区县	城镇居民人均可支配收入（元）	农民人均纯收入（元）	城乡居民收入比
岚皋县	14783	3936	3.76
平利县	14487	4272	3.39
镇坪县	14395	3835	3.75
旬阳县	14809	4017	3.69
白河县	14410	3980	3.62

资料来源：根据安康市各区县 2010 年国民经济和社会发展统计公报整理计算。

安康经济发展环境综合特征表现为整体经济实力加速提升但经济总量仍然很小，县域发展差异明显，城乡发展差距逐步扩大，不利于乡村经济的发展，土地资源供给限制区域经济发展。

二、人口与资源均衡发展分析

可持续发展的基本要求是自然与人类的协调、自然资源开发利用的协调和人口结构的协调。安康虽然水资源、生物、旅游及矿产资源丰富多样，但土地资源非常稀缺（见表 2-6），严重制约了人口和区域经济的发展。山地占安康土地总面积的 92.5%，山地坡度大、土层薄、水土易流失、生态比较脆弱，不适合大规模开发。耕地资源总量少且分布不均衡，2010 年耕地面积 19.53 万公顷，人均耕地 1.11 亩/人，低于陕西省 1.6 亩/人的耕地水平（见表 2-7），耕地资源严重不足；耕地主要分布在月河川道、汉江河谷与低山丘陵地区。全市耕地满足坡度小于 25°、海拔低于 1500 米的后备资源不足 1.28 万公顷。

表 2-6　安康区域资源概况

资源类型	概况	特征
土地资源	山地与丘陵占土地总面积的 97.93%，河谷盆地仅占 2.07%；水土流失面积 13671.47 平方千米，占土地总面积的 58%	耕地质量差，后备资源严重不足；耕地分布不均；水土流失严重，土地生态环境脆弱
水资源	年径流总量为 107 亿立方米；境内河流密度为 1.43 千米/平方千米；区县之间年降水量差异较大，秦岭南坡年平均降水量在 800~1000 毫米，川道丘陵区在 700~900 毫米，大巴山区在 1000~1200 毫米；降水量年际变化较大，年内分配不均	总量丰富，河网密布，水质较高；时空分布差异较大，洪旱灾害频发；水能利用率较高，水电开发潜力大

续表

资源类型	概况	特征
生物资源	中药材种类达 1290 多种；紫阳县及其周围的汉滨、平利、岚皋、汉阴、石泉等县是国内稀有的富硒地区之一；陕西乃至西北地区是最大的蚕丝绸基地，蚕茧产量占全省的 80% 以上	中药材种类繁多；富硒资源遍布；蚕桑养殖历史悠久
矿产资源	安康市已发现矿产资源 65 种，汞、铅锌、钒、毒重石、金红石、重晶石、钒钛磁铁等储量大	资源总量丰富、特色矿种优势明显
旅游资源	"山、水、乡、城、文"五大旅游资源；5 个 AAA 级旅游区、5 个国家森林公园、7 个省级森林公园、1 个国家级自然保护区、8 个国家工农业旅游示范点；汉滨区自然、人文资源丰富，汉阴、宁陕、石泉的人文景观突出，旬阳、紫阳、白河的水体旅游资源、人文古迹、特色风俗民情突出，南部平利、镇坪、岚皋的地文景观、生物景观、水域特色突出	旅游资源量大质优，呈现"生态为底，汉水为依，秦巴为形，人文为神"的特征；区域分布不均，县区发展差距大

资料来源：根据安康市各区县县志整理。

安康 2010 年共有建设用地 4.72 万公顷，其中城市 0.17 万公顷、建制镇 0.35 万公顷、村庄 2.7 万公顷。各区县城镇人均建设用地 33~83 平方米/人，用地非常紧张（见表 2-7）。适宜建设用地主要分布在秦巴山地山前冲洪积扇裙、浅丘地区、汉江沿岸二级以上河谷阶地、安康盆地以及各区县零散分布的相对平坦地块，用地分布极不均衡，用地潜力非常小。

表 2-7　2010 年安康各区县土地资源分析

地区	总人口（万人）	土地面积（平方千米）	耕地面积（万公顷）	人均耕地（亩/人）	城镇建设用地（万公顷）	城镇人均建设用地（平方米/人）
安康	262.98	23536.31	19.53	1.11	0.521	55.53
汉滨区	87.04	3645.91	4.31	0.74	0.25	64.66
汉阴县	24.61	1365.16	2.29	1.40	0.039	50.00
石泉县	17.11	1516.40	1.3	1.14	0.04	75.17
宁陕县	7.04	3666.89	0.33	0.70	0.022	82.88
紫阳县	28.39	2240.34	2.42	1.28	0.029	39.31
岚皋县	15.41	1957.26	1.61	1.57	0.024	48.21

续表

地区	总人口 （万人）	土地面积 （平方千米）	耕地面积 （万公顷）	人均耕地 （亩/人）	城镇建设用地 （万公顷）	城镇人均建设 用地（平方米/人）
平利县	19.29	2647.80	1.83	1.42	0.042	63.77
镇坪县	5.09	1502.45	0.49	1.44	0.008	59.99
旬阳县	42.67	3540.66	3.57	1.25	0.046	33.47
白河县	16.33	1453.44	1.38	1.27	0.021	45.62

资料来源：根据安康市各区县 2010 年国民经济和社会发展统计公报、2011 年统计年鉴整理计算。

为了准确、客观地衡量安康人口与资源均衡发展状态，本书借鉴相对资源承载力研究的算术平均模型，通过计算区域相对资源人口承载力来衡量人口与资源的均衡发展情况，相对资源人口承载力包括相对自然资源承载力和相对经济资源承载力。考虑到安康土地资源的稀缺性、经济发展对人口分布的影响等因素，选取对安康人口分布和建设活动最关键的耕地和 GDP 作为衡量指标，测算结果见表2-8、表2-9 和表2-10。

表 2-8　2005~2010 年安康各区县人口、耕地面积、GDP 统计数据

项目	年份	汉滨区	汉阴县	石泉县	宁陕县	紫阳县	岚皋县	平利县	镇坪县	旬阳县	白河县	参照区 （陕西省）
人口 （万人）	2005	94.96	29.23	18.36	7.44	33.51	17.02	22.92	5.76	45.13	20.58	3720
	2006	96.23	29.9	18.39	7.44	33.9	17.23	23	5.8	45.19	20.9	3735
	2007	97.92	29.88	18.32	7.45	33.93	17.46	23.05	5.88	45.27	20.9	3748
	2008	98.87	30.07	18.25	7.45	34.12	17.63	23.37	5.93	45.31	20.85	3762
	2009	99.89	30.39	18.3	7.5	34.23	17.7	23.5	5.9	45.3	20.9	3772
	2010	87.04	24.61	17.11	7.04	28.39	15.41	19.29	5.09	42.67	16.33	3735
耕地 面积 （万公顷）	2005	4.17	2.1	1.43	0.32	2.62	1.54	1.76	0.49	3.43	1.38	408.89
	2006	4.22	2.1	1.39	0.32	2.51	1.53	1.81	0.49	3.47	1.38	405.82
	2007	4.25	2.12	1.26	0.32	2.46	1.52	1.82	0.49	3.51	1.38	404.9
	2008	4.3	2.18	1.29	0.32	2.44	1.55	1.82	0.49	3.54	1.38	405.03
	2009	4.31	2.27	1.3	0.32	2.43	1.54	1.83	0.49	3.55	1.38	399.75
	2010	4.31	2.29	1.3	0.33	2.42	1.61	1.83	0.49	3.57	1.38	399.17

续表

项目	年份	汉滨区	汉阴县	石泉县	宁陕县	紫阳县	岚皋县	平利县	镇坪县	旬阳县	白河县	参照区（陕西省）
GDP（亿元）	2005	53.39	11.21	9.16	4.16	11.7	6.82	8.68	2.75	22.45	7.75	3933.72
	2006	59.41	13.02	10.75	5.07	13.49	7.73	10.35	3.09	25.93	9.06	4743.61
	2007	70.34	15.61	13.04	6.12	15.97	8.63	12.6	3.75	32.97	11.38	5757.29
	2008	84.4	19.27	16.81	8.25	20.01	10.81	15.79	4.63	40.48	13.49	7314.58
	2009	98.05	23.83	22.44	9.8	23.7	13.29	19.66	5.71	47.02	16.44	8169.80
	2010	114.2	28.45	27	11.61	28.11	16.31	23.9	6.81	55.44	20.04	10123.48

资料来源：根据安康市 2006～2011 年统计年鉴及陕西省 2006～2011 年统计年鉴整理计算。

表 2-9　2005～2010 年安康各区县相对自然资源、经济资源承载力

区县	C_{rl}（相对自然资源承载力）（万人）						C_{re}（相对经济资源承载力）（万人）					
	2005 年	2006 年	2007 年	2008 年	2009 年	2010 年	2005 年	2006 年	2007 年	2008 年	2009 年	2010 年
汉滨区	37.91	38.82	39.31	39.95	40.64	40.34	50.45	46.76	45.79	43.38	45.30	42.25
汉阴县	19.09	19.32	19.61	20.25	21.41	21.43	10.59	10.25	10.16	9.90	11.01	10.53
石泉县	13.00	12.79	11.66	11.98	12.26	12.17	8.66	8.46	8.49	8.64	10.37	9.99
宁陕县	2.91	2.94	2.96	2.97	3.02	3.09	3.93	3.99	3.98	4.24	4.53	4.30
紫阳县	23.82	23.09	22.76	22.67	22.91	22.65	11.06	10.62	10.40	10.29	10.95	10.40
岚皋县	14.00	14.08	14.06	14.40	14.52	15.07	6.44	6.08	5.62	5.56	6.14	6.03
平利县	16.00	16.65	16.84	16.91	17.26	17.13	8.20	8.15	8.20	8.12	9.08	8.84
镇坪县	4.45	4.51	4.53	4.55	4.62	4.59	2.60	2.43	2.44	2.38	2.64	2.52
旬阳县	31.18	31.92	32.47	32.89	33.48	33.42	21.22	20.41	21.46	20.81	21.72	20.51
白河县	12.54	12.70	12.77	12.82	13.01	12.92	7.32	7.13	7.41	6.93	7.60	7.41

资料来源：根据人口承载力计算公式和安康市原始数据计算。

表 2-10　2005～2010 年安康各区县人口与相对资源综合承载力的对比

区县	C_s（相对资源综合承载力）（万人）						$P-C_s$（万人）					
	2005 年	2006 年	2007 年	2008 年	2009 年	2010 年	2005 年	2006 年	2007 年	2008 年	2009 年	2010 年
汉滨区	44.18	42.79	42.55	41.67	42.97	41.30	50.78	53.44	55.37	57.20	56.92	59.56
汉阴县	14.84	14.79	14.89	15.08	16.21	15.98	14.39	15.11	14.99	14.99	14.18	15.02
石泉县	10.83	10.63	10.08	10.31	11.32	11.08	7.53	7.76	8.24	7.94	6.98	7.15
宁陕县	3.42	3.47	3.47	3.61	3.78	3.70	4.02	3.97	3.98	3.84	3.72	3.73

区县	C_s（相对资源综合承载力）（万人）						$P-C_s$（万人）					
	2005 年	2006 年	2007 年	2008 年	2009 年	2010 年	2005 年	2006 年	2007 年	2008 年	2009 年	2010 年
紫阳县	17.44	16.86	16.58	16.48	16.93	16.53	16.07	17.04	17.35	17.64	17.30	17.65
岚皋县	10.22	10.08	9.84	9.98	10.33	10.55	6.80	7.15	7.62	7.65	7.37	7.45
平利县	12.10	12.40	12.52	12.52	13.17	12.99	10.82	10.60	10.53	10.85	10.33	11.01
镇坪县	3.53	3.47	3.49	3.47	3.63	3.56	2.23	2.33	2.39	2.46	−2.27	2.44
旬阳县	26.20	26.17	26.97	26.85	27.60	26.97	18.93	19.02	18.30	18.46	17.70	18.29
白河县	9.93	9.92	10.09	9.88	10.31	10.17	10.65	10.98	10.81	10.97	10.59	10.89

注：P 为研究区现状人口，$P-C_s$ 为研究区人口超载状况。

资料来源：根据人口承载力计算公式和安康市原始数据计算。

相对资源承载力计算模型如下：

$$C_s = W_1 C_{rl} + W_e C_{re} \qquad (2-1)$$

其中，C_s 指相对资源综合承载力，C_{rl} 指相对自然资源（土地）资源承载力，C_{re} 指相对经济资源承载力；W_1 为相对自然资源（土地）资源的权重，W_e 为相对经济资源的权重。参照已有研究成果，W_1、W_e 取 0.5。

$$C_{rl} = I_1 \times Q_1 = Q_{po}/Q_{lo} \times Q_1 \qquad (2-2)$$

$$C_{re} = I_e \times Q_e = Q_{po}/Q_{eo} \times Q_e \qquad (2-3)$$

其中，I_1 为土地资源承载指数；I_e 为经济资源承载指数；Q_1 为研究区耕地面积；Q_e 为研究区国民生产总值；Q_{po} 为参照区人口；Q_{lo} 为参照区耕地面积；Q_{eo} 为参照区国内生产总值。

测算结果表明，安康实际人口容量已超出自然资源和经济资源的承载能力，而且各区县发展极不平衡（见表 2-11）。

表 2-11　安康各区县人口与资源协调发展分类

人口与资源发展协调性	划分依据（人口容量超载率）	分布
很差	>50%	汉滨区
较差	40%～50%	宁陕县、紫阳县
一般	30%～40%	汉阴县、石泉县、平利县、镇坪县、岚皋县、白河县

资料来源：根据安康各区县人口承载力计算结果整理。

三、土地资源需求分析

移民搬迁安置对土地资源的需求主要包括耕地和住房建设用地。《陕南地区移民搬迁安置工作实施办法》中规定：集中、分散安置每户宅基地分别控制在0.2亩、0.25亩以内；建筑面积除特困户每户按30~50平方米安置，其他人均不超过25平方米。按照《陕南地区移民搬迁安置总体规划（2011－2020年）》（见表2－12），安康移民87.68万人，其中城镇安置14.48万人，按人均43.36平方米/人，需增加建设用地0.063万公顷；乡村安置60.24万人，按人均56.39平方米/人，需增加0.34万公顷。在城镇和乡村的人均建设用地水平均低于现状标准的情况下，需要增加0.4万公顷建设用地。耕地后备资源1.28万公顷仅满足乡村安置移民的基本口粮，建设用地的0.4万公顷缺口只能依靠集约利用城镇土地、开发未利用土地和缓坡丘陵地。

表2－12　安康移民搬迁安置规划

搬迁安置类型	项目	数量	备注
城镇安置	户数（万户）	3.77	—
	人口（万人）	14.48	—
	建设用地规模（万公顷）	0.063	人均43.36平方米
乡村安置	户数（万户）	18.85	—
	人口（万人）	60.25	—
	建设用地规模（万公顷）	0.34	人均56.39平方米
	耕地规模（万公顷）	1.13	户均0.917亩
总计	户数（万户）	22.63	—
	人口（万人）	87.68	—
	建设用地规模（万公顷）	0.40	—
	耕地规模（万公顷）	1.123	户均0.917亩

资料来源：根据《陕南地区移民搬迁安置总体规划（2011－2020年）》等资料整理。

第三节　社会人文环境

一、区域人口

2006年以来，安康人口规模和速度增长缓慢，自然增长率维持在2‰左右，人口增长速度相对较低；常住人口变化呈现负增长态势，从 2006 年的 265 万人减少到 2010 年的 263 万人（见图 2-1）。2010 年人口自然增长率为 2.62‰，城镇人口 91 万人，占 34.6%；乡村人口 171.99 万人，占 65.4%。2010 年安康市域有 197 个乡镇、2559 个村庄。

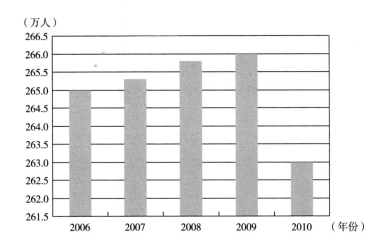

图 2-1 2006~2010 年安康市常住人口变化趋势

资料来源：笔者自绘。

二、社会网络

社会网络理论于 20 世纪 30 年代提出，Wellman 认为社会网络是由社会关系构成的相对稳定的系统。中国传统社会是以地缘、业缘为基础，以血缘为纽带的家族关系和以地缘为纽带的邻里关系是传统社会的社会网络基础。传统社会家庭生活是中国人的第一重生活，邻里生活是中国人的第二重生活，因此十分强调邻里关系："德不孤，必有邻。"邻里关系具有很强的凝聚力。

秦巴山地由于地理环境限制，历史上一直比较封闭，乡土社会中以血缘为纽带的家族关系为主，但由于明清时期大规模移民涌入，社会组织关系逐渐复杂化，以血缘、地缘、业缘为纽带的社会组织关系并存，并在聚落名称中反映出来，如以"庄、院、寨"命名的聚落是以血缘为纽带的家族、宗族聚落，这种内聚力极强的聚落，对外具有较强的抵抗能力，聚落的发展因宗族内聚力的存在表现出很大的稳定性和继承性；以"营"命名的聚落是明代屯田军队移民演化而来的以业缘为纽带的移民聚落，主要集中在河谷平川地带；以"店、铺、集"

命名的聚落是移民推动手工业、商业发展形成的以业缘为纽带的聚落。发展到当代乡村实行以村民委员会领导的村民自治，社会组织还是以血缘和地缘为主；城镇实行以居委会、街道办事处为领导的社会组织管理，地缘和业缘是社会组织的主要方式。

以血缘和地缘为纽带紧密联结在一起的居民，因为有着共同的生产生活环境和方式，形成共同的文化特质，以血缘和地缘为纽带紧密联结在一起的居民情感相通、利益趋同，居民的认同感和归属感最强。居民在长期的共同生活中，逐步形成了地缘文化，地缘文化因其互异性出现隐形的地缘界限，即地缘交际圈。刘新华等（2014）研究得出，新型农村社区地缘交际圈最大值为 3 ~ 5 千米，陈振华对国内外部分地区村庄居民点距离统计得出，山区村庄居民点距离平均为 3 ~ 5 千米。安康地区人口密度较小，村落间以及村庄内部各种社会关系熟络，人际交往半径往往较城市大，属于典型的乡村聚落体系，地缘交际圈也基本遵循这个尺度。

三、社会文化

地域文化的形成是地域文化共同体主动适应自然和人文环境的结果。安康处于川、渝、鄂、陕四省市接壤地区，有"东接襄沔、西达梁洋、南通巴蜀、北控商虢"之称。秦巴山地南北转换的自然地理和区位特征是安康地域文化形成的基础，而移民则是安康地域文化多元化及分异的主要动因。安康处于汉水流域的上游，是典型的汉水流域文化特征。汉江位于长江与黄河两大水系分界线，区位条件决定了汉江流域的社会、经济、文化兼具南北过渡、东西交汇的地理特征。安康地域文化主要受秦、巴蜀和楚文化影响，沿汉江自西向东呈现从巴蜀文化向楚文化过渡的趋势，汉水以北的宁陕县、石泉县、汉阴县、汉滨区和旬阳县部分地区多传承了秦文化，关心攻伐、垦荒等，进取意识浓厚；汉水西南的岚皋县、紫阳县、平利县等地区巴蜀文化色彩浓厚，自然物产丰富，留意饮食，注重享受；汉水东南的平利县、镇坪县、旬阳县和白河县受楚文化影响较多，崇尚自由精神、安稳于自然朴素的生活。以华夏的儒、道、释等倡导的哲学观念为基础形成了陕南社会的文化传统。

由于特殊的地理位置和环境条件，陕南安康移民历史悠久，尤其是在明清时期由于屯田制、"迁海"政策等原因使移民达到鼎盛时期。人是文化的载体，在交通工具和传播媒介落后的古代，人类的迁徙和流动推动了文化的传播和扩散。来自湖南、湖北、安徽、四川等地的移民文化，与安康本土文化互相影响和交融，形成了安康地方的文化特色，作为历史文化沉淀，反映在陕南乡村生活的各个方面。

第四节　空间营建环境

一、区域城镇化特征

安康山地所占比重较大，城镇主要分布在汉江、沿岸、月河川道和国道、省道沿线，川道丘陵区城镇稠密，低中山区城镇较少，空间分布不均衡，城镇化发展呈现以下特征：

（一）城镇化水平偏低、增速慢，与陕西省平均水平差距逐渐拉大

根据全国第六次人口普查数据，安康市2010年城镇化率为34.6%，低于陕西省46.5%和全国49.68%的同期水平，城镇化水平相对偏低。从城镇化增速来看，2006~2010年安康市城镇化水平提高了8.4%，年均提高了2.1%；而同期陕西省城镇化水平年均增长高于安康市，两者差距逐步扩大。

（二）城镇化滞后于产业发展，异地城镇化现象突出

城镇发展非常缓慢，第二、第三产业发展动力不足，造成城镇吸纳农村劳动力的能力有限，加之城市生活成本的提高、户籍的限制、务工保障制度不完善，降低了农村剩余劳动力转移进入城镇的机会，异地城镇化趋势明显。

（三）市域各区县城镇化发展不均衡

市域内各区县的城镇化水平呈现以汉滨区最高、其余县偏低的不均衡状态（见图2-2）。2010年汉滨区城镇化率为42.1%，居最高水平，宁陕县38.3%次之；平利县与旬阳县城镇化水平均在30%~40%；汉阴县、石泉县、紫阳县、岚皋县、镇坪县及白河县城镇化水平较低，均在30%以下。

（四）城镇人口主要在小城镇集聚，城镇规模呈现金字塔结构

安康市中心城区的辐射带动作用有限，其余城镇规模较小，县城区平均人口规模为3.77万人，与全省平均水平6.56万人相差较大，建制镇（除县城所在地镇）平均人口规模为3792人，低于全省平均水平（见表2-13），这种特征导致安康难以形成层次分明、空间分布合理的城镇体系，对广大乡村腹地的带动作用不强（见图2-3）。经济社会发展水平较高的区域主要集中于月河盆地和汉江沿岸，较不发达的区域主要集中于秦岭巴山中高山区。

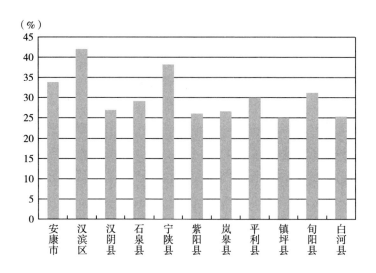

图 2 - 2 2010 年安康市县域城镇化水平

资料来源：笔者自绘。

表 2 - 13 2010 年安康市城镇体系统计

人口规模（人）	数量（个）	占城镇总数比例（%）
<1000	7	6.25
1000 ~ 5000	77	68.75
5001 ~ 10000	14	12.5
10001 ~ 30000	5	4.46
30001 ~ 50000	6	5.36
50001 ~ 100000	2	1.79
>100000	1	0.89

资料来源：陕西省 2011 年统计年鉴、安康市 2011 年统计年鉴。

二、区县城镇化评价

对于陕南城镇化水平的评价，周杜辉等（2011）采用 BP 神经网络模型等方法从经济发展、经济结构、社会发展、生态环境、城乡人民生活水平五个方面构建陕西省县域综合发展水平评价指标体系；王宁（2012）采用主成分分析法、变异系数法、熵权系数法从人口构成和人口素质、经济发展水平和经济结构、城市基础设施、城市建设与社会服务水平及城市环境质量五个方面构建陕西省城镇化评价体系；李文正（2013）采用层次分析法和德尔菲法从人口、土地利用、经济

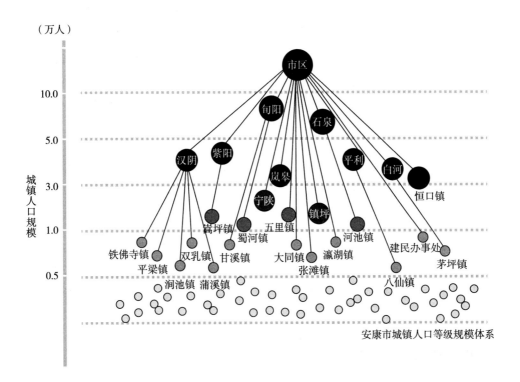

（万人）

安康市城镇人口等级规模体系

图 2 - 3 2010 年安康市城镇人口等级规模

资料来源：笔者自绘。

化、社会和生活城镇化五个方面构建陕南城镇化水平评价指标体系；研究都得出陕南三市的城镇化发展水平较低，需要重视生态搬迁保护、合理迁移人口、完善土地流转制度以解决土地资源不足问题，加强交通建设，提高陕南非农产业比重以推动农业产业化，采用"链珠状"空间开发模式等对策。目前的研究主要是从陕西省、陕南区域层面出发，针对安康市各区县的城镇化发展的评价研究较少。本书结合相关研究成果，借鉴段炼（2009）的城镇化综合指数评价，从经济、空间、人口、功能四个方面构建城镇化评价指标体系（见表 2 - 14），评价安康各区县城镇化发展。

以安康的 1 区 9 县为城镇化发展评价对象，采用 2005 ~ 2010 年的相关数据，运用 SPSS 系统进行数据处理，采用主成分分析法提取安康区域城镇化发展的主要因素，其中第 1 个因子（F1）为环境因子，提取到 39. 017% 的信息；第 2 个因子（F2）为经济因子，提取到 29. 354% 的信息；第 3 个因子（F3）为文化因子，提取到 12. 229% 的信息；第 4 个因子（F4）为卫生因子，提取到 9. 715% 的信息。

表 2-14 安康城镇化评价体系

目标层	准则层	指标层	评价目的
城镇化	人口	非农人口比重（%）	农业人口向非农业人口转变是城镇化的实质
	经济	第二、第三产业占GDP比重（%）	经济结构水平
		人均GDP	经济发展水平与城镇化水平紧密相关
	空间	人口密度（人/平方千米）	城镇化进程的地域环境因素，反映城镇化的潜力
		房屋竣工面积（万平方千米）	城镇化空间推进的实体反映，人居环境建设的重要指标
	功能	互联网覆盖率（%）	城乡基础设施建设水平指标，反映居民生活质量
		人均消费品零售总额	城乡居民消费能力指标，反映市场化程度的高低
		每万人医疗机构（个）	城乡公共服务设施指标，反映城市文明普及程度
		每万人学校数（个）	城乡公共服务设施指标，反映城市文明普及程度

资料来源：根据城镇化评价相关文献研究梳理。

在上述分析的基础上，构建安康地区城镇化综合发展指数的计算模型得到：

$$F = (39.017/90.315) \times F_1 + (29.354/90.315) \times F_2 +$$
$$(12.229/90.315) \times F_3 + (9.715/90.315) \times F_4 \qquad (2-4)$$

计算1区9县各个年份的综合性因子得分，汇总得到安康地区城镇化综合指数（见表 2-15）。根据城镇化综合指数分析（见图 2-4），将安康区县分为三类（见表 2-16）。

表 2-15 安康各区县城镇化综合指数

区县	2005 年	2006 年	2007 年	2008 年	2009 年	2010 年	平均
汉滨区	1.3	1.31	1.36	1.75	1.64	1.84	1.53
汉阴县	-0.48	-0.46	-0.41	-0.3	-0.19	-0.1	-0.32
石泉县	-0.05	-0.07	-0.08	0.04	0.09	0.26	0.03
宁陕县	-0.26	-0.25	-0.28	-0.03	0.03	0.16	0
紫阳县	-0.47	-0.44	-0.37	-0.26	-0.15	0.02	-0.29
岚皋县	-0.56	-0.5	-0.46	-0.39	-0.32	-0.15	-0.44
平利县	-0.43	-0.37	-0.32	-0.25	-0.13	-0.03	-0.33
镇坪县	-0.24	-0.21	-0.23	-0.17	-0.11	-0.15	-0.24
旬阳县	0.06	0.12	0.21	0.32	0.47	0.43	0.27
白河县	-0.45	-0.41	-0.32	-0.24	-0.24	-0.11	-0.25

资料来源：根据安康各区县统计数据、城镇化综合发展指数计算模型计算。

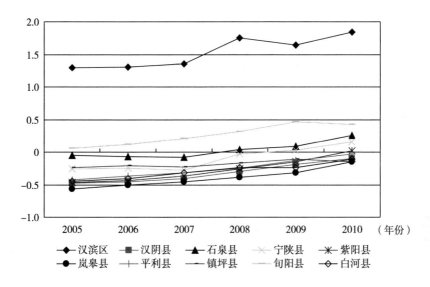

图 2 - 4　安康各区县城镇化发展综合指数示意图

资料来源：笔者自绘。

表 2 - 16　安康各区县城镇化发展分类

发展类型	平均城镇化发展指数	分布
发展较好	大于等于 0.1	汉滨区、旬阳县
发展一般	大于等于 0、小于 0.1	石泉县、宁陕县
发展较差	小于 0	汉阴县、紫阳县、平利县、岚皋县、镇坪县、白河县

资料来源：根据城镇化发展综合指数计算结果整理。

　　第一类为城镇化发展较好的地区，包括汉滨区和旬阳县，两区县城镇化发展指数远远高于其他县并且一直保持上升趋势，非农人口比重相对较大，产业发展基础较好，文化、医疗条件相对较好，人口存在从农村向城镇转移的强大动力。第二类为城镇化发展一般的地区，包括石泉县和宁陕县，两县的城镇化发展指数保持稳定上升趋势，人均 GDP 高于地区平均水平，第二、第三产业比重大于50%，虽然农业人口比重较大，依然有推动城镇化发展的动力。第三类为城镇化发展较差的地区，包括汉阴县、紫阳县、岚皋县、平利县、镇坪县、白河县，城镇化发展指数相对较低，非农业人口比重相对较小，第二、第三产业产值的比重也比第一类发展地区低 10%～15%，整体缺乏推动城镇化快速发展的有力支撑。

三、区域人口空间分布

　　受环境所限，秦巴山地的大部分地区都不适合人类居住生存，安康人口空间分布呈现区县分布不均衡、城少乡众城乡分布不均衡、依地形及交通条件差异较大的特征。地理环境差异使各区县人口空间分布差异较大,汉滨区地势平坦、区位优越、土地平整,人口聚集度相对较高,达到276.71人/平方千米,而宁陕县山地比重较大,人口密度低,仅有20.27人/平方千米,两者相差10倍。

2010年安康市城镇化率为34.6%,大多数人口分布在农村地区,且人口多集中于汉江及其支流沿岸地区,川道丘陵区人口稠密、低中山区人口均匀、高山区人口稀少,仅月河川道内的人口总数就占安康总人口的48.9%。此外,交通也是安康人口空间分布的主导因素,人口聚集在襄渝、阳安、西康等铁路以及包茂高速、十天高速、城安高速和国道316、国道210、省道S310等交通干线附近,仅国道316沿线区县总人口就占安康市总人口的70.7%。

四、聚落空间形态

聚落空间形态是人类对资源进行生存选择和适应的结果,是地域背景下的人地关系的空间表达。受到交通、用地、生态、产业等条件的影响,安康山地乡村聚落空间布局分散,呈零碎分布状态;丘陵乡村聚落空间集中度低,呈小规模、均质分布状态。聚落一般呈线状分布、散点状分布。

第五节 移民搬迁安置社区营建条件判读

一、生态环境的安全限制

安康北依秦岭,南靠巴山,处于我国南北过渡地带,处于《全国主体功能区划》中的限制或禁止开发区,是南水北调中线工程水源涵养地,具有国家扶贫的集中连片特困区的"三区叠加"特性,这些使安康市的资源开发、产业发展受到较大限制。因此,安康推进移民搬迁、移民搬迁安置社区的开发建设首先要减少对生态环境的破坏、减轻生态脆弱地区的压力,考虑生态环境的恢复与保护,限制移民迁入地的选择、限制产业布局和产业类型、限制移民搬迁安置社区营建强度和方式,这就增加了移民搬迁安置社区营建的难度与时间成本。

二、发展动力的时代不足

经济是推动人类社会发展的主要动力。移民搬迁工程是一项宏大的工程,需要有持续的动力、资金保障和资源条件支撑，移民搬迁安置社区营建与区域经济发展密不可分，在区域经济发展的大格局下寻求安置社区自身可持续发展的动力支撑。但安康工业化、现代化的滞后使地区发展动力不足，加上土地资源的制约，难以持续有效地推进移民开发的进程。

三、社会融合的多元复杂

移民搬迁使原有的关系资本链断裂，以血缘为主导的家族关系和以地缘为主导的邻里关系所形成的社会关系网络不可避免地瓦解，社会网络与邻里关系的形成需要很长时间，移民面临如何融入新社会关系网络和保持原有的社会关系网络的双重问题。搬迁方式的多元化导致移民面临多元复杂的融合困境：进入城镇的移民面临与城市居民、移民之间的多重社会融合，依托村庄搬迁的移民面临与原住民、移民之间的多重社会融合。这种多元复杂性使移民搬迁的社会问题成为移民搬迁工程的难题。

四、城镇化进程的地域限制

安康移民搬迁工程正值国家提出新型城镇化建设的背景下，移民搬迁必须与城镇化的发展建设相衔接，从根本上实现"人的城镇化"，实现移民搬迁安置社区与既有城乡聚落体系的一体化协同发展。但安康城镇化整体水平较低，量的发展不足，达到深度城镇化的质量要求还需要时间的弥补与完善。

安康移民主要来自于地质灾害频发、生态脆弱的山区，使移民就近迁移的支撑力不足，远距离空间迁移的适应性加大，不利于移民聚落的集中开发建设，也不利于新移民城镇的形成与健康发展。

安康城镇化发展的种种特征导致其难以形成层次分明、空间分布合理的城镇体系，对于实现以人为本的新型城镇化发展则更为困难，这就要求安康市的移民开发要探讨适度扩大现有城镇规模，逐步发展建设新移民城镇的可能性与可行性，从而形成规模等级适宜，生活服务、产业发展体系化的健康的城乡聚落体系。

第六节　本章小结

本章从生态、经济、社会、空间四个方面剖析安康移民搬迁安置社区营建的区域环境，总结当前安康移民搬迁安置社区营建面临的约束条件，为科学制定移民搬迁安置社区营建策略提供依据。

（1）从地形地貌、气候、水文、植被生态四个方面阐述了安康区域自然生态条件，总结出安康生态环境综合特征表现为生态脆弱、自然灾害频繁，且时空分布不均匀。借鉴生态环境敏感性分析模型构建生态敏感性评价指标体系，借助 GIS 和 RS 等研究技术，得出安康区域生态安全敏感性分级，与人口分布比较得出还有约 45% 的人口分布在生态敏感区，对生态造成了较大干扰和影响，需要迁移调控。

（2）从经济发展水平、乡村经济、城乡差距三个方面分析得出，安康经济发展环境综合特征表现为整体经济实力加速提升但经济总量仍然很小，县域发展差异明显，城乡发展差距逐步扩大，不利于乡村经济的发展，土地资源供给限制区域经济发展。借鉴相对资源承载力研究的算术平均模型，计算区域相对资源人口承载力来衡量人口与资源的均衡发展情况，结果反映出整个区域处于人口超载状态，而且地域间有差异，土地资源是制约经济发展的主要因素。

（3）从区域人口发展、社会组织网络基础及社会文化三个方面阐述了安康区域社会发展的环境特征，区域人口呈现增长缓慢趋势；乡村社会组织还是以血缘和地缘为主，城镇社会组织以地缘和业缘为主；地理环境和移民形成安康地域文化多元化的特征，安康地域文化主要受秦、巴蜀和楚文化影响，沿汉江自西向东呈现从巴蜀文化向楚文化过渡的趋势。

（4）安康区域呈现城镇化水平偏低、增速慢，城镇化滞后于产业发展，异地城镇化现象突出，市域各区县城镇化发展不均衡，城镇规模呈现金字塔结构的特征。通过安康各区县城镇化发展评价，得出城镇化水平地区间差异较大。安康人口空间分布呈现区县分布不均衡、城少乡众城乡分布不均衡、依地形及交通条件差异较大的特征。安康山地乡村聚落空间布局分散，呈零碎分布状态；丘陵乡村聚落空间集中度低，呈小规模、均质分布状态，多位于山地地区及河谷阶地。

基于安康区域的环境发展本底分析得出，安康移民搬迁安置工程营建面临生态环境安全限制、发展动力时代不足、社会融合的多元复杂以及城镇化进程的地域限制等诸多条件限定。

第三章 安康移民搬迁安置
社区营建现状与问题分析

2011～2015 年安康移民搬迁安置工程共搬迁安置移民 13.2 万户、50.1 万人，从减灾避灾到全面解决农民生存、农村繁荣、农业发展的深层次问题，从化解"三农"矛盾到推进工业化、农业现代化、城镇化和生态环境保护，对推动城镇化发挥的作用更是其他措施难以比拟的。客观审视安康移民搬迁安置社区营建现状，发现存在的问题是下一步移民搬迁安置社区营建策略制定的前提和依据。

第一节 移民搬迁安置社区营建现状

一、营建目标及进展

2011～2020 年安康移民搬迁安置工程计划 1 区 9 县共搬迁 22.62 万户、87.68 万人（见表 3-1），采取集中安置与分散安置、有土安置与有业安置、政府安置与自主安置相结合的办法，推行"鼓励进城、扩张集镇、做好社区、相对集中、梯次推进、支持外迁"的搬迁方式。安康推行城乡一体化发展战略，合理配置资源、促进人口聚集，建立结构合理的城乡结构体系、完善社会保障体系、改善和提高移民生产生活条件，保障移民"搬得出、稳得住、能致富"。为保障移民搬迁安置工作顺利进展，移民搬迁规划总投资 453.63 亿元，其中，陕西省专项移民搬迁专项资金 102.83 亿元，市、县区财政配套 5.65 亿元，部门捆绑资金 68.6 亿元，群众自筹 276.55 亿元。

按照《陕南地区移民搬迁安置总体规划(2011-2020 年)》和相关政策要求，2011～2015 年安康已搬迁安置移民 13.2 万户、50.1 万人，完成各类投资 270 亿元，带动社会投资 300 亿元。各区县结合地域现状及发展条件建设移民搬迁安置社区，至 2015 年底共建设 30 户以上的集中安置社区 853 个，集中安置率达

86.41%，城镇化安置率为75%，实现了移民搬迁的阶段性目标。

表3－1 安康市2011～2020年移民搬迁安置计划

	2011~2015 年	2016~2020 年	总 计
移民户数（万户）	11	11.62	22.62
移民人数（万人）	45	42.68	87.68
搬迁户占地面积（公顷）	—	—	3558
总投资（万元）	237.6	216.03	453.63

资料来源：根据《安康市移民搬迁安置总体规划（2010－2020年）》移民搬迁数据整理得出。

二、政府主导下移民搬迁安置社区营建工作框架

2011年陕南移民搬迁安置工程启动后，先后制定了《陕南地区移民搬迁安置工作实施办法》《陕南移民搬迁土地综合利用实施管理办法》《陕南地区移民搬迁安置总体规划（2011－2020年)》《陕南地区移民搬迁用地审批意见》《安康市避灾扶贫搬迁规范管理办法》等一系列政策与制度，保障搬迁安置工作的顺利进行。安康市成立了以市长任组长，以发展和改革委员会、扶贫局、国土资源局、规划局、住房和城乡建设局等相关部门为成员单位的移民搬迁安置工作领导小组，负责全市移民搬迁安置的组织领导、统筹协调、计划安排、督查考评、检查验收等工作；区县政府是移民搬迁安置工作的责任主体，按照统筹城乡的要求，制定搬迁安置优惠政策，统筹项目资金，整合项目资源，鼓励有条件的搬迁户进城入镇，促进城镇化建设；镇乡政府是移民搬迁的建设主体，主要做好移民搬迁政策宣传、对象选择、类型确定、规划选址、征地建设、协调服务，确保移民搬迁安置工作顺利推进（见图3－1）。

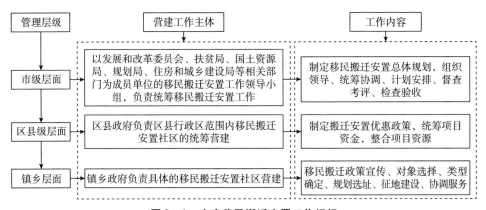

图3－1 安康移民搬迁安置工作组织

资料来源：笔者自绘。

围绕移民搬迁安置工程的目标，安康各级政府采取了住房、用地、资金、权益、组织保障等一系列保障措施（见图3-2）。

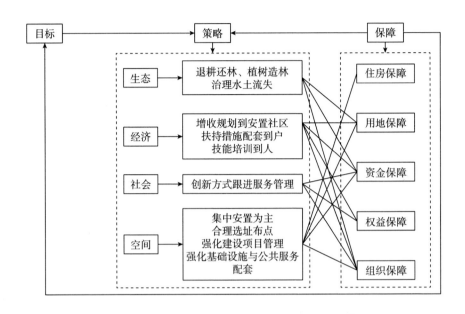

图3-2 安康移民搬迁安置工作框架

资料来源：笔者自绘。

住房保障：通过明确住房标准、拓宽住房来源、提供住房补助、核发土地使用证和房屋产权证等措施保障移民的住房需求。依据搬迁户家庭的实际需求，按人均不超过25平方米提供60平方米、80平方米、100平方米三种类型的住房，由移民自主选择，集中安置不超过125平方米，分散安置不超过140平方米；政府对集中安置户、分散安置户每户分别补助4.5万元、3万元，特困户每户再增加1万元，楼房安置户每户增加0.5万元；通过安排保障性住房、城镇购房、集中新建、分散自建等多种方式拓宽住房来源。

用地保障：通过中央政策支持、集约节约用地、占补平衡等保障移民搬迁安置社区的建设和移民的生产生活用地。国土资源部出台的《关于支持陕西省陕南地区生态扶贫避灾移民搬迁有关政策措施》，从土地利用管理、地质灾害防治、农村土地整治等方面为移民搬迁用地提供政策支持；集中安置提高土地利用率，30户以上的集中安置社区户均用地要求控制在0.2亩内；实施"占新腾旧"，推进迁出地宅基地腾退和复垦，推行循环工业、生态旅游等绿色土地利用，确保土地利用的可持续性。

资金保障：通过"省主导、市配套、群众自筹、全社会参与"的多元化方式筹措移民搬迁资金。由陕西有色金属控股集团和陕西省财政厅共同出资成立了陕南移民搬迁工程有限公司，计划用10年时间筹措60亿元资金用于移民搬迁资金周转，各区、县设立移民搬迁资金专用账户，省财政补助资金直接拨付到专用账户。鼓励社会资本参与移民搬迁的公共服务设施、基础设施建设。

权益保障：通过"三个不变""三个鼓励"以及自主迁移户籍、居住证制度等保障移民的合法权益。"三个不变"是指原集体经济成员应有权益、集体所有制的经济形态和原承包地承包经营的关系不变。"三个鼓励"是指鼓励进入城镇安置的搬迁户退出原集体经济组织，鼓励搬迁户流转土地经营权和林地经营权，鼓励移民将承包地交由集体经济组织代为经营。

组织保障：市县移民搬迁工作领导小组及相关部门统筹协调移民搬迁安置工作，建立了移民搬迁规划编审、住房项目管理、产业扶持、专项资金管理等一系列制度，各职能部门密切配合（见图3－3），扎实推进移民搬迁安置工作。

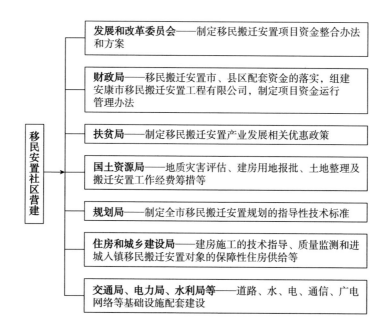

图3－3　安康移民搬迁安置社区营建组织保障

资料来源：笔者自绘。

第二节　移民搬迁安置社区营建模式现状

通过对汉滨区、白河县、旬阳县、汉阴县、石泉县、平利县等地移民搬迁安置社区的现场调研、访谈及资料收集，对移民搬迁安置社区的营建现状进行全面分析，总结移民搬迁的阶段性成效和建设经验，为下一阶段的移民搬迁安置社区营建模式及策略制定奠定基础。

一、移民搬迁安置社区类型

由于安康复杂的地形地貌、与城镇的空间关系以及移民搬迁安置社区多元化发展的产业类型，产生了丰富的移民搬迁安置社区营建类型。

（一）以地形特征划分的移民搬迁安置社区

安康位于秦巴山区东段，包括川道平坝、低山丘陵、中山、中高山四种地貌。根据地貌分类，移民搬迁安置社区可分为中高山、低山丘陵和川道平坝三种类型。

（二）以与城镇发展关系划分的移民搬迁安置社区

移民搬迁进入城镇，增大了城镇的规模，为产业发展提供了劳动力，提高了城镇公共服务和基础设施建设水平，改善了移民的人居环境质量，提升了城镇的辐射能力以带动周边地区的发展，直接推动安康的城镇化发展。安康移民88万人，但承载力、经济发展条件等客观条件决定了如此大规模的人口不可能全部被吸纳进入城镇，还有大量城镇之外的乡村移民。移民搬迁安置社区在建设过程中，根据与城镇的空间关系采取了三种营建模式（见图3-4）。

城区镇区型移民搬迁安置社区指移民搬迁进入城区、镇区集中建设的移民搬迁安置社区，如汉阴县新城安置社区是城区型移民搬迁安置社区，宁陕县梅子镇安置社区、白河县西营镇天逸安置社区是镇区型移民搬迁安置社区。此类移民搬迁安置社区大多数以居住为主，建设和选址依据城市和镇的总体规划在居住用地范围内选址，或者与城镇经济适用房、廉租房和保障房小区合并开发，建设成本相对较大，对政府投资依赖度较高。此类安置社区的规划建设基本按照城镇居住区的规划建设，规模接近城镇居住区的组团，居住建筑以多层和中高层为主。

城镇边缘型移民搬迁安置社区主要依托安康中心城区、县城边缘的产业园区建设，如汉滨区恒口示范区移民搬迁安置社区等。此类移民搬迁安置社区与城市

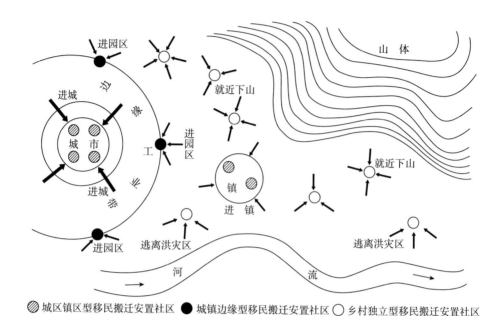

◎ 城区镇区型移民搬迁安置社区　● 城镇边缘型移民搬迁安置社区　○ 乡村独立型移民搬迁安置社区

图 3-4　类型化移民搬迁安置社区空间示意图

资料来源：笔者自绘。

核心区之间有密切的联系，又有一定的产业支撑，居民可以在此就业，也可去城市核心区就业，既依托城市发展，又有相对的独立性，是最容易实现城乡公共服务均等化的地区，是城乡一体化覆盖的主要区域。此类安置社区规划建设既考虑移民的居住需求，又要将产业服务与发展纳入建设体系中，规模主要与所服务产业规模相关，接近城镇居住区的居住组团和小区，居住建筑以多层和中高层为主。

乡村独立型移民搬迁安置社区是移民就近依托村庄调整搬迁建设，分布在广大乡村腹地，由于其建设相对比较灵活、分散，是目前移民搬迁安置社区建设的主要类型，如白河县茅坪镇彭家村安置社区等。此类安置社区规模接近村庄，除了建设用地还涉及生产用地的安排，主要借鉴新农村建设规划，根据本地化的特征和发展基础，对服务和管理功能进行升级改造，居住建筑以低层院落式和多层单元式为主。

（三）以产业发展模式划分的移民搬迁安置社区

安康移民搬迁工程实施以来，结合区域产业结构和产业布局的调整，移民搬迁安置社区发展了多种多样的生产方式。依据移民搬迁安置社区的产业类型可分为现代农业型、工业带动型和旅游服务型。现代农业型安置社区依托地区的农业资源条件，以现代农业发展为其主要的经济发展方向，如白河县仓上镇裴家移民搬迁安置社区，将移民搬迁安置社区与现代农业发展相结合；工业带动型安置社区依托城镇工业园区，工业吸纳大量移民作为基础人力资源，解决移民的就业和可持续发展问题，如汉滨区恒口镇移民搬迁安置社区，将移民搬迁安置社区与现代工业园区相结合；旅游服务型安置社区依托地区丰富的自然、人文旅游资源，发展旅游服务业及相关产业，创造就业机会的同时保护和改善生态环境，如石泉县后柳镇移民搬迁安置社区，将移民搬迁安置社区与古镇旅游服务相结合发展奇石展览、贸易服务业。

通过归纳总结和综合分析，安康当前移民搬迁安置社区营建类型划分如表3－2所示。

表3－2　安康移民搬迁安置社区营建分类

营建主导因子	营建分类	地形地貌			与城镇空间关系			产业支撑		
		川道平坝	低山丘陵	中高山	城区镇区	城市边缘	乡村独立	现代农业	工业带动	旅游服务
地形地貌	川道平坝	—	—	—	●	●	●	●	●	●
	低山丘陵	—	—	—	●	●	●	●	●	●
	中高山	—	—	—	○	○	●	○	●	●
城镇化带动	城区镇区	●	●	○	—	—	—	—	●	●
	城镇边缘	●	●	○	—	—	—	○	●	●
	乡村独立	●	●	●	—	—	—	●	●	●
产业带动	现代农业	●	●	○	●	●	●	—	—	—
	工业带动	●	●	—	●	●	●	—	—	—
	旅游服务	●	●	●	●	●	●	—	—	—

注：●代表适用，○代表可用，—代表不适用。
资料来源：笔者自绘。

二、迁出地生态恢复与迁入地生态营建

移民迁出地主要位于秦岭巴山中高山及低山地区有地质灾害、洪涝灾害隐患以及水源保护地、风景区和生态保护区等地区，这些地区主要存在坡地开垦、植被破坏、工程建设等引发水土流失与滑坡、泥石流等自然灾害等生态问题，移民

迁出后退耕腾宅，通过植树造林形成连片的林业资源，并加强天然林保护、封沟育林、退耕还林、植树造林、水源涵养等工作；加强森林自然灾害防治工作；加强野生动植物保护，加快森林公园、自然保护区等建设，恢复区域生态系统的良性循环，以减少自然灾害的发生。

移民搬迁安置社区选址注重避开生态敏感区和地质灾害隐患区，靠近江河和交通要道，便于居民生活和交通运输，延续传统聚落的机理，形成错落有致的整体空间环境，尽量避免带来二次生态破坏。

三、产业支撑与资源利用

（一）多元化产业支撑模式

在《陕南循环经济产业发展规划（2009－2020年）》的发展引导下，安康以优势资源为依托，重点发展生物加工、生态旅游、新型材料三大主导产业，集约土地促进产业发展、集中培训促进移民就业。移民搬迁安置社区优先选择靠近城镇近郊、工业园区、农业园区、旅游景区规划建设，结合迁入地自然资源优势，支撑"三区"发展，促进就业兴业，实行"社区＋"等产业发展模式，大力推行"社区＋农业园区""社区＋旅游景区""社区＋小微企业"等开发模式，典型的有：①白河县"仓上"模式。仓上镇裴家移民搬迁安置社区，引导农民将林地和土地流转给民营企业，有利于土地集中，发展蔬菜种植、牲畜和乌鸡养殖、苗木培育、烤烟种植等特色农业，建设天宝现代农业示范园，以"市场＋公司＋基地＋移民户"的模式实现集约化规模生产。土地流转以后，农民既能得到流转资金，还可以被聘为原土地的农业产业工人，这有力地促进了传统农业向现代农业转型，兼做农业旅游观光。山上建产业园区，山下居住，实现了产区融合发展。②宁陕县"皇冠"模式。皇冠镇依托丰富的生态资源，积极调整产业结构，以旅游产业为主导，积极培育特色种养殖业、第三产业，引导移民就业。③紫阳县"双安"模式。在"高山木本药材、中山魔芋蚕桑、低山茶叶蔬菜"多维立体化农业模式的引导下，利用富硒资源优势发展双安现代农业示范园区，种植富硒蔬菜2000余亩，在此基础上建设三个食品加工企业，解决移民的就业问题。此外还出现了石泉县池河镇、镇坪县洪石镇等探索的"套餐式"搬迁，平利县、白河县探索的"社区工厂"就近就业搬迁，岚皋、汉滨等县区探索的依托旅游促进增收等多元化产业支撑移民搬迁安置社区发展模式。多种产业支撑模式已经实现12万移民在家门口就业。

与此同时，加大移民的技能培训力度，提高移民的人力资本和就业能力。结合实施教育扶贫试点市工程，大力整合人社、教育、扶贫、农业等方面的技能培训项目和全市职教资源，倾斜资金扶持，做到搬迁户劳动技能培训和贫困家庭子女教育资助"六个全覆盖"，对符合条件的所有搬迁安置群众优先进行技能培训，全面提升就业创业能力。

（二）集约节约的资源利用模式

针对土地资源的紧缺，安康各区县采取多种措施集约节约利用土地资源，改善人与资源日渐突出的矛盾（见表3-3）。在区域内农村集体建设用地总规模不增加的前提下，通过林、田、村的土地综合整治，对移民搬迁后原有农村宅基地及农村集体公共设施、公益事业用地优先复垦成耕地，并采取城乡建设用地增减挂钩的办法来节约土地资源。

表3-3　2010年、2015年移民搬迁前后土地与经济资源变化比较

项目		2010年（移民搬迁前）	2015年（移民搬迁第一阶段）
城乡建设用地（万公顷）		3.32	5.13
其中	城镇建设用地（万公顷）	0.52	1.39
	乡村建设用地（万公顷）	2.7	3.74
耕地总量（万公顷）		19.53	34.14
人均耕地（亩/人）		1.11	1.93
GDP（亿元）		331.87	772.46
三产比重		20.5∶39.6∶39.9	12.4∶55.3∶32.3

资料来源：根据安康市2011年、2016年统计年鉴整理计算。

根据安康地形地貌特征和移民的居住习惯，合理确定移民搬迁安置社区建设标准，集中安置户均用地不超过0.2亩，建房面积不超过125平方米/户；分散安置户均用地不超过0.25亩，建房面积不超过140平方米/户；同时还通过限制上楼安置率、集中安置率、城镇安置率等保障土地资源的集约利用，上楼安置率、集中安置率、城镇安置率要求达到68%、85%、60%以上。目前已建的移民搬迁安置社区的建设规模基本按标准控制（见表3-4）。

表3-4　调研移民搬迁安置社区人口及建设规模

移民搬迁安置社区	建设地点	用地规模（公顷）	户数（户）	户均用地（平方米）	户均建房面积（平方米）
石泉县池河镇移民搬迁安置社区	石泉县池河镇镇区	10.96	1080	101.48	110.44

续表

移民搬迁安置社区	建设地点	用地规模（公顷）	户数（户）	户均用地（平方米）	户均建房面积（平方米）
旬阳县老街移民搬迁安置社区	旬阳县小河镇镇区	3.61	386	93.66	121.17
旬阳县金坡移民搬迁安置社区	旬阳县小河镇金坡村	1.69	190	88.94	89.4
平利县广佛村移民搬迁安置社区	平利县广佛镇广佛村	2.15	128	168	153.45
白河县枣树移民搬迁安置社区	白河县茅坪镇	5.3	500	106.66	95.88
白河县双丰镇移民搬迁安置社区	白河县双丰镇镇区	1.15	108	106	136

资料来源：根据移民搬迁安置社区调研整理。

四、社会网络组织与社会管理保障

（一）社会网络组织

移民不仅是居住空间的转换，其生产生活方式和社会角色都会发生转变，原有乡村以血缘和地缘为纽带的社会网络组织被打破，替代的是以地缘和业缘为纽带的社会组织。尤其是进入城镇的移民面临失地后就业的挑战，如何生存和发展是移民最为关注的问题，也是移民从根本上融入迁入地社会网络的前提。失地农民失去了自己的土地进入城市中生活，无论从经济地位上还是生活方式上，他们始终无法认同社会身份的转变，也对周边人身份的改变很不适应，从而出现了所谓的"身份标识的同一性的断裂"，原本熟人社会的认同感不复存在，新的认同感没有建立起来。

移民适应搬迁后的生活、建立新的社会网络关系、融入迁入地环境往往需要一个过程，在此过程中，移民对安置社区是否适合生存给予审视和判断，对搬迁前后的生活做比较，判断和比较的结果决定移民是否能认同新社区，对其产生归属感。本书选取白河县、旬阳县、汉阴县、石泉县、汉滨区已建成和使用的10个城区镇区型安置社区、15个乡村独立型安置社区300户移民家庭进行调查访谈，受访人群的性别、年龄及文化程度都具有一定的代表性（见表3-5）。调查访谈表明，有8.14%的移民者与本地居民交往非常频繁，有22.48%的移民者与本地居民交往比较频繁，有51.55%的移民与当地居民交往一般，有17.83%的移民则不与当地居民来往，尤其是进入城区、镇区的移民与城镇居民的交往非常贫乏。调研发现，由于自身素质较低，且相应的人力资本匮乏，移民者多在第二和第三产业务工，收入少且不稳定，在城镇中生存困难，很难融入迁入地社会环境。传统的以农业、打工为主的工作方式发生变迁，使邻里之间的交流、互助与合作的机会大大减少。邻里之间交流纽带的缺失，导致传统邻里的地缘关系逐渐淡化，邻里情感变得冷漠和生疏。移民搬迁安置社区的社会网络还未完全建立，移民社会融入程度一般。

表3-5　移民与迁入地居民交往程度调查汇总

序号	交往程度	调查人数（人）	所占比例（%）
1	基本不交往	92	17.83
2	交往一般	266	51.55
3	比较频繁	116	22.48
4	非常频繁	42	8.14
5	合计	516	100

资料来源：根据调查访谈结果整理得到。

（二）社会管理和保障体系

根据移民迁移的类型不同，移民分别被纳入城镇、乡村不同的社会管理和保障体系中。进入城镇的移民被纳入城镇社区的社会管理和社会保障体系中，分享城市公共设施和社会福利。乡村移民离开其原居住地进入乡村型移民搬迁安置社区定居，人户分离、人地分离的现象非常普遍，各区县相应地采取了"一区一策"的多种组织形式和管理模式：①"村中社"管理模式，主要针对就近集中搬迁安置的小型安置社区，移民是本村组的高山农户、受灾户和贫困户，基本没有脱离原有的行政村范围，对原有的社会结构影响较小，如2011年各县区在浅山地区建设的移民搬迁安置社区，这类移民搬迁安置社区称为"×镇×村×社区"，由原村委会直接承担安置社区管理服务职能，服务内容简单、服务水平低、管理成本也较低。②"村改社"管理模式，主要针对依托中心村建设的较大规模的安置社区。行政村大多数村民需要搬迁，采用"村改社"的模式，将"×县×村"直接改为"×县×镇×社区"，原村委会过渡为安置社区管理委员会，下设居民小组和中心户长，构建与城市社区相似的网格化社会管理体系，发展农村社区非政府组织，健全社区管理制度，完善管理服务功能，向安置社区居民提供与城市社区相同的公共服务和社会服务。该模式既可降低管理成本、有效开展社区管理服务，又有利于现有的村民自治制度向社区自治制度平稳过渡。③新建安置社区管理模式，主要针对跨行政区（县、镇、村）的大型集中安置社区。移民脱离了原居住地的社会管理和公共服务半径，农村社会管理出现真空和盲点，移民的政治、经济、文化、民生权利保障困难大，实现成本高，采用新建社区管理模式，可以为移民提供完善和有效的社会服务，如白河县采用的移民"居住证"管理制度，打破村组界限、户籍归属，凡是常住在移民搬迁安置社区内的人不论户籍限制经过登记确认都是社区的居民，以住房为依据进行居民登记，核发社区居民"居住证"，实行原籍管理地和林，社区管理房和人的新体制，对搬迁移民的人身、土地权利保障实行分工负责、无缝对接，充分保障了搬迁移民的各项权利。汉滨区七堰移民搬迁安置社区是由4个村合并而成，成立了物业管理中心，把社区划分为13个片区，实行群众工作网格化管理服务。

（三）文化传承

文化是一个地域维系人们共同情感的纽带，而文化认同是向心力和凝聚力得以存在的基础。移民搬迁安置社区的居民来自不同地区，缺乏共同的情感经历和彼此信任的基础，因此，文化认同对于促进移民的社会融入和社会稳定就变得尤为重要。国内移民搬迁实践表明，具有相似文化背景的移民之间容易形成强烈的社会认同和归属感，有利于移民的社会融入和促进社会稳定。安康移民搬迁安置中采用就近搬迁，降低移民成本的同时保证了移民文化的相似性。如白河县移民的迁移距离大多控制在5千米以内，符合山地地缘文化圈的尺度规律，减少了移民对迁入地的文化适应，促进了移民与迁入地之间的融合。

移民搬迁安置社区营建注重对地域文化和移民文化的传承和保护，在建筑文化上保留传统民居建筑灰白色调、封火墙、山花、挑檐装饰等语汇符号图；同时规划建设尊重婚丧嫁娶、红白喜事等风俗习惯，设置活动中心或礼堂、场地，兼顾风俗文化和休闲活动的需要，如汉滨区七堰移民搬迁安置社区大力扶持社区文化宣传队的组织，并邀请文化团体进入社区，重大节日排演扭秧歌、采莲船、舞狮子等具有乡土气息特色的文艺节目。

五、就近、就地城镇化发展与类型化空间营建

（一）就近、就地城镇化发展模式

安康移民搬迁安置社区营建结合地域条件及城镇化发展现状，为保证移民搬迁的可行性和政府的有效引导，探索出了"就近搬迁安置、就地城镇化"与"进城、进镇，就近城镇化"相结合的发展模式，移民都在镇、乡或县境内就近迁移，在县域范围内，依托中心村和小城镇适度聚集发展为移民搬迁安置社区，不断完善公共设施、发展社会公共事业等，培育成长为新城镇，就地、就近实现非农就业化和市民化。这种就地城镇化是"既不离土也不离乡"的城镇化，农村移民不再盲目地向大中城市迁移，以移民的利益为核心，充分调动移民的生产积极性，进一步发展经济并缩小城与乡之间的差距，最终实现城乡共荣。

在白河县"11135"城乡空间发展规划①、汉滨区"111020"人口空间布局规划②、石泉县"12311"县域城乡居民点体系、平利县"一城、十镇、三十个社区、一百个新村"移民搬迁安置规划等移民搬迁导向下的城乡发展格局中，移民搬迁安置社区都以乡村社区形式被纳入城镇化发展体系中，作为就地城镇化发展的基点。

据资料统计，截至2015年底，安康市已建设30户以上的市、区县、镇（办）三级移民搬迁安置社区853个，涉及辖区内所有的县、镇乡和村庄，其中30～100户450个，占总数的52.75%，主要分布在乡村腹地；100～1000户380个，占总数的44.55%，主要分布在中心城区、县城、镇区及边缘地带；1000户以上23个，占总数的2.7%。

（二）延续传统聚落选址营建模式

安康是典型的山地地形地貌，除了石泉、汉阴、汉滨三县区有比较开阔的平地，其他县都为山谷、河道地貌，土地分散且以坡地为主，特别是白河县，"土无三寸厚，地无百亩平"。传统聚落选址和建设体现了对山地环境的适应性，多背山面水，靠近交通要道和江河两岸地势较为平坦的地方，聚落边界一般为自然地理边界，聚落形态结合自然环境多呈带状和分散自由式布局，沿道路和河流展开，向山体的垂直方向发展形成典型的带形空间布局，平坝开阔地带多呈团块式集中布局，呈现自然生长的布局状态，受土地承载力和农作物的限制聚落规模都较小。受地理环境制约，移民搬迁安置社区沿袭传统聚落选址，按照"三靠近、三避开"的基本原则，尽量靠近产业园区、城镇或景区，避开地质自然保护区、灾害隐患点和基本农田，优先考虑迁出地周边资源环境承载能力强，地质、气象灾害风险小，产业发展前景好的集镇和村庄，靠近交通要道和江河就近搬迁。

移民搬迁安置社区空间布局大部分都尊重传统聚落空间结构形态，延续原有的肌理，山地采用带状布局模式，但这种布局横向空间有限、聚落空间向心性比较弱，为满足居住空间的适宜性，部分移民搬迁安置社区结合山体、河流、道路走势将居住分组团布置，形成"带状＋放射""带状＋组团"的布局模式（见图3－5），如白河县小双镇小双安置社区；而在河谷盆地、川道平坝等地形较为平

---

① 白河县"11135"移民搬迁安置规划是《白河县城乡一体化发展规划（2011－2020年）》中提出的城乡人口分布和发展格局，建设"1个宜居县城、11个重点集镇、35个社区新村"。

② 汉滨区"111020"人口空间布局规划是《汉滨区城镇化人口空间布局规划（2012－2020年）》中提出的人口发展布局，即"1个中心城市、1个副中心、10个重点镇安置社区、20个重点安置社区"。

坦开阔的地区，采用传统聚落的集中式布局模式（见图3-6），如白河县茅坪镇枣树安置社区。安康地区由于山地较多，村庄比较分散，村庄之间和村庄内部实际的交往空间距离比较大，村庄内部、村庄之间都存在各种社会关系，集中式的安置模式反而更能够加强这种传统的社会关系。

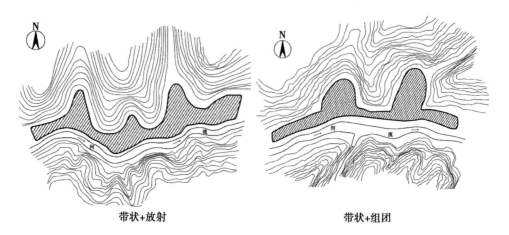

带状+放射　　　　　　　　　　　　带状+组团

图3-5　移民搬迁安置社区带状空间布局示意图

资料来源：《白河县避灾扶贫搬迁工程纪实》。

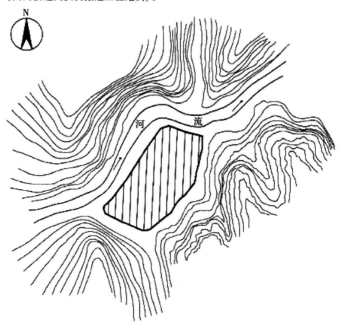

图3-6　移民搬迁安置社区集中式空间布局示意图

资料来源：笔者自绘。

（三）设施支撑模式

移民搬迁安置社区的支撑设施主要包括公共服务设施和基础设施。公共设施配置与安置社区类型匹配，城区型移民搬迁安置社区参照城镇居住区设施标准配置，而镇区型移民搬迁安置社区、乡村型移民搬迁安置社区参照"中心镇——一般乡镇—中心村—基层村"的行政建制设施标准配置。100 户以上的移民搬迁安置社区基本都配建了文化活动室、图书室、卫生室、商业等社区公共设施，而规模在 30~100 户的移民搬迁安置社区公共设施大多数不齐全，多与其他安置社区共享公共服务设施；规模在 30 户以下的较小安置社区的服务设施比较难以保障。

基础设施包括道路交通、给水、排水、电力电信、有线电视、垃圾收集等。30 户以上集中建设的移民搬迁安置社区道路、给水、电力电信、有线电视等设施都配置较完善，而 30 户以下规模较小、分散布局的移民搬迁安置社区，设施建设难度较大、配置不完善。垃圾收集、污水处理和防灾问题比较突出，各安置社区的垃圾定期运至镇垃圾填埋场处理；污水处理主要是修建沼气池，简便易行，但山区海拔高导致处理效果并不好；防洪、消防等防灾设施还不完善，存在自然灾害隐患。

第三节　移民搬迁安置社区营建成效

经过几年的研究、探索、示范建设历程，安康移民搬迁安置社区建设取得了引人瞩目的成就，切实改善了生态环境质量、推动了地方经济发展、提高了人居环境质量和加快推动了城镇化进程，对指导未来安康移民搬迁安置社区和其他区域的移民搬迁安置社区建设积累了成功的案例和宝贵的经验。

一、改善了生态环境质量

生态是基本的民生，民生是生态的保障。移民搬迁的实质是人与自然关系的再调整，如何在生态保护和改善人居环境质量中实现双赢，关系到安康经济社会的可持续发展。移民搬迁将生态敏感区、自然灾害隐患区的移民搬迁，对迁出区域实施退耕还林、土地整理、地质灾害点治理的生态修复和环境治理，大力开展山地森林化生态建设，同时严格控制区域污染和安置社区开发建设，减轻对自然环境的人为侵扰。自 2011 年起安康年均治理水土流失 900 平方千米、植树造林 40 万亩，森林覆盖率达到了 59.9%，秦巴山地水源涵养和汉江流域生态功能得到了保护和加强，在促进生态系统良性循环的同时也降低了自然灾害的威胁，2015 年因洪涝灾害、地质灾害的伤亡率与 2010 年相比分别下降了 70%和 80%。

二、优化了部分人口分布与资源配置，推动了地方经济发展

人口与土地及经济资源的均衡发展是衡量移民搬迁安置社区营建是否合理的关键。通过移民集中安置，集约节约了部分地区的土地资源，加速了农村土地流转和规模化经营，促进了农业现代化进程。通过移民搬迁安置社区的建设，逐步构建起了安康各区县的现代产业体系，培育壮大一批现代农业、新型工业和生态旅游业，带动资源要素优化配置，优化了城市产业结构，推动社会消费稳步提升，促进了安康地区社会与经济的协调发展。安康市国民经济生产总值由 2010 年的 331.87 亿元增长到 2015 年的 772.46 亿元（见表 3-6），年均增长 26.6%，高于全省平均水平 10 个百分点；城乡居民收入水平逐步提高，城镇居民人均可支配收入从 2010 年的 14646 元提高到 2015 年的 27191 元，农民人均纯收入从 2010 年的 3998 元提高到 2015 年的 8196 元，城乡差距逐步缩小（见表 3-7）。

表 3-6　2010 年和 2015 年安康市各区县国民经济生产总值（GDP）比较

		2010 年 GDP（亿元）	2015 年 GDP（亿元）	国民经济增长（%）
安康市		331.87	772.46	133
其中	汉滨区	114.2	233.72	105
	汉阴县	28.45	77.50	172
	石泉县	27	62.98	133
	宁陕县	11.61	24.5	111
	紫阳县	28.11	74.58	165
	岚皋县	16.31	41.16	152
	平利县	23.9	67.9	184
	镇坪县	6.81	13.6	100
	旬阳县	55.44	124.09	124
	白河县	20.04	52.43	162

资料来源：根据安康市各区县 2010 年国民经济和社会发展统计公报整理计算。

表3-7 2011~2015年安康市城乡收入比

年份	城镇居民人均可支配收入（元）	农民人均纯收入（元）	城乡居民收入比
2011	17365	5009	3.47
2012	20300	5815	3.49
2013	22533	6624	3.40
2014	25011	7468	3.35
2015	27191	8196	3.32

资料来源：根据安康市2012~2016年统计年鉴、各区县国民经济和社会发展统计公报整理计算。

三、提高了人居环境质量

截至2015年底累计搬迁受地质、洪灾威胁群众2.8万户、10.6万人，选择生态安全、交通便利、产业及城镇发展成熟的地区进行建设，使群众居住安全得到了保障，集中建设的移民搬迁安置社区基础设施和配套设施比较齐全，享受到城市现代化的辐射，移民的生活从根本上得到了改善。靠近城镇和产业发展地区，就业机会增加，收入渠道拓宽，移民从单纯的务农到自主创业、进城镇务工、旅游服务业和现代农业就业，提高了收入水平，调研移民家庭中有60.3%的家庭表示年收入提高，人均收入由2011年搬迁之前的平均4151元上升到2015年的7478元。移民搬迁年均减贫5万人，从根本上改善了移民的人居环境质量。

四、加快推动了城镇化进程

移民搬迁进入城镇，增大了城镇的规模，为产业发展提供了劳动力，提高了城镇公共服务和基础设施建设水平，改善了移民的人居环境质量，提升了城镇的辐射能力从而带动周边地区的发展，直接推动安康的城镇化发展。移民搬迁安置工程与城镇化、农业现代化、工业化、信息化有机结合，引导农民就近、就地有序进入镇，至2015年底共有20.18万移民搬迁进入城镇（见表3-8），使城镇人口快速增加、农业人口减少，城乡差距逐步缩小，城镇化率稳步提升，2015年城镇化率为44.32%，年均增长1.7%，较移民前提高8.72%，人口布局重新调整，城乡格局得到改变，城镇规模和结构也逐步得到优化和改善，城镇的辐射作用逐渐增强，逐步实现城乡的协调发展（见表3-9）。

表 3 - 8   2011 ~ 2015 年移民转化城镇人口分析

地区		2011 ~ 2015年移民总人数（万人）	2011 ~ 2015年进入城镇移民（万人）	2010 年城镇人口（万人）	2015 年城镇人口（万人）	2011 ~ 2015年城镇人口增加（万人）	移民转化城镇人口比例（%）
安康市		41.5	20.18	93.83	117.45	23.62	85.43
其中	汉滨区	12.06	4.65	39.26	46.7	7.44	62.50
	汉阴县	2.84	1.1	7.88	9.03	1.15	95.65
	石泉县	2.34	2.51	5.32	8.35	3.03	82.84
	宁陕县	0.98	0.74	2.72	3.55	0.83	89.16
	紫阳县	5.97	1.45	7.41	8.88	1.47	98.64
	岚皋县	3.04	1.91	4.92	6.85	1.93	98.96
	平利县	2.57	1.73	6.56	8.3	1.74	99.43
	镇坪县	0.95	0.23	1.33	1.65	0.32	71.88
	旬阳县	7.72	3.35	13.78	17.16	3.38	99.11
	白河县	3.03	1.83	4.65	6.98	2.33	78.54

资料来源：根据陕西省 2012 ~ 2016 年统计年鉴、安康市 2012 ~ 2016 年统计年鉴、安康市扶贫开发局相关统计资料等整理计算。

表 3 - 9   安康市 2011 ~ 2015 年城乡发展统计

年份 / 内容	2011	2012	2013	2014	2015
非农业人口（万人）	49.13	49.61	49.96	49.49	49.72
常住人口（万人）	263.07	263.36	263.76	264.2	265
城镇常住人口（万人）	95	100.40	106.32	111.84	117.45
城镇化率（%）	36.11	38.12	40.31	42.33	44.32
城镇居民人均可支配收入（元）	17365	20300	22533	25011	27191
农民人均纯收入（元）	5009	5815	6624	7468	8196
城乡居民收入比	3.47	3.49	3.40	3.35	3.32
三产比例	17.7:45:37.3	15.8:50.6:33.6	15.0:53.2:31.8	13.5:55.1:31.4	12.4:55.3:32.3

资料来源：根据陕西省 2012 ~ 2016 年统计年鉴、安康市 2012 ~ 2016 年统计年鉴等整理计算。

安康移民搬迁的就地城镇化模式避免人口过度集中在大城市带来的弊端，同时也化解了异地城镇化所带来的农村空心化、留守问题等社会经济问题，有利于转移人口更好地享受城市优质的公共服务与城市文明，解决基层农村非农就业问题，提升城镇化质量，实现人口的城镇化；在城镇化布局上，就地城镇化符合小区域集中、大区域均衡的方向，实现从数量扩张向质量提升转变，并且逐步摆脱靠工业支撑的传统城镇化模式，逐渐发展为靠农业现代化、工业化和城镇化结合的新型城镇化模式，是新型城镇化的现实路径选择。

第四节　移民发展诉求分析

美国心理学家亚伯拉罕·马斯洛在1943年提出了人类需求层次理论（见图3−7），他把人类的生存需求从低级到高级分为生理、安全、社会、尊重和自我实现等需要层次，按层次逐级递升。当人类的低级需要得到满足后，才会追求高一级的需要。不同层次的需要互相依赖和重叠，高层次的需要得到满足后，低层次的需要仍然存在，但对人们行为的影响不同程度地减小。

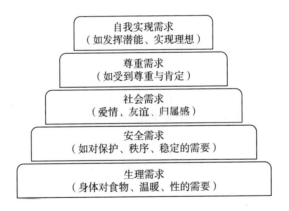

图3−7　马斯洛需求层次理论

一、移民发展诉求调查

移民是移民搬迁安置社区的使用对象和主体，因此了解和掌握移民对安置社区建设和发展的诉求，是移民搬迁安置社区营建策略制定的基础和依据。本书采用问卷调查法进行移民发展诉求分析，问卷设计以移民的需求层次为指导，问卷内容包括个人及家庭、住房、设施及人居环境、就业及收入、搬迁前后的比较及问题。为使调查结果更有利于分析和比较，采用李克特量表法（Likert Scale）进行定量评价，李克特量表法的评价分为五个等级：其中，很差 = 1、较差 = 2、一般 = 3、好 = 4、很好 = 5，受访者根据自己的理解和想法进行打分，可以得出调查者对评价对象的看法。

为保证问卷调查的有效性，本次调查在安康市移民开发局、白河县、旬阳县、汉阴县、石泉县、汉滨区县政府及各镇政府和受访移民搬迁安置社区管委会的协助下，由调查人员指导移民填写完成。一方面，针对不同区位、地形地貌和产业发展类型的移民搬迁安置社区选取样本进行调查；另一方面，受访人群基本设定为成年人群体，受访人群的性别、年龄及文化程度都具有一定的代表性。本次调查共发放问卷 650 份，收回符合要求的有效问卷共 584 份。

本书对回收问卷的信度和效度进行了分析。信度即可靠性，是指采用同样的方法对同一对象重复测量时所得结果的一致性程度。采用 α 信度系数法对调查问卷的信度进行分析，α 信度系数法适用于本书的意见式问卷（量表）的信度分析，其公式为

$$\alpha = (n/n - 1) \times (1 - \sum S_i^2)/(S_T^2) \tag{3-1}$$

其中，n 为量表中题项的总数，S_i^2 为第 i 题得分的题内方差，S_T^2 为全部题项总得分的方差。从式（3 – 1）中可以看出，α 系数评价的是量表中各题项得分间的一致性，属于内在一致性系数。量表总的内在信度系数（Cronbach's α 系数）均大于 0.75，结果表明该问卷的信度较高。

效度即有效性，是指测量工具或手段能够准确测出所需测量的事物的程度，效度分为内容效度、准则效度和架构效度三种类型，其中内容效度指的是测验题目对有关内容或行为取样的适用性，从而确定测验是否是所欲测量的行为领域的代表性取样，一般由够资格的判断者（专家）详尽地、系统地对测验做评价，通常以内容效度指数（Content Validity Index，CVI）的形式表达量表的内容有效程度。本书组织知名的城乡规划专家 2 名，建筑设计专家 2 名，经济学家、社会学专家 1 名对调查问卷的内容效度进行了测评，结果表明 CVI 值为 0.96 ~ 0.99，全部条目的平均 CVI 为 0.97，表明调查问卷的内容效度较高。

调查问卷的结果采取 9 分制的表达，即非常重要（9 分）、重要（7 分）、较为重要（5 分）、一般（3 分）、不重要（1 分），对于回收的 584 份问卷进行统计，最终得出结果见表 3 – 10。

表3-10　安康移民发展诉求调查问卷统计分析

序号	综合指标	单项指标	单项平均值	指标平均值
1	生产发展	工作距离	7.839	7.181
		收入水平	7.021	
		技能培训	6.854	
		就业保障	7.008	
2	区位条件	与城镇的距离	8.114	7.331
		交通条件	6.548	
3	居住环境	居住标准	6.341	6.338
		居住类型	6.334	
4	设施配套	教育设施	6.041	6.182
		医疗设施	6.125	
		商业设施	6.225	
		文化设施	6.334	
		基础设施	6.184	
5	安全保障	灾害防护	8.524	8.418
		社会保障	8.311	
6	社会交往	社区活动	5.987	5.996
		邻里交往	6.005	

资料来源：根据调查问卷数据整理分析。

调查问卷分析结果表明，处于移民初期和中期的移民发展诉求主要集中在生产发展、区位条件、居住环境、设施配套、安全保障和社会交往六方面，移民初期通常是满足基本生存的生理和安全需要占主导，而到了移民中期和后期当基本生存满足后，社交、尊重和自我实现需要开始逐渐显现。安全保障是最基本的诉求，然后依次是移民搬迁安置社区的区位条件、生产发展、居住环境、设施配套和社会交往。

二、安全保障

安全保障包括灾害防护和社会保障。移民多是从有生态破坏或者灾害隐患的地区搬迁出来，对环境安全要求是前提，希望避开有灾害隐患和安全隐患的地区。农民移民没有稳定的收入来源，需要有医疗、养老和最低生活保障，才能安心搬迁和生产生活。

三、区位条件

区位条件包括与城镇的距离和交通条件。为了获得较多的就业机会和公共服务，移民比较倾向于迁入镇区、县城及其周边，同时由于地处山地，大多移民的出行交通方式是摩托车和城际公交，所以移民都希望搬迁至交通干线周边。

四、生产发展

生产发展包括对工作距离、收入水平、技能培训和就业保障的要求。调研反映出，移民大多数希望能够就近就业，既可以照顾家庭还可以降低外出生活成本。而且移民都是农民，其中一部分移民失地进入城镇，由于自身文化素质不高，在第二、第三产业中就业比较困难，只有政府的培训扶持和政策响应到位，给予移民一定的就业保障才能让移民得以长期发展。多数移民在访谈中提出希望收入水平得到提高，不仅是希望通过农业生产及在第二、第三产业就业谋生获得收入，并有稳定的收入来源，同时希望政府在补贴方面、建房资金方面直接给予更多的补贴和优惠政策。

五、居住环境

居住环境包括对居住标准和居住类型的要求。由于安康土地资源紧缺，移民搬迁安置居住标准相对偏低，对于习惯了宽敞大屋的移民来说不适应，多层住宅的上楼模式使很多移民不习惯，他们更倾向于带有传统风格的宅院式住宅。安康特殊的自然环境造就了传统民居依托山水格局和地形的布局模式，而移民搬迁安置社区中出现的棋盘式路网、大广场让移民感受到城市气息之余，与自然环境的格格不入让移民的陌生感油然而生，更加怀念传统的宜居环境。

六、设施配套

设施配套教育、医疗、商业、文化和基础设施，主要是对设施的完善和可达性的要求。移民希望教育、医疗条件能够有所改善和提高，有一定的文化设施以提高业余生活、提高文化素养，有方便的商业服务设施以满足就近购物需求。同时给水、排水、电力、电信设施要完善，垃圾收集和处理要有保障。各类设施要有可达性，在合理的服务半径内满足使用需求。

七、社会交往

社会交往包括对社区活动和邻里交往的要求。新的邻里关系成为移民要面对的重要问题，移民在访谈中提出希望搬迁后能和自己的老邻居、朋友或者亲戚居住在一起，能让他们消除搬迁带来的陌生感，尽快融入迁入地新的社会环境。希望多组织丰富的社会活动，有利于移民间相互交流，促进安置社区社会稳定。

第五节　移民搬迁安置社区营建存在的问题

通过对安康移民搬迁安置社区工程现状调查反映出：移民虽解决了避灾、扶贫的现实问题，推动了安康的社会经济和城镇化发展，但安置社区在建设、实施和使用过程中还存在很多问题。对当前存在问题的梳理，是为未来移民搬迁安置社区营建合理决策的有效依据。

一、生态方面——生态承载论证不足，人口再分布不协调

移民搬迁主要在行政范围内就近迁移，这对移民区内的生态环境的影响并不大，既有的生态环境压力和灾害隐患难以从根本上消除。虽然在移民工程之初已对地质灾害的分布和影响进行了相关评估，在移民后又对迁出地实施了退耕还林、土地整理、地质灾害点治理等生态措施，但移民搬迁安置社区建设中缺乏对区域和迁入地承载力的合理论证，造成移民与迁入地资源承载力、生态环境容量、经济发展和城镇发展不匹配，移民仅仅是政府主导下人口的机械空间位移，并未从本质上解决区域生态环境问题，甚至还造成了生态环境的二次破坏。

资源承载力和生态环境容量是移民搬迁的生态本底条件，制约着人口迁移的结构和数量。要实现移民的可持续发展，应在区域层面上合理布局人口，使人口分布与生态环境容量、资源承载力、经济发展和城镇建设相对协调，并加以调控，以提高环境容量，促进人口与资源环境的协调；通过产业集聚和城镇建设，吸引人口适度集中，提高土地资源利用率的同时扩大区域发展空间，是促进安康地区可持续发展的重要保障。

二、经济方面——产业支撑带动不足，人与资源矛盾突出

由于移民数量庞大、土地资源紧张、资源和产业格局差异大，无法为每个移民搬迁安置社区配套相应的产业用地，仅有部分安置社区依托产业发展较好，而大多数安置社区经济发展缓慢，外出务工是移民的无奈之举，导致安置社区"造血"功能流失，致使安置社区逐渐演化为"留守新区""空心新区"，难以实现

可持续发展。

就业是直接关乎移民生存和移民搬迁安置社区生机活力与可持续发展的关键问题。目前移民就业主要有以下渠道：一是搬迁进安置社区，继续劳务输出；二是利用移民安置土地流转租用土地开展特色种植和养殖，自主创业，但受资金和技术等客观因素限制；三是进产业园区转化为产业工人。虽然各级政府已开展移民后培训和帮扶工作，但由于力度和广度不足，加上就业信息不畅通，总体上移民欠缺就业技能致使移民的就业难以保障，收入不稳定，不利于搬迁后社会经济的可持续发展。

移民搬迁资金实行"省—市—县—镇乡"四级协调制度，在具体的落实过程中，各区县财政困难、配套资金不足，加上建房支出和搬迁资金的巨大差距，导致很多居民不愿搬迁，大大延缓了移民搬迁的进程。而资金方面，不论是国家补偿资金，还是自有资金大部分都用于住房消费，而不是投资生产，导致必要的生产资金不足，缺乏后续发展动力，影响生产的有序开展。

安康移民搬迁的土地供应非常紧张，用地指标缺口非常大。目前地理环境和发展条件较好的地方都已经先期利用，有些移民搬迁安置社区甚至占用耕地进行建设，如汉滨区大竹园镇七堰社区占用 200 亩耕地进行建设。如此搬迁则下一阶段可供移民搬迁安置社区建设的土地会越来越有限。

充分利用资源优势，加快区域产业结构的优化，为移民搬迁安置社区提供有力的产业支撑；重视移民后的帮扶政策制定和落实，加强对移民的职业技术培训，增强移民的就业和创业能力；拓宽资金渠道，实施政府、社会、移民多元化主体建设，积极引导移民合理有效地配置补偿资金及自由资金，完善移民资金监管体系，是移民搬迁安置社区可持续发展的基本要求和重要保障。

三、社会方面——移民需求关注不足，社会网络难以建立

安康移民搬迁安置社区营建采取的是政府主导"自上而下"的建设模式，虽然可以快速实现建设目标，但却由于缺乏灵活的移民动员机制，在移民群体内没有产生足够的认同，导致移民参与不足，使政府和规划建设者缺乏对移民主体的了解和关注，移民只在搬迁安置方案公示和方案实施过程中有所参与，移民从形式上获得了知情权和监督权，但实际上却是被动的知情权与监督权，导致移民的居住需求、社会交往需求、设施配套需求以及生产生活发展需求在安置社区的营建中得不到完整体现，降低了安置社区的满意度和营建成效。移民公众参与不足的主要原因在于制度的缺乏和公民参与能力不足，国家、省及地方政府的相关

政策中对公众参与没有明确规定和实施办法，具体实施中缺乏可操作性，只能生搬硬套。

移民搬迁使原有的血缘及地域社会关系资本链断裂，移民失去了原有的归属感和认同感，移民面临"旧关系"延续与"新社会"融入的双重困境。由于城区镇区的移民搬迁安置社区营建选址远离了城市住区，相对封闭的环境造成了移民与城市居民交流的隔阂，再加上长期的城乡二元分割造成的城乡居民之间的心理隔阂以及乡村移民传统的生活方式和价值观，都对移民在城镇中的社会融合造成了障碍。乡村移民搬迁安置社区营建中缺乏对传统乡村邻里交往特点的考虑，采用城市居住区规划设计手法，强调广场、中心绿地等交往空间，弱化传统聚落中的前院、巷道交往空间，居民之间互动交往的频率下降，城市居住区中居民之间无形的隔膜和淡薄的邻里关系逐渐在移民搬迁安置社区呈现，失去了传统乡村和谐融洽的生活氛围。

移民安置社会管理和保障体系的不健全使移民难以"稳得住"，不利于社会网络的建立。进入城区镇区的移民被纳入城镇管理体系中，而乡村的移民搬迁安置社区非城非乡，人地分离、人户分离，问题颇多。这部分安置社区基本都不管理户籍，由户籍产生的一系列问题自然也无法纳入到管理体系中，在实际操作中更多采用的是"村社同行"的方式，社区居民仍然享受原来村的福利，回村参加选举，即使党员也要回村过组织生活，给移民的生活带来了不便，社区管理难度增大。

移民搬迁安置社区营建在重视建设效率的同时，还应关注移民的多元需求，充分发挥移民的主体作用，将"自上而下"和"自下而上"的需求相结合，加快社会管理和保障体系的健全和完善；并通过规划、社区组织与管理等促进移民社会融入，建立社区归属感和认同感。

四、空间方面——城乡统筹选址不足，缺乏适宜的营建模式

移民搬迁安置社区的合理选址是移民搬迁安置的基础，选址应有利于推动城镇化发展、有利于保护生态环境、提供适宜的居住环境和安全保障、提供更多的就业机会和社会保障，针对安康的发展环境和限制条件，选址要从区域整体出发统筹选址，使人口在区域范围内合理再分布。虽然各区县已将移民搬迁安置社区纳入县域城乡统筹层面整体谋划，但安康区域层面却缺乏统筹，目前仅有高新区和恒口示范区两个跨区县移民搬迁安置社区、22 个跨镇移民搬迁安置社区，无法有效从区域层面解决人口的合理再分布、人口与资源的协调发展问题。同时，

移民搬迁安置社区选址欠缺科学论证，主要表现在：一是对人居安全、适宜性考虑不足，部分安置社区仍然建设在生态敏感区和有灾害隐患的地区，移民的居住安全没有保障，还给生态环境带来二次破坏；二是对城镇发展和产业辐射考虑欠缺，有些移民搬迁安置社区远离城镇和产业园区，虽然初始建设成本相对较低，但是就业难、设施缺乏、公共管理不善，难以持续推动城镇化发展，如汉阴县双坪镇牛家坪移民搬迁安置社区位置比较偏远，移民不愿搬迁至此。

由于缺乏区域层面的统筹计划，盲目推进就近、就地城镇化发展模式，导致移民搬迁安置社区布点多、规模小、布局分散现象突出。当前移民搬迁安置社区包括 30 户以下、30 ~ 100 户、100 ~ 1000 户、1000 户以上几个规模等级，30 ~ 100 户的移民搬迁安置社区占到 52.75%。移民搬迁安置社区规模小、数量多，基础设施的配置、管理服务体系等达不到经济门槛，也不能形成有效的社会交往，聚集效应无法发挥，造成了基层社会组织松散，甚至成为传统乡村的再复制。

由于缺乏适宜的营建理论与方法指导，又有追求工程进度的要求，使移民搬迁安置社区营建规划欠缺科学性和可行性，可实施性较差。忽视移民搬迁安置社区的类型和地形环境，一味照搬城区镇区型和乡村独立型移民搬迁安置社区的规划设计手法，忽视不同类型、不同功能对空间营建的需求，如城镇边缘型移民搬迁安置社区要兼顾移民产业培训的功能，需要设置相应的空间，乡村独立型移民搬迁安置社区需要为农业发展服务预留空间；设计手法的同一性使地域特色逐渐淡化，山水文化、丰富的汉水文化和移民文化逐渐丧失。

移民搬迁安置社区应从区域统筹选址，统筹生态保护、资源发展、人居适宜性、城镇化等多因素综合选择，在县域范围内合理布点，确定安置社区的适宜规模，充分发挥移民搬迁安置社区的功能，实现公共设施的经济高效利用，促进移民人际交往。充分利用地理环境条件，延续安康传统乡村聚落营建智慧，结合移民需求，构建适宜不同类型移民搬迁安置社区的营建模式。

第六节 本章小结

客观审视安康移民搬迁安置社区的营建现状，发现存在的问题，对未来移民搬迁安置社区营建有借鉴作用。本章阐述了安康移民搬迁安置社区的分阶段目标、建设进展及工作框架，从生态、经济、社会、空间四个方面梳理总结了安康移民搬迁安置社区的营建模式，在肯定营建成效的同时剖析营建存在的问题，对未来移民搬迁安置社区营建提供借鉴。

（1）系统阐述了安康移民搬迁安置社区的营建目标、建设进展及工作框架。安康移民搬迁安置工程计划2011～2020年1区9县共搬迁22.62万户、87.68万人，至2015年搬迁安置移民13.2万户、50.1万人，实现了阶段性目标。目标的实现依靠"市—县—镇（乡）"各级管理机构以及相关部门的有力配合和协调，以及住宅、用地、资金、权益和组织各方面的保障。

（2）从生态、经济、社会、空间四个方面梳理总结了安康移民搬迁安置社区的营建模式，生态方面采用迁出地生态恢复与迁入地生态营建相结合的模式。经济方面结合各区县的资源优势和发展条件创新多元化产业支撑模式，典型的如白河县"仓上"模式、宁陕县"皇冠"模式和紫阳县"双安"模式；针对土地资源的紧缺，采取搬迁后宅基地土地复垦、城乡建设用地增减挂钩、控制建设标准等方式创新集约节约的资源利用模式。社会方面就近搬迁能够有效促进社会网络的建立，但是生存和发展的困境也阻碍了社会网络组织的建立，不利于移民融入社会；根据移民迁移的类型不同，移民分别被纳入城镇、乡村不同的社会管理和保障体系中，城区镇区、城镇边缘型移民搬迁安置社区采用城镇社区管理模式，乡村移民搬迁安置社区采用"村中社""村改社"和新建安置社区多种管理模式；采用就近搬迁、延续传统建筑文化以及风俗文化，促进移民与迁入地之间的融合。空间方面采用就近、就地城镇化发展模式促进县域城镇化发展，城区镇区、城市边缘以及乡村独立三种移民搬迁安置社区营建模式适应了城镇化进程中移民搬迁安置社区的建设需要，在空间格局上延续传统聚落的选址和营建布局，采用带状、集中式等布局模式。在此基础上，总结得出当前移民搬迁安置社区营建的积极成效包括改善了生态环境质量，优化了部分人口分布与资源配置并推动了地方经济发展，提高了人居环境质量，加快推动了城镇化进程。

（3）通过对已搬迁、拟搬迁的移民进行的问卷调查，梳理总结得出处于移民初期和中期的移民需求主要集中在生产发展、区位条件、居住环境、设施配套、安全保障和社会交往六方面，在未来的移民搬迁安置社区营建中要"以人为本"，将移民的需求落实到营建中。

（4）移民虽然解决了避灾、扶贫的现实问题，推动了安康的社会经济和城镇化发展，但仍然存在生态承载论证不足、人口再分布不协调，产业支撑带动不足、人与资源矛盾突出，移民需求关注不足、社会网络难以建立，城乡统筹选址不足、缺乏适宜营建模式等现实问题，应从区域层面上合理布局人口，使人口分布与生态环境容量、资源承载力、经济发展和城镇建设相协调；加快区域产业结构优化，为移民搬迁安置社区提供有力的产业支撑，重视移民后的帮扶政策制定和落实，增强移民的就业和创业能力；拓宽资金渠道，实施政府、社会、移民多元化主体建设，积极引导移民合理地配置补偿资金及自有资金，并完善移民资金监管体系；关注移民的多元需求，将"自上而下"和"自下而上"的需求相结合，加快社会管理和保障体系的健全和完善；从区域统筹选址，在县域范围内合理布点，确定适宜的移民搬迁安置社区规模，充分发挥移民搬迁安置社区的功能，实现公共设施的经济高效利用，促进移民人际交往，构建适宜不同类型移民搬迁安置社区的营建模式体系。

第四章 新型城镇化背景下安康移民搬迁安置社区营建体系建构

新型城镇化和移民搬迁安置社区互为支持和动力，前者为后者提供了机遇和挑战，后者为前者创造和奠定了基础。本书所提出的新型城镇化背景下的安康移民搬迁安置社区营建，是新型城镇化内涵转化的营建，是推动城镇化发展的营建，在营建的层级及内容上与城镇居住区营建、一般的移民搬迁安置社区营建都有所不同。因此，明确新型城镇化背景下安康移民搬迁安置社区的营建特征，结合区域环境本底解析和现状问题，确定营建的目标，并围绕目标寻找影响因素及其作用机制，探索适宜的营建模式，是本章研究的核心问题。

第一节 新型城镇化背景下安康移民搬迁安置社区营建特征

一、新型城镇化对安康移民搬迁的影响

关于安康城镇化发展，王晓欢等（2010）、周杜辉等（2011）通过评价陕南城镇化水平得出，陕南县域城镇化率普遍偏低，且绝大部分县域位于秦巴山地生态脆弱敏感的生物多样性地区，盲目发展工业和建设城镇有损区域的整体利益，并提出该区域应积极推进"链珠式"空间开发模式；李文正（2013）通过测度陕南三市城镇化水平得出安康城镇化水平偏低，提出要重视生态环境保护、与移民搬迁相结合、完善土地流转制度以解决土地资源不足，加强交通建设、提高非农产业比重以推动农业产业化等提升城镇化水平的对策。针对城镇化水平测度结果，学者们从不同角度提出推进安康新型城镇化的举措，熊德荣和江兴（2014）提出要突出规划引领、强化产业支撑、提升公共服务、着力改善生态和充分彰显特色；赵思敏（2013）提出结合"高山危居"人口搬迁、推进城镇化进程，发

展循环经济，以园区带动产业发展，划定集中居住区优化与重构城乡居民点体系，结合城乡居民点调整、统筹配套城乡设施建设，保护生态环境，加强城乡空间管制。

在新型城镇化背景下，城镇化已从城市转向周边，通过统筹宏观区域以及城乡功能、产业融合、社会管理服务、交通等基础设施，并促进城市支持农村、工业反哺农业，实现区域协同发展。安康移民搬迁安置社区面临生态环境安全限制、发展动力时代不足、社会融合的多元复杂以及城镇化进程的地域限制，安置社区营建应以移民的利益为核心，协调移民与生态承载力、资源条件、城乡发展的关系，构建适宜移民生存的空间，并推动城乡一体化的发展。

二、营建空间多层级

移民需要改善生存和生活环境，城镇发展需要人口迁入，移民与城镇在需求上产生了互补。移民导向下的人口再分布会影响城镇化的进程和格局，城镇化的发展也决定了移民搬迁安置社区的定位和分布。

移民搬迁安置社区营建在不同空间层面上需要解决不同的问题，在安康市域、县域层面要解决人口再分布问题、区域生态安全问题、与产业布局的衔接问题、城乡二元体制与城镇发展问题，在移民搬迁安置社区层面则承担着社会网络建构、移民文化融合和地域文化传承、人居环境改善等方面的发展诉求，使得移民搬迁安置社区营建具有复杂性和矛盾性。因此，安置社区需从区域到个体全面统筹营建，从发展定位、选址规模、产业支撑、社会组织、空间营建等方面与区域发展协调一致，将"自上而下"的营建与"自下而上"的营建有机结合，真正实现新型城镇化的建设内涵。依据移民搬迁安置社区问题及相关利益的范围，可以划分出三个空间层面：市域—县域—移民搬迁安置社区。

三、"生态、经济、社会、空间"四位一体营建

移民搬迁安置社区是由自然、经济、社会和建成环境共同构成的复合系统，其中自然、经济和社会是内在肌理，建成空间环境是外在表象，四个子系统间相互影响、相互作用，只有当四个子系统相互适应达到动态平衡时，安置社区才能实现可持续发展；如果子系统中的因素发生变异，则需要进行人为调控。因此，移民搬迁安置社区的营建需要从整体层面出发，将其视为一个各种因素联系的系统，分析各子系统之间的影响与作用关系，通过对子系统之间关系的调控，提升各子系统及整个系统的活力，使其处于良性的动态循环之中。

新型城镇化背景下的移民搬迁安置社区建设要考虑人口城乡空间合理分布、融入区域发展并推进城乡统筹，生态和集约并重、生产和生活一体、传承地域文化等问题，是集"生态、经济、社会、空间"四位一体的营建。

（一）生态和集约并重，塑造低碳环保的发展环境

新型城镇化以生态保护和生态修复为前提，将城镇经济发展、规划建设控制在资源环境承载力许可的范围，减少对自然的干扰和损害。新型城镇化要求产业发展必须稳步实现城乡互补低碳集约发展的转变，突出循环经济，转变发展方式，实现绿色升级与低碳转型。

安康处于全国主体功能区划中的限制或禁止开发区、南水北调中线工程水源涵养地、集中连片特困区，移民搬迁安置社区营建应以生态承载力和生态平衡作为发展前提，在陕南循环经济发展引导下构建产业体系引导资源循环利用，提高土地集约利用水平，推广建筑节能和绿色建筑技术的研发和应用，塑造绿色低碳的发展环境。

（二）生产和生活一体，就业和社会保障体系构建

新型城镇化要实现人居环境、产业支撑、社会保障、生活方式等方面由"乡"到"城"的根本转变，核心是要解决人的城镇化问题，是人的无差别发展；促进大中小城市、小城镇发展机会的均等，提升民生保障水平，实现城乡居民等值化的生活，让城乡居民都能享受均等的公共服务，获得相当的知识、技能、素质和收入，实现城乡健康发展和双赢，实现乡村中国向城市中国的转变，逐渐成为新型城镇化的根本出发点和落脚点，也是提升新型城镇化质量的核心。安置社区要实现可持续发展，产业是核心动力和发展支撑，一方面通过区域产业布局合理安排安置社区产业类型，保障移民的生产、就业需求；另一方面通过合理的空间布局促进移民搬迁安置社区空间和产业发展有效结合，通过"产区融合"的模式为移民搬迁安置社区的发展提供有力保障，真正实现"以人为本"的发展内涵。

安置社区"宜居"的基础设施支撑体系和社保体系也应同步发展，实现城乡公共设施均等化。在空间布局上强调不同主体发展权利的同质均等，逐步消除不利于包容性发展的排斥性格局，应打破地域单元的封闭性，实现人口、市场、资源等要素的自由流通。

（三）文化和功能融合，地域文化传承和特色营建

文化融合是城乡融合的关键和目标，移民来自不同地区，文化多元化特征明显，加强文化建设有利于培育移民的社区认同感与凝聚力，实现安置社区的可持

续发展，助推新型城镇化进程。新型城镇化是"人的城镇化"，移民搬迁安置社区营建应充分考虑移民的生产生活习惯、文化特点，将功能与地域文化、移民文化有机结合起来，为移民营造出极具归属感、辨识度，特色鲜明的生活空间。

第二节　移民搬迁安置社区营建目标体系构建

　　移民搬迁安置社区营建关注的是移民的基本生存及可持续发展问题，但移民搬迁安置社区作为转移农村人口、推动新型城镇化的驱动力，其发展应架构于安康城乡共生发展的基础上，重点解决移民搬迁安置社区面临的复杂的环境本底条件和营建过程中出现的问题。而解决这些问题要从区域整体发展的角度出发，最终实现城乡体系整体高效持续运行和安置社区个体的可持续发展。针对安康移民搬迁安置社区营建的空间尺度的多层级、"生态、经济、社会、空间"四位一体的营建特征，营建目标应该是具有层次性的、系统全面的目标体系，包括生态适宜、经济支撑、社会提升和空间适应几个方面（见图 4-1、图 4-2）。

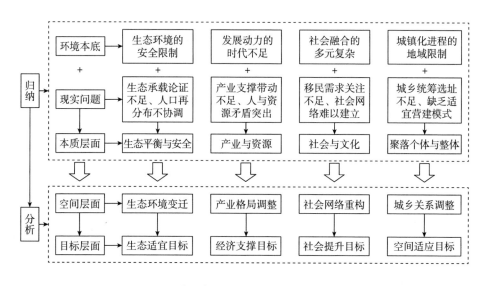

图 4-1　移民搬迁安置社区营建目标构建思路

资料来源：笔者自绘。

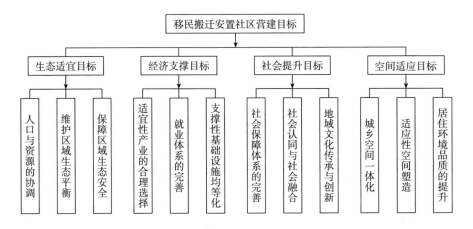

图 4 - 2 移民搬迁安置社区营建目标体系

资料来源：笔者自绘。

一、生态适宜目标

生态环境是安康市可持续发展的制约条件，是移民搬迁安置社区营建的基础。移民搬迁安置社区的生态建设要将生态安全、生态平衡放在首位，促进人与自然协调发展，既是全国生态发展战略的要求，也是安康历史移民带给我们的直接经验和教训，更是安置社区实现可持续发展的重要保障。按照生态承载力理论的观点，生态承载力具有客观性，在特定环境和特定状态下，资源的供给能力、环境的容纳能力和生态系统的自我调节能力都是特定的，人类的建设活动要在生态承载力阈值允许的范围内进行；生态承载力是动态变化的，生态平衡是自然系统的相对稳定状态，人类过度开发会打破这种平衡，系统会自动调节直到建立新的平衡，但平衡的状态已经发生了变化；生态承载力也因生态系统的层次性而表现出多层特性，同一层次的系统是相对稳定的，不同层次的生态承载力则不同。生态系统的稳定必须把调控力放在较宏观的层次上进行规划与管理；安康移民搬迁安置社区营建需要从区域层面出发控制区域生态系统的稳定性，将营建活动控制在生态承载力允许的范围内，可以通过科学技术手段调节提高生态承载力。

区域层面移民搬迁安置社区营建的生态适宜目标应包括以下几方面：①通过移民，减小迁出地的生态环境压力的同时，保障迁入地的生态环境压力并不超出其阈值；通过移民调整人口布局，尽量避免选择在生态敏感和脆弱的区域，遵循生态学的适度规模、互利共生和最大功率原则，规模控制在迁入地生态环境可承受范围内，使人口和区域资源条件相匹配，达到人口与资源环境的和谐。②通过环境控制，维护区域生态环境平衡，吸引人口向适宜且资源环境承载力强的地区集中，并不断拓展生存与发展空间，通过控制和调节来提高环境容量。③通过生态保护和生态恢复，降低自然灾害的频度和影响，保障居民安全和生态安全。

移民搬迁安置社区层面的生态适宜则是在区域生态平衡、生态安全的前提下，移民控制在迁入地的生态容量许可范围内，并采用生态化营建措施与生态环境维持协调和统一。

二、经济支撑目标

经济是安康区域发展的根本动力和保障。安康要利用区位优势，抓住西部大开发和新型城镇化建设的重大机遇，调整区域产业结构，促进区域经济发展。在城乡统筹发展的进程中，移民搬迁安置社区的经济发展要以城市为依托、以镇为纽带、以广大乡村为基础，推动工业化、农业现代化与现代服务业的发展，提高移民的自我发展能力。

区域层面安置社区的经济支撑目标应包括以下几方面：①产业结构优化及选择。在"四化同步"引领下，在循环经济发展框架下，依托安康的资源优势，发展特色农产品加工、生物制药业、新型材料和生态旅游业；农业现代化要依靠市场调整农业布局和结构，积极发展绿色农业和观光农业，利用现代信息技术为农业产业提供有效的信息支持，大幅度地提高农业生产力水平和农业生产效率。②完善移民就业保障体系，移民生存发展不仅要"输血"，更要"造血"，提供更多的就业机会、吸纳剩余劳动力，激发区域发展的后续潜力。③支撑性基础设施的均等化是移民基本的生活需求，主要包括交通、电力、通信、医疗、文化、教育等方面，这既是安置社区的发展基本目标，也是城乡经济发展的有力保障。面对当前大多数移民搬迁安置社区经济空白的困境，安置社区层面的经济支撑目标主要是适宜性产业选择，围绕区域产业格局，依托迁入地的资源优势选择适宜的产业支撑，根据资源条件和人力条件控制合理的产业规模。

三、社会提升目标

社会组织与建设是移民搬迁安置社区营建的核心。要使脱离了血缘关系的移民"稳得住"，亟须尽快建立社会网络、形成稳定的社会关系、融入迁入地产生归属感和认同感，移民搬迁安置社区的社会提升需要达到以下目标：①完善社会保障体系，通过不断完善养老保险、医疗保障和最低生活保障制度，健全社会保障体系，保障移民的切身利益，激发移民的生产、生活积极性，促进安置社区的社会稳定和可持续发展。②加强社会认同与融合。社会认同理论认为个体属于群体，群体所处的社会身份给个体带来价值观念和情感上的具有重要意义的知识信息，这些知识信息即该社会群体共同拥有的信仰、价值和行动取向。这种取向优先于个人利益，社会基于此获得更为稳定的状态。移民使原有的社会网络组织受到冲击，如何改善这种局面，促进移民的社会认同是移民搬迁安置社区营建必须面对的命题。社会认同实质上是人的价值认同，移民只有在融入当地经济的基础上，才会更深入了解当地的文化、习俗，参与当地活动，只有文化融入，才能从中获得身份认同感和归属感。③地域文化传承与创新。文化是移民重要的精神支撑和形成归属感、认同感的纽带，延续多元融合与共生的地域文化，是历史移民给予当代移民的宝贵精神财富和情感寄托，也是推动移民社会提升的重要途径。优秀的地域文化品质不应随着移民搬迁而丧失，而要在保留地域文化的基础上融合移民文化得到发展和传承。安置社区的社会文化营建主要包括两方面的内容：一是民俗文化，这是依附于人们的生活习惯与情感寄托的文化，主要包括语言、节庆、习俗、礼仪、文学、宗教等；二是地域建筑文化，建筑文化形成和发展与地域自然环境、社会经济发展、风俗、思想观念等密切相关，包括选址、建筑布局、建筑技术、建筑装饰等。

四、空间适应目标

移民导向下的安康城乡空间建设的核心在于人口与城乡的协调发展以及空间资源的合理配置。城乡和谐、互相促进、共同发展才是新型城镇化所追求的目标，新型城镇化是区域城乡统筹和城镇体系协调发展的城镇化，是人口、经济和环境相协调的城镇化，新型城镇化背景下安康移民搬迁安置社区营建，不仅是针对作为"点"的移民搬迁安置社区个体，更强调的是移民搬迁安置社区整体作为安康新型城镇化的助推力。区域层面移民搬迁安置社区营建空间适应目标是城乡空间一体化，一是明确移民搬迁安置社区与城乡的空间关系，二是移民搬迁安置社区如何促进城镇化发展，这两点必须有效地引导和调控，借移民的契机创造一个健康合理的城乡空间结构体系，使移民搬迁安置社区与城镇形成协调发展的关系，促进城乡体系整体高效与持续运行。

移民搬迁安置社区层面空间适应目标是空间的塑造和提升居住环境品质，根据安康市的自然环境、经济、社会、文化状况，挖掘传统聚落的空间特征及移民文化的多样性，结合移民的诉求，通过规划引导和调控，营建自然生态、移民文化和建筑技术相结合的复合空间。

第三节　移民搬迁安置社区营建影响因素及作用机制

一、自然因素对移民搬迁安置社区营建的影响

自然环境要素是一切非人类创造的直接和间接影响到人类生活和生产环境的自然界的基本物质组分，包括地形地貌、地质条件、气候、水资源以及自然灾害等。自然条件对移民搬迁安置社区营建的影响主要体现在移民搬迁安置社区的选址、规模、空间布局等方面（见图4-3）。

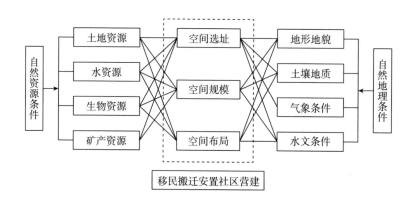

图4-3　自然因素对移民搬迁安置社区营建的影响

资料来源：笔者自绘。

地形地貌和土壤对人口分布具有很大的制约作用。地形地貌是移民搬迁安置社区存在和发展的基础，也是影响安置社区建设用地选择与内部活动组织的重要因素。安康有川道平坝、低山丘陵、中山、中高山四种地貌。山地地形对建设约束非常突出，主要表现在坡度和相对高差两方面：坡度越大，开发建设的难度也越大，一旦开发脆弱的地表生态将很难恢复；坡度过小则不利于排水，坡度过大则不利于建设、生活和生产，地形坡度控制在0.2°~25°为宜，安康市坡度25°以上的山区占92.5%；相对高差较大对聚落的分布产生强烈影响，海拔越高，人类活动越少，生态环境越为敏感，开发建设所造成的环境代价也较大，海拔高的地区不宜开发建设。杨海艳（2013）对我国人居适宜性海拔高度分级研究得出，海拔0~800米很适宜人居、800~1800米海拔适宜人居；吴得文（2010）、韩倩倩

和杨贵庆（2013）认为，在村镇住区中相对高差小于 500 米为宜；王永丽等（2013）对陕西省地形起伏度和人居环境适宜性进行评价得出，陕西省境内平均海拔低于 600 米为最适宜区、800 米为比较适宜区、1000 米为一般适宜区、1300 米为临界适宜区域，高于 1500 米为不适宜区。安康适宜安置社区建设的用地较少，且都集中在低山丘陵和河谷川道平坝地区，给选址带来了较大困难。

安康市位于秦岭褶皱系南部和扬子准地台北缘，地质构造复杂，地质灾害高发易发区占全市总面积的 55% 以上，主要分布在紫阳县、汉滨县、旬阳县、白河县两岸以及石泉县、汉阴县、宁陕县、平利县、岚皋县、镇坪县城等人口稠密地区。安康市属秦巴土石山区中度水土流失区，是我国西部水土流失严重的地区之一，水土流失面积 1.1 万平方千米，约占土地总面积的 41.7%，主要分布在海拔 800 米以下的低山丘陵区，与人口的分布规律基本一致。广泛分布的地质灾害、水土流失隐患对移民搬迁安置社区的选址、布局造成了巨大的影响和限制。

受山区地形和气候条件制约，安康各区县耕地少、坡地多，人均耕地约 1.1亩，且耕地和建设用地资源空间分布不均衡，人地矛盾比较突出。移民搬迁使土地供求矛盾进一步加剧，土地资源数量和分布制约移民搬迁安置社区的选址和建设规模。

安康市属长江流域汉江水系，汉江由西向东横贯全市，境内长度达 340 千米。境内河流绝大部分河道窄、比降大、流速快，且气候不稳定、水土流失等造成安康水源涵养能力降低，河水暴涨暴落，径流变化波动加大，水体总量减少，季节性河流增多，水资源的综合利用保护存在不足，水生态环境失衡。水文条件对安置社区营建的影响主要体现在选址和营建的引导和调控，主要是避免水系生态环境破坏和洪涝灾害引起的安全问题。安置社区尽量避免在洪水易发区选址，以保障居民的生存安全。河流、湖泊水库等是水生态系统的重要载体，水体附近一定范围内是水生动物活动区域，安置社区建设要注意水生态环境的保护，加强河流两岸沿线控制，严格限制控制区内的非法建设，以保障水体周边生态系统的完整性。《陕西省城乡规划管理技术规定》等都明确要求划定区域内各级河流沿岸规划"蓝线"禁建区和建设控制区范围，为水系保护提供了有力支撑。

二、产业发展与经济水平对移民搬迁安置社区营建的影响

经济对移民搬迁安置社区营建的影响主要通过资金支持和产业带动体现。安康移民搬迁安置资金总额 453.63 亿元，其中政府补助 177.08 亿元，群众自筹276.55 亿元。安康的地方财政均主要依靠转移支付，财政自给水平只能达到

20%~30%，政府每年十几亿的移民经费缺口很大。

产业带动是移民就业与生存、移民搬迁安置社区可持续发展的有力支撑，产业对移民搬迁安置社区营建的影响主要表现在对移民搬迁安置社区分布的引导以及空间规模和布局两方面。移民搬迁的成败在于是否留得住群众，解决好群众的生活来源、提升生活水平。如果不能很好地解决移民家庭生计出路问题，必然产生大量的次生贫困人群、失地、失业群体。根据区域产业的专业化分工理论，区域产业空间与城乡居民点之间相互关联，产业发展方向和产业发展水平会引起在不同城镇居民点上的不同规模人口的聚集，改变城乡居民点的等级规模和空间结构。借移民搬迁安置社区建设的契机调整城镇居民点体系有利于促进产业规模化和产业水平的提高。在区域产业发展格局上完善居民点体系，设置多级节点有利于带动片区周围居民点的经济发展，实现产业空间结构的优化。大量实践证明，产业园辐射区往往成为乡村社区选址的理想地带，有关调查表明，约有8%的乡村社区依托产业聚集区建设，发展效果良好。产业园区提供的就业岗位解决了产业园的劳动力和移民就业问题，并活跃和带动周边商业发展，方便居民生活，共赢效果明显。区域的产业布局、产业生产能力直接影响安置社区的分布、空间布局及规模。移民搬迁安置社区需依托城镇产业格局，吸收移民剩余劳动力加快产业人口的聚集，在有效推进农业现代化、工业化发展的同时，结合移民搬迁安置社区的建设积极推进城镇化，实现新型城镇化的"四化同步"。

安康毗邻三大经济区的发展环境，有良好的发展基础和资源优势，借助市场需求和国家政策导向，以循环经济理念为指导，以转变经济增长方式为契机，通过优化产业结构、提升产业综合竞争力可以为推动移民搬迁安置社区的营建提供经济支持（见图4-4）。安康作为南水北调中线工程的水源地，生态资源丰富、特色突出，历史文化悠久，境内有大量秦楚、巴蜀文化遗迹，具有发展生态、人文旅游业等的资源优势；同时，药材、蔬果、农副产品种植优势鲜明，随着移民工程整合土地、耕地、林地资源，为发展现代农业提供了有利的条件。安康处于关中—天水经济区、成渝经济区和江汉经济区的交汇地带，应结合区域水能、生物、矿产、农产品等资源和人力成本优势，与周围中心城市合作，以现代农业发展为基础，以工业为核心，以第三产业为可持续发展动力。现代农业、新兴工业以及多元服务业的结合发展，能够使生产力要素和资源在产业间、区域间得到合理配置，给移民就业、劳动力转移提供了条件，为移民搬迁安置社区营建发展注入了强大动力。

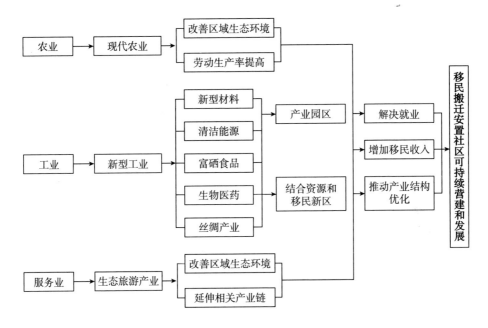

图 4 – 4 移民搬迁安置社区产业作用机制

资料来源：笔者自绘。

三、移民搬迁安置政策对移民搬迁安置社区营建的影响

作为国家、省一项长远的发展战略而建设实施的移民工程，国家、陕西省、安康市制定了移民搬迁安置政策保障工程的顺利实施，从政策层面规范建设过程，内容包括移民安置、土地使用、资金投入、实施过程中的管理等方面。

移民搬迁安置政策由国家、陕西省、安康市和各区县四个层次构成，国家层面的政策如 2013 年国土资源部《关于支持陕西省陕南地区生态扶贫避灾移民搬迁有关政策措施的函》，为推进陕南移民创造了有利条件。陕西省层面出台了《陕南地区移民搬迁安置总体规划（2011 – 2020 年）》《陕南地区移民搬迁安置工作实施办法》《陕南地区移民搬迁用地审批意见》《陕南移民搬迁土地综合利用实施管理办法》《陕西省移民搬迁安置税费优惠政策》等，安康市政府制定了《安康市移民搬迁安置总体规划（2010 – 2020 年）》《安康市避灾扶贫搬迁规范管理办法》等，以及各区县移民安置规划、各区县出台的管理办法和文件。各个层次政策上下关联，下一层次政策是上一层次政策的延续和落实。移民安置政策通过对安置社区分布的引导和调控、对地方政府和移民等参与主体行为的规范来影响安置社区营建。移民安置政策包括社会管理政策、用地和住房建设政策、社会保障政策及公众参与政策和移民搬迁补偿政策等。从国家到地方的一系列政策，为安康移民搬迁安置社区的营建发展提供了强大的拉动力（见图4-5）。

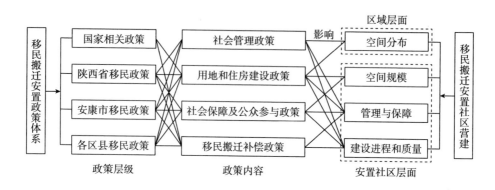

图4-5 移民搬迁安置政策对移民搬迁安置社区营建影响作用机制

资料来源：笔者自绘。

我国城乡现行的管理体制采用"城市—镇、乡—村"的纵向管理体系，因此移民搬迁安置社区基本都分布在行政区域内，缺乏跨区域的协调营建，正是由于政策制定和实施的限制所致。城市、镇中的移民搬迁安置社区可纳入城镇居民区的管理体系，而乡村腹地独立的安置社区却由于现行移民管理体制的不健全，在管理中暴露出了很多弊端，给移民使用带来了不便。移民公共参与制度的不健全使移民的需求无法有效与移民搬迁安置社区营建对接，导致了移民搬迁安置社区的满意度和营建成效降低。

《陕南地区移民搬迁安置工作实施办法》等移民用地和住房建设制度限定了用地和住房面积的规模。移民社会保障制度是保障移民生活的各项社会基本制度，由于社会保障乏力导致许多移民生存压力增加，难以割舍原有承包地，在迁移后不愿退还原有宅基地和承包地，甚至返迁，造成安置社区的空心化，阻碍了移民搬迁进程和土地的集约化利用。人口迁移的移民融入理论提出应加强移民的后期帮扶政策以提高人力资本，解决移民的就业生存和社会融入；同时要加强移民相关管理政策和制度的建设，健全移民的社会保障制度体系，保障社会稳定。

移民搬迁补偿相关政策对各种类型安置户有相应的补偿标准，补助资金主要用于住房建设以及基础设施建设，不得用于其他用途，但由于资金监管政策不完善，资金的发放和兑付不到位，甚至还有挪用现象，影响了移民搬迁安置的进程。

四、地域文化对移民搬迁安置社区营建的影响

地域文化是人类与特定地域自然地理环境相互作用的产物。文化潜移默化地影响主体的行为，进而影响人类社会经济活动的发展模式。地理环境、历史移民等原因形成安康多元交融的地域文化特色，维系和影响着人们的日常生活，在经济、社会、政治、文化上都对安康的城乡影响巨大。移民从一定程度上打破了原有的文化格局，而移民搬迁安置社区的文化建设又受到移民的价值观以及迁入地的自然、政治、经济的影响。地域文化对安置社区营建的影响主要是通过空间分布、社会组织和文化建设等方面（见图4-6），要兼顾到移民的生活习俗和文化背景，兼收并蓄，体现多元化的特色。

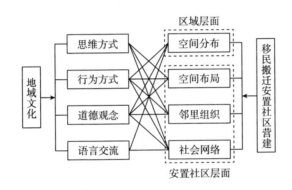

图4-6 地域文化对移民搬迁安置社区营建影响的作用机制

资料来源：笔者自绘。

大量的国内外移民案例以及人口迁移理论研究都表明，移民迁入地与迁出地文化背景相似，移民更容易适应迁入地环境，促进移民的社会融入，移民搬迁安置社区如果选择在迁出地附近地缘文化圈的影响范围内，可以减少移民语言交流的障碍、提高社会文化的适应性，尽快融入迁入地。传统聚落的交往空间是人们在长期生活中慢慢积累和沉淀的，人们对原有的生活环境已经形成了依赖感，安置社区的建设打破了这种依赖感，如果能延续传统聚落中的交往格局，而且尽量把熟悉的住户统一安置，可以增加移民的安全感和归属感。

五、城镇化发展和服务水平对移民搬迁安置社区营建的影响

安康移民要求在行政范围内迁移，市域人口整体变化幅度不大。假设移民最

大限度地进入城镇，不提供生产用地，既节约了生产和建设用地，又可以推动城镇化，是解决安康土地资源紧张的可行途径。据《安康市城乡一体化建设规划（2011－2020）》中2020年各区县城镇人口、总人口及城镇化率水平预测（见表4－1）。对比2010年安康各区县人口和城镇化现状，至2020年安康可接纳约56.47万乡村人口，可占到安康移民的64.2%，城镇化发展将成为移民搬迁安置社区营建最直接的动力。

表4－1 安康2020年可接纳转化城镇人口分析

地区		2010年			2020年			可接纳转化城镇人口（万人）
		城镇人口（万人）	总人口（万人）	城镇化率（%）	城镇人口（万人）	总人口（万人）	城镇化率（%）	
安康		93.83	262.98	35.6	150.2	273.1	55	56.47
其中	汉滨区	39.26	87.04	45.1	65.0	91.5	71	25.74
	汉阴县	7.88	24.61	32	13.4	25.3	53	5.52
	石泉县	5.32	17.11	31.1	8.7	17.8	49	3.38
	宁陕县	2.72	7.04	38.6	3.0	7.3	41	0.28
	紫阳县	7.41	28.39	26.1	11.7	29.2	40	4.29
	岚皋县	4.92	15.41	31.9	7.2	15.9	45	2.28
	平利县	6.56	19.24	34	10.8	20.0	54	4.24
	镇坪县	1.33	5.09	26.1	2.2	5.3	42	0.87
	旬阳县	13.78	42.67	32.3	21.6	44.0	49	7.82
	白河县	4.65	16.33	28.5	6.7	16.8	40	2.05

资料来源：安康各区县2010年国民经济和社会发展统计公报、安康各区县"十二五"规划纲要、《安康市城乡一体化建设规划（2011－2020）》等。

公共设施与基础设施是提高移民生活质量的必要条件，也从不同程度上影响着安置社区的布局。城镇中产业结构合理、服务设施完善，对安置社区的发展有很强的辐射带动作用。将安置社区就近布置在交通沿线周边有利于加强安置社区与城镇的交流，最大限度地利用公共设施资源，降低建设成本。

六、移民个体因素对移民搬迁安置社区营建的影响

移民是移民搬迁安置社区的主体，移民的自身需求直接影响移民搬迁安置社区的营建。大量移民案例和现状调研表明，移民都有"恋乡"情结，这会造成移民对陌生地的恐惧，在陌生的地方会产生是否会水土不服、生活习惯是否适应、会不会遭到歧视和欺负等担忧，这些都不利于移民的社会融入和移民搬迁安置社区的社会稳定。移民迁出地资源的匮乏、环境恶劣，移民长期遭受恶劣环境和贫穷的困扰，渴望良好的居住环境和公共服务，有强烈的主动搬迁愿望，观念上也由过去的"被搬迁"变成"我要迁"，这种观念上的根本转变是移民搬迁强大的内在动力。

移民搬迁中的经济和就业压力既是移民搬迁安置社区营建的障碍因素，也可能转化为内生动力。移民搬迁的经济压力来源于建房成本和搬迁后经济来源的双重经济问题，依据《陕南地区移民搬迁安置工作实施办法》〔2011〕规定，移民户根据房屋类型需要负担1万到4万元的建设成本，但受物价等因素的影响，建房成本大多会高于此标准，致使移民因迁负债；同时移民原有的熟练的劳动生产技能，在迁入地可能无用武之地，这意味着获取收入的能力大大降低，必须重新学习掌握新的生产技能，缺乏劳动技能，移民就业的压力逐渐增大。

但由于搬迁前后生活环境的改变，移民多从事第二、第三产业，收入回报等方面优于第一产业；移民进入城镇后，能够享受公共服务和基础设施带来的效益和便利。产业、城乡比较产生的利益驱动农民离开土地，向产业园区和城镇集中，推动移民搬迁安置社区营建和城镇化进程。

第四节　移民搬迁安置社区营建模式架构

一、多层级"四位一体"的营建模式

作为安康移民搬迁工程的载体和核心内容，移民搬迁安置社区承担着移民的可持续发展和推进区域新型城镇化发展的重要任务，如何更好地落实新型城镇化的内涵，采用适宜的营建模式，对于安康移民搬迁安置社区营建和城镇化发展具有重要的现实意义。结合环境本底解读、现状调研问题、营建影响作用机制的研究，安康移民搬迁安置社区营建应着力解决好以下问题：

（1）在生态安全限制条件下，如何合理分布人口，使人口分布与资源承载力、生态环境容量、经济发展和城镇发展相协调。

（2）在发展动力不足的条件下，如何充分利用资源优势，加快区域产业结构的优化，为安置社区提供有力的产业支撑；如何对移民实施就业能力的帮扶；如何拓宽资金渠道，有效配置资金，为安置社区营建提供可持续的动力保障。

（3）在社会融合多元复杂的环境下，如何健全移民公众参与机制，关注移民的多元需求，将政府"自上而下"的需求和移民"自下而上"的需求相结合，加快社会管理和保障体系的健全和完善；如何通过社区组织与管理加强移民的社会交往，建立社区归属感和认同感，促进移民的社会融入。

（4）在城镇化进程的地域限制下，如何在城乡发展体系中合理定位移民搬迁安置社区，协调人口分布与城镇化发展、满足人居的适宜性、促进社会认同进行移民搬迁安置社区合理选址；如何确定移民搬迁安置社区适宜规模；与生态环境相协调合理布局；如何结合传统乡村邻里交往特点进行空间营建，促进移民的社会交往。

基于此，提出安康移民搬迁安置社区多层级"四位一体"的营建模式（见图4-7）。

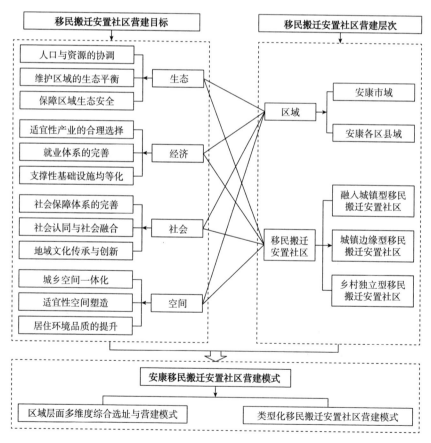

图4-7 安康移民搬迁安置社区多层级"四位一体"营建模式

资料来源：笔者自绘。

在此营建模式的指导下，移民搬迁安置社区营建应解决好不同层面的现实问题：

1）区域层面：统筹协调区域发展，平衡人口与生态环境、城乡发展的矛盾，打破区域界限，合理进行人口分布，统筹移民搬迁安置社区选址，协调移民搬迁安置社区与城乡发展的关系。

2）移民搬迁安置社区层面：移民搬迁安置社区的规模、社会网络的建立、社会管理、空间布局等。

二、区域层面多维度综合选址与营建模式

人口空间分布是人口发展在时空上的表现，人口空间分布是否均衡合理对区域社会经济发展有着重大意义。目前安康人口总量对自然资源的需求和消耗已远远超出区域自然资源的承受能力，当前移民只在行政范围内进行空间转移，市域人口并没有较大幅度改变，只能在区域范围内协调人口分布与资源承载力的关系。在区域层面如何合理分布人口，实现"人口—资源—环境—经济—社会—文化"等的多元协调，是区域层面移民搬迁安置社区营建的核心所在。

区域层面应从承载力、城镇化发展、人居环境适应性、社会文化认同等方面对于人口的再分布做出合理调控，在此基础上引导移民搬迁安置社区合理选址，进而对区域发展进行合理分区引导，通过推进空间集聚，吸引人口向人居环境适宜、资源环境承载力有余的地区集中，既解决移民的就业、安全和生存问题，又提高土地等资源的集约利用，相对扩大整体生存与发展空间。加快城乡空间融合，推动区域产业优化和城镇发展进程。针对地域发展的阶段性特征，统筹生态环境保护目标和发展模式，引导区域差别化发展。

三、类型化移民搬迁安置社区营建模式

由于安康复杂的地形地貌、与城镇的空间关系以及多元化产业类型，导致移民搬迁安置社区在规模设置、社会网络组织、空间结构上有所差异，因此在移民搬迁安置社区层面采取类型化营建模式。结合当前移民搬迁安置社区的营建现状，与城镇空间关系导向下的移民搬迁安置社区最直接地反映了经济、社会和空间上的差异，同时体现了对城镇化的推动作用，因此本书以移民搬迁安置社区与城镇的空间关系为类型划分探讨移民搬迁安置社区的营建模式。

（一）融入城区镇区型移民搬迁安置社区——低碳集聚营建模式

融入城镇型移民搬迁安置社区根据城镇等级又可分为融入安康中心城区、融

入县城和融入镇区的移民搬迁安置社区。

区域城乡互动过程中，缺乏小城镇的带动，就会影响城镇对周边乡村的辐射功能，进而扩大城乡差距，制约城乡一体化发展。安康的镇规模都比较小，但有一定的建设基础和发展条件，应作为移民搬迁安置社区融入的优先选择，不仅可以迅速扩大镇的规模，促进地方产业的发展，还可以提高镇的辐射带动作用，进而推动城镇化。

融入城区镇区的移民搬迁安置社区大多数以居住为主，依据城市和镇的总体规划在居住用地范围内选址。面对安康土地资源紧张的现状，安置社区可采用低碳集聚营建模式：一是对废弃土地的再利用、拓展城镇建设用地；二是通过土地置换、提高土地资源利用率，完善土地流转和户籍制度，通过土地承包权、宅基地置换城镇住房等方式集约利用土地资源，实行农保转社保、农村户籍转为城镇户籍，促进农民向城镇居民转化；三是适度紧凑空间布局、提高土地承载力。按照城镇建设标准，结合用地条件集约用地紧凑布局，构建现代化的居住空间。

（二）城镇边缘型移民搬迁安置社区——产住融合模式

安康各区县的城镇化和产业发展不均衡，大多数都处于工业化较为成熟的阶段，依据核心—边缘理论（见图4-8），这个时期核心区发展较快，由于核心区与边缘区域之间的不平衡关系，核心区的资源要素不断回流到边缘区，边缘区产业群开始集聚，形成了利于在城镇边缘建设移民搬迁安置社区的局面。这类安置社区有一定的产业支撑，既依托城镇发展，又有相对的独立性，距离控制在安康中心城区、县城周围30分钟通勤范围内的"幸福生活圈、生活服务中心"，该范围内的移民搬迁安置社区是最容易实现城乡公共服务均等化的地区，是城乡一体化覆盖的主要区域。

移民搬迁安置社区靠近产业易培育产业链的地区，充分利用各种能够产业化发展的资源，发展一批有带动力的企业，通过产业的发展带动移民搬迁安置社区的发展，吸纳大量移民作为基础人力资源，解决移民的就业和可持续发展，促进移民搬迁安置社区设施不断完善，生活环境和生活水平得到提高。"产住融合"是城镇边缘型移民搬迁安置社区的主要营建模式，既要有产业发展所具备的土地、交通、资源、人力、市场等条件，还要有移民生活所需要的住宅、商业、教育、文化、基础设施等环境，将工作、居住、生活等要素整合在移民搬迁安置社区的结构体系内，既降低了企业的人力成本、推动了产业的工作效能，同时又提升了移民的生活环境和收入，改善了移民的人居环境，形成了区域化布局、产业化推动、社会化服务的移民搬迁安置社区。

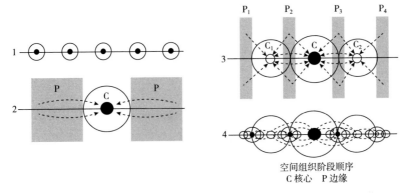

图4-8　核心—边缘理论空间组织阶段顺序

1-前工业化阶段；2-工业化初期；3-工业化成熟期；4-后工业化时期

资料来源：张京祥．西方城市规划思想史纲［M］．南京：东南大学出版社，2005．

（三）乡村独立型移民搬迁安置社区——资源开发模式

依据点轴渐进扩散理论（见图4-9），社会经济载体主要在空间点上集聚，通过现状基础设施联结形成一个完整有机的空间结构。因此，选择城镇辐射范围内、紧靠交通沿线、基础设施廊道、产业发展廊道等轴带，靠近产业易培育产业链、有完善的支撑体系和空间格局的地区适宜发展乡村独立型移民搬迁安置社区。根据点轴渐进扩散理论和断裂点理论，依据城镇对移民搬迁安置社区的辐射影响程度有不同的发展路径：一是与城镇有一定距离，以产业为主要支撑的联动的安置社区（见图4-10）。依据点轴渐进扩散理论，依托城镇增长极，沿区域重点开发轴布置安置社区，有利于发挥各级城镇对安置社区的辐射和带动作用，发挥集聚经济的效果。二是在距离县城、镇较远的偏远地区建设安置社区，在城镇服务设施覆盖不到的地方发挥辐射作用，建成城乡公共服务均衡化的基层网点，离土不离乡的发展模式既让移民就近享受无差别的城市公共服务，又解决了故土难离的乡愁情节。受限于条件，安置社区主要为农业生产提供服务支撑，设施标准较城镇居民点适当降低。

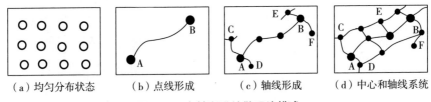

（a）均匀分布状态　　（b）点线形成　　（c）轴线形成　　（d）中心和轴线系统

图4-9　点轴渐进扩散理论模式

资料来源：张京祥．西方城市规划思想史纲［M］．南京：东南大学出版社，2005．

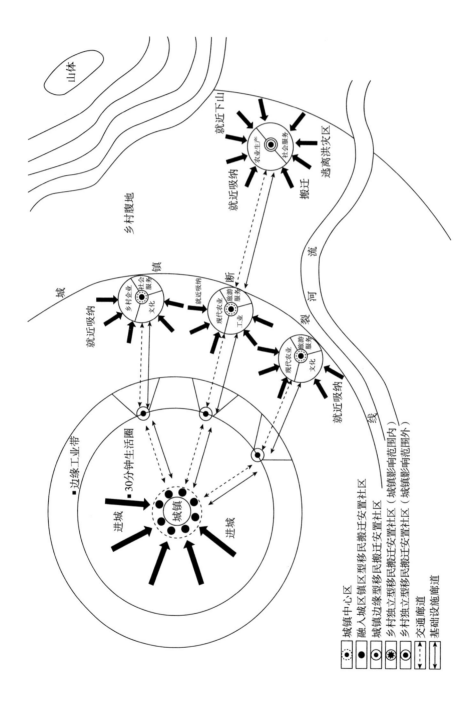

图4-10 类型化移民搬迁安置社区空间格局示意图

资料来源：笔者自绘。

乡村独立型移民搬迁安置社区可依托资源条件,采用现代农业和旅游业相结合的发展模式。依托农业资源条件发展现代农业,对农产品进行深加工以实现经济增值,提高农业综合效益,既创造了就业机会、提高移民收入,又有助于提高森林覆盖率,减少水土流失和污染,改善生态环境。依托良好的自然和人文资源,培育旅游服务基地,提供乡村休闲游、汉水文化游等多元化的旅游产品,创造就业机会的同时也保护和改善了生态环境。

第五节　本章小结

本章明确新型城镇化背景下安康移民搬迁安置社区营建具有空间多层级、集"生态、经济、社会、空间"四位一体的特征,在此基础上构建营建目标体系,挖掘营建的影响因素及其作用机制,建立适宜的营建模式。

(1) 针对新型城镇化背景下安康移民搬迁安置社区的营建特征,结合其营建环境本底分析、现状问题总结,提出涵盖生态适宜、经济支撑、社会提升和空间适应四方面内容的目标体系,在不同层面目标有所侧重。生态适宜目标核心是协调人口与资源、维护区域生态平衡、保障区域生态安全;经济支撑目标核心是选择适宜性产业、完善就业体系和支撑性基础设施均等化;社会提升目标核心是完善社会保障体系、加强社会认同和社会融合、地域文化传承与创新;空间适应目标核心是推动城乡空间一体化、塑造适应性空间和居住环境品质的提升。

(2) 从自然因素、产业发展与经济水平、移民搬迁安置政策、地域文化、城镇化发展和服务水平、移民个体六个方面分析对移民搬迁安置社区营建的影响作用机制,其中自然因素的影响作用主要体现在安置社区选址、规模、空间布局等方面;产业发展与经济水平的影响作用主要表现在对安置社区空间分布的引导、空间规模和布局以及经济支撑方面;移民搬迁安置政策的影响作用体现在对安置社区类型分布、土地使用及建设的引导和调控、对地方政府和移民等参与主体行为的规范等方面;地域文化的影响作用体现在对安置社区空间分布、社会组织和文化建设等方面;城镇化发展和服务水平的影响作用体现在安置社区空间分布的引导和调控;移民个体虽面临经济压力和就业压力,但通过产业比较利益和城乡比较利益,移民的搬迁愿望会转化为安置社区营建的内生动力。

(3) 在目标体系导向和影响作用机制分析下,构建多层级"四位一体"的移民搬迁安置社区营建模式,其中区域层面采用多维度综合选址与营建模式,从承载力、城镇化发展、人居环境适应性、社会文化认同等方面对于人口的再分布应做出合理调控,在此基础上引导安置社区合理选址,进而对区域发展合理分区引导;移民搬迁安置社区层面采用类型化营建模式,针对与城乡的空间关系划分为融入城区镇区型移民搬迁安置社区、城镇边缘型移民搬迁安置社区和乡村独立型移民搬迁安置社区,分别提出其低碳集聚、产住融合和资源开发的营建模式。

第五章 安康移民搬迁安置
社区区域选址策略

大规模移民必然会造成区域人口再分布，进而影响区域城镇格局；而城镇格局、自然环境、文化、产业发展等又制约影响了移民搬迁安置社区的选址和建设。移民搬迁安置社区的区域选址不仅关系到区域新型城镇化的进程和地域空间的演变，还会影响移民的生活质量、社会稳定和移民搬迁安置社区的发展建设计划。要使移民搬迁工程真正实现其政策初衷，对移民搬迁安置社区选址的科学决策有着重要的作用和意义。

第一节 区域层面移民搬迁安置社区
综合选址原则与方法

一、移民搬迁安置社区选址原则

对于移民搬迁安置社区的选址，我国学者从生态、社会、经济、文化等角度提出了相应的原则，如生态保护、土地的有效供给、城镇辐射、风俗文化相近等。针对安康的自然、社会经济及城镇发展环境，结合移民搬迁安置社区营建的目标，本书认为从区域层面进行移民搬迁安置社区选址应遵循以下原则：

（一）人口分布与区域资源、环境和发展相协调

移民搬迁安置社区的合理选址，实质上是移民主导下人口再分布的合理调控问题。人口是区域 PRED 系统的主体和核心要素，是区域 PRED 系统中唯一具有能动性和调控性的因子，在可持续发展中占有主导地位。区域 PRED 协调发展不仅强调经济发展，更强调的是"人的发展"。移民搬迁安置社区必须遵循生态学的适度规模、互利共生和最大功率原则，尽量避免选择在生态敏感和脆弱的区域，在保护自然资源和生态环境的基础上合理选址。

（二）人居环境安全适宜

人居环境的安全和适宜性对移民搬迁安置社区的可持续发展有着重要的意义。安全的居住环境给移民以踏实感和稳定感，是保证生产生活的前提条件，安全包括生态环境安全和居住环境安全，生态环境安全是指生态系统保持良性循环和平衡的状态，迁入地尽量选择在完整的生态单元，避免选择在生态敏感和脆弱的地区，以免选择不当给生态环境带来二次破坏；居住环境安全指移民迁入地尽量避免有灾害隐患的地段如滑坡、泥石流、洪灾等，保障居住的安全性。适宜的居住环境给移民提供便宜发展的条件，包括公共基础设施、交通条件、良好的教育和充分就业机会等。

（三）城镇与产业的合理辐射

城镇的发展能为移民搬迁提供良好的支撑条件，包括区位、交通、社会公共服务设施和基础设施等。便捷的交通系统在相当程度上影响着区域经济的发展水平，交通与居住的空间布局互相联系和互相制约，交通设施的布局会引起居住空间的变更和内部结构的重构，而居住空间的布局也会影响交通设施的布局。将移民搬迁安置社区选址在现有的交通辐射区内，能加强移民搬迁安置社区之间以及其与城镇之间的交流和联系，同时能最大限度地利用公共资源，降低基础设施建设成本。公共服务设施和基础设施是保障移民搬迁安置社区正常运转的重要设施，其配置状况直接影响生产发展和生活水平的提高，现状基础设施和公共设施越完善的地区越有可能作为选址区域。

产业是移民搬迁安置社区可持续发展的内在动力。赵民指出"产业决定就业，就业决定居民，居民安居决定产业及城市的可持续发展"。依托城镇产业格局，结合工业、农业产业园区布局，吸收移民剩余劳动力加快产业人口的聚集，创造移民经济发展的新动力、增加就业机会，实现农业现代化、工业化、城镇化"四化同步"。通过产业的辐射带动，拓展多方位的培训渠道，提高移民的发展能力和竞争能力，转变生产方式，变被动式移民为开发式移民。耕地的分布与耕作半径对有土安置的移民搬迁安置社区选址影响较大。分散的耕地资源难以集聚人口，应选择耕地资源条件较好、比较集中的地区。

（四）文化传承与社会融合

地域文化是长期生产生活在同一地域的人们所形成的特定的生产生活方式、民俗、宗教信仰和价值观，特定地域内价值观和风俗习惯的一致性、社会秩序规范的共识性，使居住空间凝结成一个文化上具有同质性，紧密联系的区域；对家乡的共同情感以及邻里之间的相互关照加强了居民的经济交流及社会交往，这在一定程度上影响居住空间布局和民居特色的形成。移民搬迁安置社区营建面临迁入地地域文化的保护，同时还要兼顾移民的文化背景和生活习俗，不同地域文化的碰撞和融合，为避免文化的冲突、考虑移民的恋土情结、促进移民的社会文化适应，移民搬迁安置社区尽量选择与移民迁出地自然环境、社会环境、生活生产体系类似的地域，有利于地域文化传承发展和兼收并蓄，体现多元化的特色。因为有着共同的生活环境、生产生活方式、文化、生活习俗和人际交流感情，并且利益需求趋同，所以以血缘、亲缘和地缘为纽带紧密联结在一起的居民之间的认同感和归属感最为强烈。

二、移民搬迁安置社区选址方法

国内对区域层面移民搬迁安置社区的选址方法研究相对较少。移民搬迁安置社区与农村社区有相似之处，在选址方法上可以借鉴农村社区的选址方法。国外学者 Fleskens L. 和 Moon K. 分别提出了加权评估法和选址模型的定量分析方法，加权评估法选取自然、社会、经济等方面的若干指标，赋予不同的权重进行评估，再评价某区域是否适合农村社区建设的结论；选址模型法以植被、水体、土地、建筑等因素的面积作为评价指标，用公式计算区域农村社区适宜的选址范围。我国学者归纳总结了农村社区选址的影响因素主要包括自然因素、经济因素、社会因素，采用定性与定量相结合的方法，构建农村社区选址指标体系，借助 RS 与 GIS 等技术手段进行农村社区选址。

安康移民搬迁安置社区的科学选址，有利于生态环境保护与生态平衡、改善移民的人居环境质量、给移民提供更多的就业机会、使移民就近享受到基础设施与公共服务设施的便利，促进城镇化发展进程。因此，借鉴农村社区选址的方法，结合移民搬迁安置社区选址原则，建立一套定性与定量相结合、数理分析与空间分析相结合的方法体系，从不同角度、综合全面地进行区域尺度下移民搬迁安置社区科学选址。

市域尺度下移民搬迁安置社区选址主要是合理调控人口的再分布，要充分了解制约人口分布的自然条件、资源环境条件、经济社会发展及人文环境，合理划定人口分区，引导移民有效搬迁，缓解人口与经济、社会、资源、环境之间的矛盾。多因子空间叠加法可以有效地权衡各因素之间的影响效果，采用多因子空间叠加法，对选址相关的因子进行分析，运用 ArcGIS 空间分析等方法，对每类因子的选址结果进行空间叠加，结合自然地理格局和行政区划得到市域尺度下移民搬迁安置社区的综合选址区划。县域尺度下则需要明确移民搬迁安置社区在城乡发展体系中的科学定位，针对不同类型的移民搬迁安置社区提出具体的选址要求。

第二节　市域层面移民搬迁安置社区选址区划

一、基于人口承载力与城镇化发展协调的选址区划

移民搬迁安置是区域内人口再分布的过程，最终目标是协调好区域内人口、资源、环境中诸要素和谐的、合理的、使总效益最优的发展，保持区域可持续发展的能力。移民搬迁安置社区营建首先要在资源、环境承载力许可的前提下进行人口的再分布，通过人口的再分布使区域的环境、资源以及城镇化发展协调同步。人口承载力是指自然—社会—经济复合的生态系统在一定时空条件下保持永续利用的状态时所能容纳的人口数量，其受制于生态环境、人口、经济三个系统的共同作用，并随时间、空间、生活质量、社会福利水平等不同而呈现不同的状态。通过人口与资源发展均衡发展分析结果表明安康实际人口容量已超出自然资源和经济资源的承载能力，而且各区县发展极不平衡。通过城镇化综合指数分析结果表明安康各区县城镇化发展比较滞后，各区县间差异也较大。要实现区域的PRED发展，在人口承载力分析和城镇化发展协调分析基础上的人口空间分布，是解决现状人口分布与区域资源和城镇发展不平衡问题，实现区域的PRED发展的有效方法。

系统的协调状态可以用协调度来衡量，协调度是系统之间、要素之间相互和谐一致的程度。本书借鉴地理学者杨士弘（1994）、城乡规划学者段炼（2009）的协调发展度模型，量化研究安康各区县的人口承载力与城镇化发展关系。

$$H = \sqrt{C_v I} \tag{5-1}$$

$$I = aX + bY \tag{5-2}$$

式中，H 代表协调发展度，C_v 代表协调度，I 代表由城镇化综合指数与人口承载力指数构成的综合指数，系数 a 和 b 一般分别取 0.5。而 C_v 的计算公式为

$$C_v = \left(\frac{XY}{\left(\dfrac{X+Y}{2} \right)^2} \right)^{\lambda} \tag{5-3}$$

式中，参数 λ 的取值一般为2。

通过测算得到安康各区县人口承载力与城镇化发展协调度（见表5-1、图

5-1)，依据结果将安康各区县分为四类（见表 5-2）。

表 5-1　2005~2010 年安康各区县人口承载力与城镇化发展协调度

区县	2005 年	2006 年	2007 年	2008 年	2009 年	2010 年	平均值
汉滨区	0.901	0.912	0.925	0.981	0.968	1.000	0.946
汉阴县	0.152	0.181	0.247	0.355	0.426	0.469	0.305
石泉县	0.422	0.422	0.427	0.437	0.420	0.424	0.425
宁陕县	0.333	0.334	0.328	0.342	0.336	0.329	0.33
紫阳县	0.163	0.203	0.285	0.381	0.450	0.520	0.33
岚皋县	0.101	0.144	0.208	0.289	0.341	0.404	0.25
平利县	0.237	0.303	0.344	0.389	0.436	0.467	0.36
镇坪县	0.293	0.297	0.298	0.301	0.103	0.300	0.26
旬阳县	0.537	0.555	0.571	0.591	0.601	0.603	0.58
白河县	0.211	0.260	0.344	0.394	0.393	0.446	0.34

资料来源：根据人口承载力与城镇化发展协调度模型计算整理。

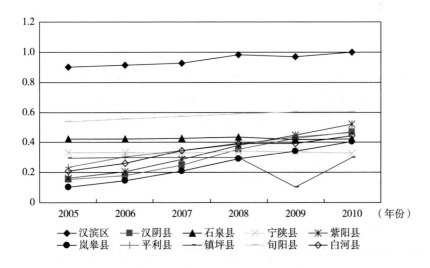

图 5-1　2005~2010 年安康各区县人口容量与城镇化发展协调度示意图

资料来源：笔者自绘。

表 5 - 2 安康各区县人口承载力与城镇化发展协调分类

类型	划分依据	区县
协调发展型	$0.5 \leqslant H < 1.0$	汉滨区、旬阳县
勉强协调发展型	$0.4 \leqslant H < 0.5$	石泉县
濒临衰退型	$0.3 \leqslant H < 0.4$	宁陕县、汉阴县、紫阳县、平利县、白河县
失调衰退型	$0.2 \leqslant H < 0.3$	岚皋县、镇坪县

资料来源：根据人口承载力与城镇化发展协调度计算结果整理。

第一类为人口与城镇化协调发展的地区，包括汉滨区和旬阳县，两区县都是安康城镇体系中的重点城镇，城镇化发展指数均为正值并呈上升趋势，产业结构相对比较合理，城镇功能比较完善，经济发展动力较强；第二类为人口与城镇化勉强协调发展的地区，主要是石泉县，该县城镇化发展比较稳定，有一定的工业与第三产业发展基础；第三类为人口与城镇化濒临衰退发展的地区，包括宁陕、汉阴、紫阳、平利、白河五县，该类地区有一定的发展基础，且旅游资源丰富，具有发展第三产业的优势；第四类为人口限制区，包括岚皋和镇坪两县，两县地处巴山中高山区，交通不便、环境承载力低，经济发展水平相对滞后，人口承载力与城镇化协调发展失调衰退，应适度进行人口迁移，加强产业发展和基础设施建设，提高人居环境质量，实现人口承载力与城镇化两方面协调发展。

第一类地区适宜于人口集聚发展，第二、第三类地区适宜于人口内部分布优化，第四类地区需要限制人口发展、适度人口迁移。移民搬迁安置社区优先选择具有良好的基础设施和产业发展条件的人口聚集发展区和人口稳定区，通过优化产业、集约用地提高人口吸纳能力，增强城镇的辐射带动作用，既解决移民的生存发展问题，又推动区域城乡发展。人口限制区应逐步迁移部分人口，同时加强生态恢复、生态保育，逐渐优化产业结构，完善城镇功能和支撑体系。

二、基于人居环境适宜性的选址区划

人居环境适宜性是指给人类持续提供安全、适宜生存条件的能力，包括安全可靠的居住环境、完善的公共服务设施、良好的就业机会、便捷的交通条件等，这直接影响居民的生活质量和精神健康。人居环境适宜性研究旨在从根本上为移民主导下合理的人口再分布和搬迁安置社区的选址问题提供理论基础，达到生态适宜、经济发达、社会稳定和空间协调的综合目标，促进人地关系的协调发展。

（一）人居环境适宜性评价体系构建

基于人居环境适宜性评价研究，建立人居环境适宜性评价体系，在评价结果基础上进行人口调控分区和移民搬迁安置社区选址区划。

人居环境适宜性评价指标的选取要在满足移民的基本生存和发展的前提下，有利于安康的生态保护和生态恢复，生态保护优先；指标尽可能全面涵盖与移民及区域发展相关的主要因子，包括自然、经济和社会等方面；指标要针对安康的区域发展条件、移民搬迁安置社区营建现状存在的问题，围绕移民搬迁安置社区的营建目标，从影响移民搬迁安置社区的关键因子入手；影响移民人居环境的因素很多，为保障评价的可行性，选取的指标是保证可以定量，确保数据的可采集性和数据分析的客观性。影响移民搬迁安置社区营建的关键因子：①自然因子，减少人类活动对生态环境的影响，使生态系统能够发挥最大的功效，将自然灾害的威胁程度降至最低，保障人居和生态安全；②经济因子，有一定的产业发展基础和依托，能够为移民提供更多的经济发展支撑条件和就业机会，以满足移民生产、生活的需要；③社会因子，提高城镇的有效辐射范围和强度，保障公共服务设施的均等化，并且使安置社区与城镇之间相互促进、相互协调，推动城镇化。

本书在借鉴段学军和田方（2010）对南京人居环境评价指标体系的基础上，建立了包括 3 个指标、11 项因子的人居环境评价指标体系，采用德尔菲法、层次分析法给指标赋分和权重（见表 5 - 3）。

表 5 - 3　安康移民搬迁安置社区人居环境适宜性评价指标体系

评价指标	评价因子（权重）	作用分赋值									
		指标 1	分值	指标 2	分值	指标 3	分值	指标 4	分值	指标 5	分值
自然（0.57）	地质灾害（0.18）	地质灾害不易发区	100	地质灾害低易发区	70	地质灾害中易发区	50	地质灾害高易发区	20		
	坡度（0.08）	0°～5°	100	5°～10°	70	10°～15°	50	15°～25°	20	＞25°	5
	高程（0.08）	≤300 米	100	300～500 米	80	500～800 米	50	800～1500 米	30	＞1500 米	10
	土壤侵蚀敏感性（0.05）	不敏感	100	轻度敏感	80	中度敏感	50	高度敏感	30	极敏感	10
	洪水淹没（0.15）	＞280 米	100	270～280 米	80	260～270 米	50	250～260 米	30	≤250 米	10
	水系保护（0.03）	距一二级河流＞200 米；三级河流＞100 米	100	距一二级河流100～200 米；三级河流50～100 米	80	距一二级河流50～100 米；三级河流30～50 米	50	距一二级河流30～50 米；三级河流15～30 米	30	距一二级河流≤30 米；三级河流≤15 米	10

续表

评价指标	评价因子（权重）	作用分赋值									
		指标1	分值	指标2	分值	指标3	分值	指标4	分值	指标5	分值
经济(0.16)	离工业产业园区距离(0.1)	距镇级<2千米；县级<6千米；市级<12千米	100	距镇级2~4千米；县级6~8千米；市级12~20千米	80	距镇级4~6千米；县级8~12千米；市级20~30千米	50	距镇6~12千米；县12~20千米；市级30~60千米	30	距镇级>12千米；县级20千米；市级>60千米	10
	离农业产业园区距离(0.06)	<2千米	100	2~4千米	80	4~6千米	50	6~12千米	30	>12千米	10
社会(0.27)	土地资源状况(0.09)	未利用土地、裸露地	100	城乡、工矿、居民点	80	草地	50	林地	30	耕地	10
	离中心城镇的距离(0.08)	距乡镇距离<2千米；县城<6千米；安康市中心12千米	100	距乡镇距离2~4千米；县城6~8千米；安康市中心12~18千米	80	距乡镇距离4~6千米；县城8~12千米；安康市中心18~30千米	50	距乡镇距离6~8千米；县城12~18千米；安康市中心30~60千米	30	距乡镇距离>8千米；县城>18千米；安康市中心>60千米	10
	交通可达性（距最近区域交通干线距离）(0.09)	0~0.5千米	100	0.5~1.5千米	80	1.5~3千米	50	3~5千米	30	>5千米	10

资料来源：根据人居环境适宜性评价相关文献研究梳理，以及安康的自然、社会、经济条件及《陕西省城乡规划管理技术规定》《陕西省城市饮用水水源保护区环境保护条例》等整理。

（1）自然因子。自然是移民搬迁安置社区营建的基底，保障人居安全和自然生态系统的安全是人居适宜性自然评价的基本要求，包括地质灾害、坡度、高程差异、土地侵蚀敏感度、洪水淹没因子、水系保护6个评价因子。地质灾害因子保障人居避开地质灾害隐患地段，依据安康2013年最新地质灾害调查资料确定地质灾害发生等级；坡度因子是保障人居位于适宜的坡度，借鉴吴得文等（2009）、郭大千等（2012）关于人居适宜坡度的研究成果，平均地形坡度控制在0.2°~25°为宜；高程差异因子保障人居位于适宜的高程和高差范围，借鉴杨海艳（2013）、韩倩倩和杨贵庆（2013）、王永丽等（2013）关于人居适宜高差的研究成果和安康的高程分析资料，确定高程0~500米人居适宜、500~800米人居比较适宜；土地侵蚀敏感度因子保障人居避开水土流失严重的地区，保障人居安全同时恢复该类地区的生态条件，依据安康土壤侵蚀分析资料确定其敏感等级；洪水淹没因子保障人居避开洪水灾害隐患地区，依据汉江及安康境内主要河流的洪水水位确定洪水淹没等级；水系保护因子保障水体及其周边生态系统的完整性，依据《陕西省城乡规划管理技术规定》《陕西省城市饮用水水源保护区环境保护条例》等省级和地方管理规定划定河流水系的保护范围。

（2）经济因子。经济是移民搬迁安置社区营建的主要动力和支撑，主要体现在工业、现代农业和服务业对移民搬迁安置社区的带动上，包括离工业、农业产业园区距离 2 个评价因子。现代产业园区对于活跃和带动区域经济的发展、带动城乡聚落体系良性开发具有重要作用，产业园辐射区往往成为乡村社区选址的理想地带。遵循产业园辐射能效的距离衰减性规律，农业生产适宜性可通过农业耕作半径研究反映出来，耕作半径受到自然生态条件、地方风俗习惯、耕地条件、人口密度、农业类型、农业技术与条件、出行方式等多方面因素的影响，根据学者的研究，我国大多数地区农业的耕作半径约为步行 30 分钟以内，距离 1.5 ~ 2 千米以内，但山区由于用地分散尺度相应拉大，现状调研移民的交通出行方式以摩托车为主，采用摩托车出行距离可控制在 4 ~ 6 千米比较适宜。

（3）社会因子。社会因子包括离中心城镇距离和交通可达性 2 个评价因子。离中心城镇距离较近能有效保障城镇对移民搬迁安置社区的辐射带动作用，能较大地提高移民生活的便利性，而便捷的交通体系又能加强彼此之间的联系。这种从居民生活角度出发，反映居民的生活单元与城镇功能之间的互动关系，体现在对生活圈的研究中。国外的生活圈研究主要以日本为代表，通过诸如通勤流、购物范围等行为刻画空间功能结构，反映空间地域资源配置、设施供给与居民需求的动态关系，表征不同城市地域间的社会联系。日本城市化快速进程期间，政府引导农村由分散居住转向集居，提出以村落作为基准，按照服务内容进行生活圈层次划分（见表 5-4）。生活圈概念逐渐在韩国、中国台湾等亚洲国家和地区扩散，朱查松等（2010）、孙德芳等（2012）结合中国生活现状总结了我国乡村生活圈的划分（见表 5-5）。本书借鉴国内外生活圈的层次、时间及空间尺度，结合对安康市城乡居民生活的深入调研，总结出安康移民适宜生活圈（见表 5-6）。为使移民搬迁安置社区获取良好的交通运输条件，选址应尽量邻近而不跨越区域交通基础设施，根据相关研究，以步行小于 15 分钟至区域交通设施为宜。

表5-4 日本农村生活圈的划分标准

生活圈	服务内容	时间界限	空间界限
基础生活圈	居住、医疗、幼儿教育	步行15~30分钟	0.5~1千米
一次生活圈	小学教育、医疗等	小学生步行1小时为限	半径2~4千米
二次生活圈	中学教育、综合医院、农民协会和渔业协会等	中学生以上步行1小时，自行车半小时	半径4~6千米
三次生活圈（地方都市圈）	电话电报局、消防署等	1小时程度	15~30千米

资料来源：根据相关文献研究整理。

表5-5 我国乡村生活圈划分

生活圈	服务内容	时间界限	空间界限
初级生活圈	居住、医疗、幼儿教育、村级管理	步行15~45分钟	0.5~0.8km
基础生活圈	小学教育、村级管理	自行车出行15~45分钟	半径1.5~4.5km
基本生活圈	中学教育、镇级管理	公共汽车出行15~30分钟	半径10~20km
日常生活圈	综合医院等非经常性需求	公共汽车出行20~60分钟	行政区划市域范围

资料来源：根据相关文献研究整理。

表5-6 安康农村生活圈划分

生活圈	时间	空间界限	备注
基础生活圈	步行15分钟	0~0.5千米	安康山区步行速度按2~3千米/小时；距最近的区域交通干线的适宜距离
一次生活圈	步行15~30分钟	0.5~1.5千米	
二次生活圈	步行30分钟至1小时	1.5~3千米	距乡镇中心的适宜距离
三次生活圈	摩托车半小时	4~6千米	摩托车为山区常用的交通工具，山区摩托车出行速度8~12千米/小时；距县城的适宜距离
地方都市圈	摩托车1小时，公共汽车半小时	8~12千米；12~18千米	山区公共汽车出行速度24~36千米/小时；距安康市中心的适宜距离

资料来源：根据国内外生活圈研究成果以及安康城乡生活调研资料整理。

（二）评价结果分析

借助 GIS 技术先进行单因子评价，分析每类因子的不同赋值在空间的反映，

再采用叠加分析法可以获得人居环境适宜性优劣的空间结果。收集安康市 DEM
数据（30M）、安康市土地利用数据及图件、安康市土地利用总体规划（2009 -
2020 年）、城镇体系规划资料，将各评价因子数字化为矢量数据，利用 ArcGIS
9.3 的栅格加权叠加分析模块，对栅格化后的评价因子进行叠加，得到安康市人
居环境适宜性评价图，将安康分为适宜、比较适宜、一般适宜和不适宜四个人居
环境区域（见表 5 - 7）。

表 5 - 7　安康人居环境适宜性评价

适宜性等级	面积（平方千米）	百分比（%）	主要分布
适宜	206.72	0.88	汉江河谷、月河川道城镇密集区
比较适宜	3058.13	13.07	汉江河谷、月河川道、秦岭中低山区
一般适宜	14737.93	63.01	秦岭中低山区、巴山中低山区、 秦岭巴山中高山地质灾害中低发区
不适宜	5388.41	23.04	秦岭中高山区、巴山中高山区、地质灾害高发区
合计	23391.19	100	

资料来源：根据人居环境适宜性评价分析结果整理。

（三）基于人居环境适宜性评价的移民搬迁安置社区选址

移民搬迁安置社区可选择在一般适宜区、比较适宜区和适宜区，适宜区和比
较适宜区主要分布在月河川道、汉江河谷和秦岭中低山区，此区域的可利用建设
用地相对较多，以土地集约、节约为原则，建设带状城镇群，为集中建设移民搬
迁安置社区的区域；一般适宜区主要分布在巴山中低山区、秦岭中低山区、秦岭
巴山中高山地质灾害中低发区，此区域的可供建设用地较少，一般发展点状居民
点，可建成生态环境良好、人口规模适度、产业特色鲜明的移民搬迁安置社区。
移民迁出区主要为不适宜区，包括巴山中高山区、秦岭中高山区及地质灾害高
发区。

三、基于文化认同的选址区划

英国社会心理学家泰费尔（H. Tajfel）提出的社会认同理论认为，社会认同
是社会成员共同拥有的信仰、行动取向和价值观的集中体现，与利益趋向的社会
相比，强归属感的社会更加具有稳定性。社会认同主要通过文化认同和适应、群
体认同和地域认同来实现。文化认同是文化同质区域内社会成员的相互认同的基
础。在新环境中，人类原有的价值观、宗教信仰以及行为方式，是被环境中其他

成员认同的基础。移民搬迁不是简单地让移民搬进城镇、安置社区，移民的传统习俗需要延续，以保持移民心理的安定感和生活的幸福感，是迁出地文化与迁入地新文化碰撞的过程。文化认同是移民搬迁安置社区向心力和凝聚力产生的基础。

文化区划理论为加强文化认同、培育和谐文化提供了理论和方法支持，根据文化的地域差异进行地域空间的划分，作用在于有利于发掘文化特色，促进文化交流，便于文化管理与协调，有利于形成和谐文化的人居环境氛围，实现空间和谐。文化区划分是根据文化特征的相似性，将相似性最大的地域空间划分为同一类型区域。

我国学从不同学科视角对文化区的划分进行了研究，历史地理学学者张伟然（1995）主张文化区划分应本着区域相似性、区域共轭、综合性、主导因素和发生学原则；文化地理学者司徒尚纪（1993）、胡兆量等（2009）认为文化区划分应遵循地域性、相对一致性、主导因素等原则。研究一致认为文化区划分应在保持地理区域完整性的基础上，区域内有比较一致的文化景观和文化发展过程，通过分析文化特征的要素，遴选出主导要素作为划分的标准。

文化区划分的文化因子涉及内容广泛，常见的是三分法，把文化因子归纳为物质文化、制度文化和精神文化三类（见表5-8）。借鉴历史地理学学者卢云文化区划的叠加方法，根据文化现象的差异性、相似性，选取方言、传统建筑、风俗作为安康地域文化的因子，通过对相关文献的归纳分析，确定每类因子的分布特征，形成文化单因子分布图；再把这些文化单因子分布图叠加在行政区划图上，其重叠程度最多的线条可划定为文化区域的边界。

表5-8　文化因子体系

文化因子类别	范围
物质文化	饮食、服饰、建筑、生产生活、交通
制度文化	政府制度、家庭制度、民间社会制度
精神文化	语言文学文字、宗教信仰、地方音乐、节日庆典、价值观念、文化性格、婚丧习俗

资料来源：根据相关文献研究梳理。

（一）方言文化因子

语言是人类最重要的交际工具，方言由于反映了地域特色而成为地域文化的主要表征。方言是一种文化现象，每种方言都分布在相对稳定的地理空间中。安康特殊的区位条件、历史上的战争和移民历史决定了其地域文化具有南北交融的典型特征，也推动了文化的交融以及方言的多元化发展。本书借鉴语言学者、历史地理学者关于安康方言的有关成果及安康各县地方志，得出安康方言主要可概括为西南官话区、中原官话区和江淮官话区三个区域（见表5-9）。

表5-9 安康方言地理格局分布

方言文化格局	方言释义	安康境内分布	所占比例（%）
西南官话区	西南官话是汉语方言中人口最多、占地面积最广的方言，是西南地区以及附近的，入声整体归派到某一声调或者四声调值与成都、武汉、重庆、贵阳、昆明、桂林相近的汉语方言	宁陕、石泉、汉阴、紫阳、岚皋、镇坪6县，及平利县的正阳乡、广佛镇和洛河镇的清水河村、南坪街村	38
中原官话区	中原官话是中原民系和关中民系的母语——汉语官话的一个分支，主要分布于河南大部分、安徽北部、江苏北部，山东西南部、山西南部、陕西关中、甘肃东部、新疆天山以南地区等，共390个县市，仅次于西南官话	汉滨区城关、流水（以东部分）、壕湖、恒口、大同、五里、建民、河西、关庙、张滩、大河、茨沟及早阳等22个乡镇；旬阳县的城关、吕河、神河、棕溪、三官、麻坪、小河、赵湾、甘溪、关口、白柳、蜀河等41个乡镇；白河县包括城关镇在内的汉江沿线一带	36
江淮官话区	江淮官话旧称下江官话、江北话，主要分布在江苏、安徽两省中部，此外还有赣北、鄂东及其他省份的个别方言岛	安康市东部的后山区域，平利县除正阳乡、广佛镇以外的大部分地区；旬阳县的赤岩、双河镇等南北两山一带；白河县后山一带；宁陕县的丰富、金川、沙洛二乡一村；汉滨区的洪山、石转、牛蹄、大竹园、新坝、双龙、叶坪、坝河、东镇、荆河等乡镇；岚皋的佐龙、晓道、大道、铁炉四乡镇；紫阳的安溪、双安；汉阴的汉阳镇等地，共51个乡镇	26

资料来源：根据安康方言文献研究及各区县地方志整理。

（二）传统建筑文化因子

建筑不仅反映了衣食住行等物质条件，更是价值观念、宗教信仰等精神文化的外在表现。安康特殊的地理环境使荆楚、巴蜀、秦文化大融合形成多元化、包容的传统建筑文化特色，主要表现在会馆和民居建筑中。历史上发达的水系推动了安康商业贸易的发展，以省市命名的会馆建筑成为沿岸城镇商贸发展的见证，以湖北会馆居多，反映了楚文化的广泛影响；民居数量多、分布广，是地方建筑文化的直接体现，安康传统民居风格受多种文化影响呈现多元化特征，整体以楚文化为重，建筑多为白墙灰瓦、封火墙；北部受关中秦文化影响较多，南部受巴蜀文化影响较多，建筑多为穿斗白粉墙、青瓦出檐长和悬崖中吊脚的特色；沿汉江自西向东呈现从巴蜀文化向楚文化过渡的趋势。

（三）风俗文化因子

风俗是特定社会区域人们长期共同遵守的行为准则，对社会成员的行为有强烈的制约作用。风俗包括节日、婚丧风俗、宗教信仰、民族风俗等。安康的宗教信仰和宗族姓氏文化特色鲜明，本书选取这两方面研究安康风俗的区域差异。

在安康传统思想文化中，儒、释、道三教鼎立的基本格局构成安康传统文化的主干脉。佛教进入安康有两条途径：一条是由长安越秦岭南下，如云雾山、隆兴寺、天池寺，以禅学为主，偏重宗教修持；另一条由襄阳溯汉水西上，如白马寺、清凉禅寺，以般若学为主，偏重佛学教义的研究。安康道教受巫楚文化影响较大，表现在对图腾的信仰和对自然的崇拜，对道德观念、生活习俗、行为方式都产生了深远的影响，安康各区县均分布有道教活动场所。伊斯兰教传入安康始于元代，虽然回族人口在安康的比例较小，但在安康各区县的县城均建有清真寺。

（四）安康文化区划与移民搬迁安置社区选址

综合上述文化格局，考虑到文化的辐射影响，制定了安康市综合文化区划，将安康市分为四个文化区（见表 5 - 10）：秦文化影响区、楚文化影响区、巴蜀文化影响区和综合文化区。在移民搬迁安置社区选址时尽量把迁出移民引导到同一文化区内，有利于移民的文化认同和社会融入。

表 5 - 10　安康综合文化区划

文化区	分布	特征
秦文化影响区	汉江以北，受陕西关中秦文化影响较大以中原官话为主的区域，包括宁陕县、汉阴县东北	以中原官话为主；建筑文化体现秦文化特色
楚文化影响区	汉江以南，包括与湖北省相接的平利县、镇坪县、白河县、旬阳县部分区域	以江淮官话为主；建筑文化体现楚文化特色

续表

文化区	分布	特征
巴蜀文化影响区	汉江以南，包括与四川省、重庆市接壤的石泉县汉江南、汉阴县汉江南、紫阳县、岚皋县、镇坪县和平利县的大部分地区	以西南官话为主；建筑文化体现巴蜀文化特色
综合文化区	汉江两岸，包括汉滨区和旬阳县大部分地区	受秦、楚、巴蜀文化综合影响，以中原官话为主；建筑文化多元化

资料来源：根据安康文化区划研究结果整理。

四、市域移民搬迁安置社区选址综合区划

结合区域承载力、城镇化发展条件、人居环境适宜性、区域文化认同及行政单元稳定性，采用空间叠加法（见图 5 - 2），将安康市域划分为三个选址区域（见表 5 - 11），为明确区域移民开发策略提供理论及空间依据。

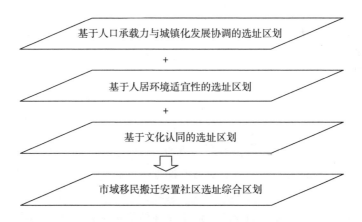

图 5 - 2　市域移民搬迁安置社区选址综合过程

资料来源：笔者自绘。

移民迁出区指有自然灾害隐患、远离城镇、远离产业园区、交通不便，且人口承载力与城镇化发展失调衰退的区域，宜向外转移疏解人口，主要分布在镇坪县和岚皋县；移民迁入区指生态环境相对比较稳定，有一定承载力、靠近城镇和产业园区、交通条件较好，且人口承载力与城镇发展协调的区域，宜进一步接纳人口，主要分布在汉滨区、汉阴县和旬阳县；市域内其他地区为移民稳定区。

表 5 –11 安康移民搬迁安置社区选址综合区划

区划	划分标准	分 布
移民迁出区	自然灾害隐患、远离城镇、远离产业园区、交通不便，且人口承载力与城镇化发展失调衰退的区域	分布在镇坪县和岚皋县，包括镇坪县的曾家镇、牛头店镇、洪石乡、白家镇、小曙河镇、华坪镇、钟宝镇以及岚皋县的孟石岭镇、滔河镇、横溪镇、官元镇、华里镇、民主镇、堰门镇、晓道镇、大道河镇、涧水河镇等地区
移民迁入区	有一定承载力、靠近城镇和产业园区、交通条件较好，且人口承载力与城镇发展协调的区域	主要分布在汉阴县、汉滨区和旬阳县，包括汉阴县的双河口镇、铁佛寺镇、观音河镇、龙垭镇、平梁镇、城关镇、涧池镇、永宁镇、蒲溪镇、漩涡镇、汉阳镇、双坪镇、上七镇等，汉滨的沈坝镇、大河镇、双溪镇、运溪镇、梅子铺镇、恒口镇、大同镇、五里镇、富强镇、花园镇、河西镇、建民镇、江北办、关庙镇、张滩镇、吉河镇、石梯镇、汉阳镇、谭坝镇、县河镇、关家镇、坝河镇、沙坝镇、双龙镇等，旬阳县的城关镇、吕河镇、双河镇、红军镇、庙坪镇、蜀河镇等地区
移民稳定区	市域内其他区域	—

资料来源：根据安康移民搬迁安置社区选址综合区划研究结果整理。

（一）移民迁出区——生态恢复营建

移民迁出区主要位于巴山中高、低山地区，包括镇坪县和岚皋县的部分地区，目前主要的生态问题为坡地开垦、植被破坏、工程建设等引发水土流失与滑坡、泥石流等自然灾害，为保护生态环境的可持续发展，将自然灾害易发区、水源保护地、风景区和生态保护区、交通不便地区的移民逐步迁出。加强迁出地的退耕还林、水源涵养，加快自然保护区、森林公园等生态区域的建设，逐步恢复区域生态系统的良性循环。为保障区域生态环境平衡和移民搬迁的顺利进展，对迁出区应给予相应的生态补偿，综合运用行政和市场手段，从政策上为这些地区的发展创造有利条件。

（二）移民迁入区——城镇群主导集聚营建

移民迁入区主要位于月河川道和汉江沿岸，该区应在保护生态环境的基础上，依据资源条件优化产业结构，逐步完善城镇功能和基础设施建设，引导移民向该区域迁移集中安置。

该区域位于川道河谷地区，受地理条件限制，空间发展呈典型的"点—轴"状模式，发展轴主要是汉江、国道316、十天高速以及阳安、襄渝、西康几条铁路，点主要是沿汉江的汉滨区、汉阴县和旬阳县的城镇，但城镇规模都偏小，安康市区所在地人口大于 10 万人、汉阴县城所在地城关镇 3 万~5 万人、旬阳县城所在地城关镇 5 万~10 万人，其他镇人口基本都在 1 万人以下，点的带动作用比较弱，且产业也都集中在几个中心城镇，大多数点的吸引力和凝聚力不强。

作为移民迁入区，可在现状"点—轴"发展模式的基础上逐步实现渐进扩散发展，形成区域共同发展的模式。强化交通、产业等发展轴线，选择有综合发展潜力的城镇作为增长极，如沿汉阴的涧池镇、蒲溪镇，汉滨区的双乳镇、大同镇、恒口镇、五里镇、石梯镇，引导移民迁移到此类城镇，形成人口、产业、空间发展三位一体的模式，推动区域城镇化发展，将产业向城、镇集聚。

选择城镇对外交通轴线作为发展轴，借鉴在 TOD 理论基础上提出的 RROD 乡村公路导向发展模式，沿交通轴线、向市场和产业发展区靠近，在乡村腹地设置规模适中、功能完善的安置社区，每个 RROD 内部拥有一个公共服务中心，并具备产业服务、居住、商业、医疗、教育、休闲等多样化的功能，既可集约利用资源，节约基础设施投资，人口聚集也可产生规模效益，有利于公共设施配置，也有利于解决移民的就业问题、提高生活质量，达到产住结合、产区融合发展。

（三）移民稳定区——适应性优化营建

移民稳定区大部分位于秦岭中高山、中低山和巴山中低山地区，面积大、分布广，应以优化空间格局，引导移民在区内合理迁移，优化人口分布与资源、经济社会发展关系为重点。

在"县城—镇—乡村独立型移民搬迁安置社区、中心村—基层村"的城乡发展体系框架下，合理引导人口向适宜性较强、有发展基础的城镇迁移，并拉大城镇骨架实现就地城镇化，适度推进半城镇化。该区的空间发展应在适当集聚的基础上有机分散，对于具有一定的规模、服务功能、自我调节能力的城镇，发掘其资源条件和优势，通过土地整合、设施完善，可以作为移民的重点迁入城镇集聚发展；而对于人口规模较小、发展基础薄弱的城镇，通过政策引导和产业投入，促使周边人口迁移，在人口集聚的基础上实现规模化发展。

第三节　县域层面移民搬迁安置社区选址策略

一、构建等级明晰的网络化体系

传统"城市—乡镇—中心村—基层村"的城镇体系，本质上以行政管辖区域作为等级划分依据，形成传统城镇职能与空间结构体系。这种模式从20世纪80年代延续至今，对我国城镇体系的行政管理发挥了较大作用。而随着社会经济的发展，其弊端也逐渐凸显。由于处于规划体系末端，规划调控力在村庄层面减弱，甚至丧失。同时，规划脱离实际，与农村实际情况不吻合。这种"自上而下"指令性的体制模式限制了生产要素的有效流动，导致我国农村长期游离于规划以外，造成农村环境恶化、空间混乱、经济滞缓的落后面貌。

在移民搬迁的工程背景下，安康的城乡体系出现城、镇、乡、中心村、基层村、移民搬迁安置社区并存的管理现状，其中进入城区镇区的移民搬迁安置社区已经纳入城镇社区管理范畴；通过城区边缘设置产业联系网络，结合移民搬迁集聚的人口建设产业集聚区，形成城镇边缘型移民搬迁安置社区，这两类移民搬迁安置社区直接推动了城镇化发展。然而乡村独立型是一种全新的社会形态，在城乡体系中的定位却不够明晰，相应的规划、建设和管理都存在大量的问题。乡村独立型移民搬迁安置社区结合产业、资源优势而设置，既承担着改善移民人居环境、产业发展、公共服务均等化的作用，还要辐射带动周边地区的发展，是承上启下的空间单元，在等级上类似于中心村，却比中心村的内涵要更为丰富。因此，将融入城区镇区型、城镇边缘型移民搬迁安置社区纳入城镇，通过城镇辐射带动乡村独立型移民搬迁安置社区和村庄形成网络化联结，构筑"县城—镇—乡村独立型移民搬迁安置社区、中心村—基层村"的城乡均衡发展体系。

二、类型化移民搬迁安置社区选址

在市域层面移民搬迁安置社区综合选址的区划框架下，县域层面以改善移民人居环境、推进县域城镇化发展为核心目标进行移民搬迁安置社区的选址。不同的地理环境、与城镇发展关系的差异及产业带动，使不同类型的安置社区在选址上侧重点有所不同，应对不同类型的安置社区选址分类组织引导。

（一）融入城区镇区型移民搬迁安置社区

融入城区镇区型移民搬迁安置社区一般在城镇规划建设用地范围内的居住用地上选址，该类用地一般经过建设用地适宜性评价，安全性较好。考虑到可操作性、建造成本及移民购房成本，移民搬迁安置社区可结合城镇保障性居住区建设，在具体选址的过程中应关注以下几方面问题：①地价和建造成本。考虑到移民的经济状况，建设成本和环境成本是政府和开发主体首先要考虑的问题，优先选择地价低廉、建造成本不高的地区。②公共设施配套、交通可达性好。若公共设施匮乏、交通可达性差必将导致移民使用不便，偏离了安置社区营建的目标，应优先选择设施配套完善的交通干线附近的地区。③接近就业市场。对于失地进入城镇的移民，首先要解决的就是就业问题，选择靠近产业较为集中、交通便利的地区，将有助于移民实现安居乐业。④混合居住用地。为了让移民更好地融入城镇环境，避免出现移民与城镇居民之间的居住分化、被孤立和排挤，安置社区变成"城中村"，可以通过商品房居住区与安置社区混合建设，消除移民进城后带来的社会问题。⑤与城镇肌理有机结合，真正融入城镇，成为城镇的有机组成部分。

（二）城镇边缘型移民搬迁安置社区

城镇边缘型移民搬迁安置社区可以有效缓解城镇核心城镇区的人口压力，结合产业发展既给产业提供了劳动力，又解决了移民的就业生存问题。这类移民搬迁安置社区选址的关键是产业、距离，具体有以下几方面：①城镇周边产业园区或产业发展成熟的地区。接近就业市场，一部分移民可以直接为工业、现代农业服务，另一部分可以进入城镇就业。②城镇边缘沿高速公路、过境公路、快速路等交通联系便捷的区域，沿区域交通干线有利于移民搬迁安置社区的快速发展，加强与城镇的有机联系，距离控制在城镇边缘 30 分钟内的范围，空间距离为 4～6 千米（以安康常用的交通工具摩托车为参考）。③设施较为完备，现状有一定发展基础的区域。④城镇建成区周边 5 千米范围内移民相对集中的区域，研究表明，村庄、新型农村社区的地缘文化圈为 3～5 千米，移民都是农民，控制在地缘文化圈范围内就近安置有利于社会融入。⑤避开限制性生态要素。选址要避开生态保护区、洪涝调蓄地区、基础设施防护区、水环境与水资源保护区、文物保护区、基本农田、绿化保护区等生态限制区域。⑥工业主导风向的上风地带和山地的迎风坡。为防止工业污染，选址应位于工业主导风向的上风向以及山地的迎风坡。

（三）乡村独立型移民搬迁安置社区

乡村独立型移民搬迁安置社区是现状建设数量较多的一类移民搬迁安置社区，主要依托村庄体系调整、区域产业格局、交通支撑、资源条件等发展。这类移民搬迁安置社区选址的关键是适宜、发展，具体有以下几方面：①自然条件相对安全的地区。根据人居适宜性的研究，优先选择地质及生态条件好、地质灾害小、地面坡度在 0°～10°、地面高程差在 500 米以内、沿汉江高程大于 270 米位于非洪水淹没区、距一二级河流距离大于 100 米、距三级河流距离大于 50 米、土地侵蚀敏感性弱、自然地基承载力大于 10 吨/平方米的地区。②交通便利、有产业发展潜力的地区。城镇辐射范围内、紧靠交通沿线、基础设施廊道、产业发展廊道等轴带，农业生产基础较好、靠近产业易培育产业链、有产业发展潜力的地区，如水系沿岸、风景名胜区周边，有良好的生态环境、景观优良，可作为旅游开发的移民搬迁安置社区选址；地势平缓、耕地资源集中的区域，可作为现代农业开发的移民搬迁安置社区选址。③可依托现状行政体系中的村庄。易于管理、可操作性强、具有一定的基础设施条件，发展相对成熟，有利于尽快开展建设，同时随着安置社区的建设可以辐射带动周边村庄发展。④周围 3~5 千米范围内移民相对集中的地区，控制在地缘文化圈范围内就近安置有利于社会融入。⑤避开限制性生态要素。选址要避开生态保护区、洪涝调蓄地区、基础设施防护区、水环境与水资源保护区、文物保护区、基本农田、绿化保护区等生态限制区域。

三、移民搬迁安置社区选址实践——以旬阳县为例

研究立足安康的自然、社会与环境现状，选择旬阳县作为县域尺度移民搬迁安置社区选址实证对象，原因有以下几方面：①自然条件典型性。旬阳地处秦巴山地，汉江自西向东穿境而过，两山夹一川的地形地貌，具有安康自然条件的典型特征。②地域文化典型性。旬阳县历史悠久，秦、楚和巴蜀文化相互交融，文化包容性强，代表了安康的地域文化特色。③城镇发展典型性。旬阳地处川、渝、陕、鄂交接地，襄渝铁路、西康铁路在此接轨，包茂高速、316 国道、102 省道在县城交会，交通便利，而且资源优势鲜明，是安康市东部的中心城市和陕南地区规划发展的重点城市之一。④现状问题典型性。旬阳城乡发展存在自然条件制约地域发展、城镇规模普遍偏小、城镇对乡村的带动能力差等问题，突出代表了安康城镇发展的现实问题。

（一）旬阳县概况及发展条件分析

旬阳县位于安康市域东部，东、西、南、北分别与白河县和湖北省郧西县、汉滨区、平利县和湖北竹溪县、商洛市镇安县相邻，总面积 3554 平方千米。旬阳县地处秦巴山地，汉江自西向东横贯中部，地势南北高、中部低，海拔 185~2358.4 米；地貌以中山为主，兼有低山、丘陵、河谷地形。旬阳县生物资源丰富多样，已列入国家收购计划的林特药产品有 300 余种，农作物共有 29 类、385 种；矿产 39 种，矿产地 100 余处；旅游资源分布广、各具特色，既有太极城、蜀河古镇、杨泗庙、黄州会馆等人文古迹，还有金寨歪头山溶洞群、羊山的西岱顶风景区等自然景观。

旬阳县辖 22 个镇、29 个社区居委会、282 个村委会。2010 年末，全县常住

人口 42.67 万人，非农业人口 5.7 万人。旬阳以第一产业为基础，以矿产开发、烟草食品、水泥建材为骨干的地方工业体系为主导，旅游业发展十分迅速，为拉动第三产业发展奠定了坚实的基础。

2010 年，全县城镇人口 14.37 万人，其中县城人口 6.2 万人，县域城镇化水平为 33.69%。城镇发展呈现规模普遍较小、中心城镇发展条件局限性的特征，22 个城镇中 18 个城镇的人口小于 0.5 万人，人口在 0.1 万～0.3 万人的城镇有 12 个。

（二）类型化移民搬迁安置社区选址

安康市域尺度移民搬迁安置社区选址区划中，旬阳县的城关镇、吕河镇、双河镇、红军镇、庙坪镇、蜀河镇等地区为移民迁入区，其他地域为移民稳定区。结合旬阳县的发展条件分析（见表 5－12），按照移民搬迁安置社区空间选址的原则和方法进行实践。

表 5－12　旬阳县城乡发展 SWOT 分析

目标	内容
优势	①区位优势：沟通西北、西南和华中的重要交通枢纽，关中、江汉、成渝三大经济区的连接点； ②资源优势：矿产资源开发潜力巨大，独具特色的农林资源，充足的水利水电资源，丰富而独特的旅游资源； ③产业基础良好：五大农业主导产业，食品、矿产、化工、建材等门类比较齐全的工业体系
劣势	①地形条件限制：地形地貌复杂，城乡建设难度较大，基础设施建设投资高； ②自然灾害频发：自然灾害较为严重，且分布较广
机遇	①新型城镇化的发展机遇； ②移民搬迁带来的发展机遇； ③西部大开发新的十年规划将启动实施：资源就地转化战略； ④区域交通格局变化：西康铁路复线及襄渝铁路复线的建设、汉江四级航线的开通，以及包茂高速公路和十天高速公路的建设，极大地改善旬阳的对外交通条件，使旬阳成为区域重要的交通枢纽
挑战	①矿产资源开发利用与生态环境保护的矛盾； ②城乡发展差距大，城乡居民点体系亟待重构

资料来源：根据旬阳县志、《旬阳县城乡一体化建设规划（2011－2030）》等资料整理。

融入县城城区、镇区的移民搬迁安置社区可选择在旬阳县县城所在地城关镇及其他所有镇镇区，优先考虑3~5千米地缘文化圈范围内的移民迁入，如目前已建成的小河镇老街移民搬迁安置社区。城镇边缘型移民搬迁安置社区主要分布在城镇周围4~6千米、30分钟生活圈范围内、适宜人居环境建设、区域重要交通干线沿线、区域产业发展布局，有资源条件和发展潜力的地区，沿区域交通干线南北向的西康铁路、西康高速、省道S102、桐旬高速，东西向的十天高速、国道316沿线作为移民搬迁安置社区选址的优先地区；按照《旬阳县城乡一体化建设规划（2011－2030）》中对产业发展的定位，南、北、中工业小区以及工业园周边是产业带动移民搬迁安置社区发展的最佳区域，尤其是产业发展潜力较大的城镇镇区周边4~6千米范围是城镇边缘型移民搬迁安置社区适宜发展的区域。乡村独立型移民搬迁安置社区主要分布在城镇影响力范围内、交通便利、有产业发展优势、有村庄依托的地区，通过对旬阳县各镇人口、距离等综合分析，根据断裂点理论，计算出各镇的影响范围，找出镇与镇之间的断裂点；结合交通、产业发展规划，分析得出此类移民搬迁安置社区选址结果，目前已建成的如小河镇金坡移民搬迁安置社区、赵湾镇瓦窑移民搬迁安置社区等。

第四节　本章小结

移民搬迁安置社区区域选址不仅关系到新型城镇化的进程和地域空间演变，还影响移民生活质量及社会稳定。本章在明确区域层面移民搬迁安置社区选址原则的基础上，构建了市域、县域不同尺度下移民搬迁安置社区选址方法体系。

（1）区域层面下移民搬迁安置社区选址应本着人口分布与区域资源环境和发展相协调、人居环境安全适宜、城镇与产业的合理辐射、文化传承与社会融合的原则进行。借鉴农村社区选址的方法，建立定性与定量相结合、数理分析与空间分析相结合的方法体系，市域层面选址要在人口再分布合理调控的基础上进行，县域层面则需要明确移民搬迁安置社区在城乡发展体系中的科学定位，针对不同类型的移民搬迁安置社区提出具体的选址要求。

（2）市域层面下基于人口承载力和城镇化发展协调、人居环境适宜性、文化认同三个方面对人口空间合理分布和移民搬迁安置社区选址进行综合分析，对选址结果进行空间叠加，得到市域尺度下安置社区的综合选址区划，将安康市域分为移民迁出区、移民迁入区和移民稳定区三个区，在市域层面引导移民有效搬迁和合理再分布。移民迁出区采用生态恢复营建策略,注重移民迁出后的生态恢复,逐步恢复区域生态系统的良性循环。移民迁入区采用城镇群主导集聚营建策略,在"点—轴"发展模式的基础上逐步实现渐进扩散发展,形成区域共同发展的模式,强化交通、产业等发展轴线,选择有综合发展潜力的城镇作为增长极,引导移民迁移到此类城镇;结合交通轴线、产业发展在乡村腹地营建乡村型移民搬迁安置社区。移民稳定区采用适应性优化营建策略,优化空间格局,引导移民在区内合理迁移,优化人口分布与资源、经济社会发展的关系。

(3)县域尺度下明确移民搬迁安置社区在城乡发展体系中的科学定位,将城镇边缘型移民、融入城区镇区型移民搬迁安置社区纳入城镇社区的管辖范畴,构建"中心城市—县城—镇—乡村独立型移民搬迁安置社区、中心村—基层村"的城乡均衡发展体系的城乡空间体系;并针对不同类型的移民搬迁安置社区提出具体的选址要求,融入城区镇区型移民搬迁安置社区选址侧重对就业、成本和社会融合的考虑;城镇边缘型移民搬迁安置社区选址侧重对产业发展、用地条件、交通和地缘文化的考虑;乡村独立型移民搬迁安置社区选址更关注安全、用地条件、与周边的关系等。

第六章　类型化移民搬迁安置社区营建策略

第一节　移民搬迁安置社区规模

一、基本单元的提出

单元指整体中自为一组或自成系统的独立单位。系统是由若干相互作用、相互依赖的组成部分构成的、具有特定功能的有机体，而这个有机体又是更大系统的从属组成部分。因此单元可被定义为"构成一个结构完整、功能独立的系统的最小结构组成系统。从构成结构来看，中层级单元可以是更上层系统的构成要素，也可以是下一层级相对结构完整、功能独立的系统"。

当前移民搬迁安置社区建设中由于规模多元化且差异比较大，使得安置社区功能不完善，设施配置也难以统一、规模太小达不到设施设置的经济门槛，安置社区规模太小也难以形成良好的社会交往和生活氛围。因此，为保证移民的基本生活，公共服务的经济性以及建设的可行性，本书提出移民搬迁安置社区"基本单元"，它是承载移民基本活动的空间载体，为移民提供日常生活的必要设施，便于组织管理和建设的、相对完整独立的基本生活区。移民搬迁安置社区基本单元具有以下特点：①具有一定的用地和人口规模，可以满足移民生活的基本功能，包括居住、服务、管理；②可以满足人们基本的社会交往需求，产生认同感和归属感，形成良好的社会生活氛围，稳定移民社会生活；③满足基本的公共服务设施的经济门槛，实现公共设施的合理配置，内部是分层的，层级划分由居民对公共服务设施的需求程度，即公共服务设施的使用频率决定；④可以独立、稳定存在，具有良好的融合性和可复制性。

基本单元是实现移民稳定生活和移民搬迁安置社区营建顺利进展的关键点和

空间平台。以基本单元为载体，结合地域资源条件赋予不同的功能属性，根据城镇体系的发展规划可进行复制、复合，灵活地融入破碎的地理单元与不同的建设周期中，成为契合地理单元特性以及地域城乡体系有机更新的有效表达。

二、基本单元规模探讨

道萨迪亚斯在人类聚居学中指出："聚居所提供的服务和所发挥的作用决定了其人口规模。"国外城市居住社区规模的研究有大量的探索和研究，其中20世纪20年代美国社会学家佩里（C. Perry）提出"邻里单位"概念（见图6-1），

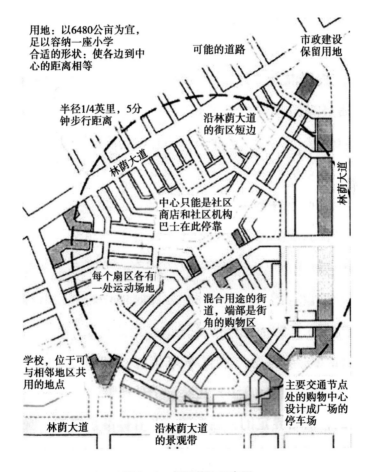

图6-1　邻里单位示意图

资料来源：张京祥．西方城市规划思想史纲［M］．南京：东南大学出版社，2005．

以小学的合理设置作为基础控制邻里单位的人口规模，一个邻里单位最佳规模是600～1500户，2000～5000人。在20世纪80年代新城市主义提出的传统邻里区开发模式（TND）和偏重使用公交的邻里区开发模式（TOD）（见图6-2）都是步行尺度的居住社区，TND社区控制在步行5分钟、半径约400米；TOD以公共交通引导为前提，从公共交通站、商业办公核心区到社区边界控制在约600米。根据韩倩倩和杨贵庆（2013）对西方城市居住社区的研究得出了4种规模尺度（见表6-1）。

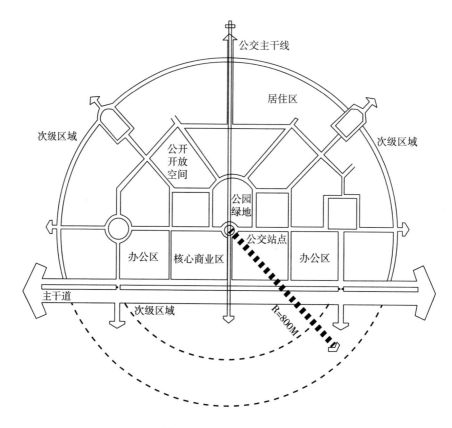

图6-2 TOD模式示意图

资料来源：张京祥. 西方城市规划思想史纲［M］. 南京：东南大学出版社，2005.

表6-1 西方城市居住社区规模尺度研究

规模（户）	人数（人）	交往程度
50～80	150～200	社会学家提出的"面对面"交往的尺度

规模（户）	人数（人）	交往程度
150～450	500～1500	传统村庄和小镇尺度
600～1500	2000～5500	邻里单位尺度
9000～20000	30000～70000	城市社区尺度

资料来源：杨贵庆，顾建波，庞磊，Steven V. Dessel. 社区单元理念及其规划实践——以浙江平湖市东湖区规划为例［J］. 城市规划，2006，30（8）：87－92.

国内城市社区基本沿用居住区规划的规模层级，对规模的研究也是侧重于公共设施配套对应的规模。我国近年来对乡村聚落、农村社区规模也进行了大量的探索。管义伟（2008）、潘玉爽（2011）指出农村社区规模与社区功能存在紧密关系，惠怡安（2010）以聚落功能和规模为载体，分析了陕北黄土丘陵沟壑区的农村聚落功能，利用不同公共服务的"经济门槛"，探讨了确定聚落适宜规模的方法。刘新华等（2014）建立涵盖耕作半径、地缘文化、公共服务和行政托管几个方面的测度框架，提出集中式新型农村社区规模参考半径为800～1000米，组团式、带形、环形、离散型新型农村社区规模参考半径为1800～2200米。项继权（2009）认为农村社区的人口规模以2000～3000人为宜。伍锡论（2008）分析了苏南农村集中居住空间形态，建立了不同的功能需求三级聚集点：400～600人的纯居住聚集点、600～800人的商住混合聚集点、800～1200人规模的综合功能聚集点。

国内外社区规模研究表明，社区规模的影响因素很多，但社区规模主要与其所承担的功能和用地条件有关。移民搬迁安置社区作为社区的一种表现形式，其功能制约规模，而规模也影响功能的发挥。因此，本书从移民搬迁安置社区所承担的功能角度出发探讨其适宜规模。

（一）基于功能的基本单元规模探讨

依据马斯洛满足人的生理、安全、社交或情感、尊重和自我实现的需求层次理论，结合对安康移民需求的调研，确定移民搬迁安置社区的基本单元应具备以下功能：①居住功能，保障人的基本生理需要的功能；②安全防御功能，人的安全需要仅次于生理需要，必要的防御系统是居民感觉安全的物质基础；③交往功能，人的社会性使人与人之间需要有良好的互动，产生情感上的相互依赖，这种互动和依赖是形成社区凝聚力和归属感的基础；④经济功能，是保障居民生活稳定的前提；⑤服务功能，至少具备医疗、教育等服务居民基本生活需求的功能，体现公共服务的均等化；⑥管理功能，良好的组织管理功能是社区稳定有序的基础和保障。

（1）居住功能。居住功能体现在对人们健康生活的保障。不同的出行方式对应不同的生理、心理疲劳临界点，决定了人们日常生活活动的范围。国内外居住区、社区适宜规模研究通常是以人的步行交通作为适宜居住规模的出发点。对于步行来说，5分钟路程是普遍认为较舒适的步行距离，邻里单元、TOD单元，这些经典居住单元理论也都证明了5分钟步行圈是步行环境建设的标准，这个范围是人们熟悉的环境，会让人们产生安全感；在此范围无须借助交通工具，是以基本健康生活需求满足为目标的健康生活单元。安康以山地为主，人的步行速度基本在2~3千米/小时，5分钟步行的距离为150~250米，该尺度可作为具有居住动能的基本单元的空间规模依据。按《陕南地区移民搬迁安置工作实施办法（暂行）》提出的建设用地的标准，该空间规模转化为人口规模为150~600户。

（2）安全防御功能。1970年，纽曼（O. Newman）在可防卫空间理论中提出自然监视、领域感、环境印象和周围环境四个要素可形成良好的空间防卫、获得安全感，其中领域感对应于合适的尺度与密度。大量城镇和农村社区建设实践表明，社区规模小有利于管理、安全保障较好，但从管理效益上来讲并不经济，而社区规模太大管理成本高、安全隐患大。综合安全、管理规模效益等因素，缪朴教授研究认为100~150户的建筑群可组成最基本的自卫单元。

（3）交往功能。社会组织关系同样也反映在空间组织上，因为人类社会结构由社会关系所构成，社会关系的形成离不开空间，社会空间与聚落空间相互对应。人们在社会交往方面也有特定的人口规模，低于这一规模人们无法产生有效的交往和举行相应的社区活动，从而无法形成特定的社区网络。

住户之间的邻里归属感和认同感是建立在人们相互交流的基础上，交流往往通过听觉、视觉等感官体验，从客观上来说感官的能力与范围尺度是影响"基本单元"规模的重要因素；良好的社会交往氛围、有机社会组织的形成，需从人际交往角度出发确定适宜的基本单元规模。

1）基于感官交流的规模。视觉和听觉与最广泛的户外社会活动密切相关，因此了解它们的作用机理，可以理解所有其他形式的直接交流和人类对于空间条件的尺度感受。感官交流距离过大不容易辨析对方的身份，降低交流的可能性，会造成住户对较疏远区域的空间和邻居的陌生。人类学家爱德华·T. 霍尔（Edward T. Hall）的《隐匿的尺度》中分析了人际交往的尺度，得出35米是倾听和交谈的最大尺度，30~35米可以分辨人的面部表情，是带有社会交往意义的尺度。芦原义信在《外部空间设计》中提到人与人之间清楚辨识对方的正常距离在 25～30 米。18 世纪的英国建筑师桑德通过实验得出正常情况下人类语言交流的最远距离约为 23 米。

从视觉和听觉两个角度的研究可得出居民之间感官交流距离在 25～30 米比较适宜，但这仅是一个参考值，超过这个规模居民感官交流会呈现不足。以人前后左右各 25～30 米共 50～60 米的范围作为基于感官交往的适宜空间规模。霍尔的研究提出 100 米是视觉分辨人的最大尺度，可作为基于感官交往的最大空间规模。因此确定基于感官交往的基本单元空间规模在 50～100 米。按《陕南地区移民搬迁安置工作实施办法（暂行）》将该空间规模转化为人口规模为 15～60 户。

2）基于社会交往的规模。斯坦利·米尔格朗的"心理超负荷"理论认为一定地域内的居民形成社会交往、建立社会关系网络的可能性随着人口规模增大而减少，因而较小的社区规模更有利于居民的交往和认知。亚历山大在《建筑模式语言》中指出"人相互确认对方存在的价值，是不可或缺的最低限度的人性"，至少 8～12 户才能形成基本的交往，这个规模的邻里社会内聚力较强；50～100户规模的邻里交往将迅速减少，维持儿童健康成长所需要的最小住宅组团范围为64 户。我国许多专家和学者也提出了应将居住小区的规模缩小，如聂兰生提出的"交往单元"是以激发邻里互动作为其规模的标准，多层住宅控制在 18～54户为宜，低层住宅为 6～18 户，定量提出了我国住区最基层邻里交往空间的户数规模。

社会心理学的心理认同角度研究认为，邻里交往可分三个层次：5～10 户容易形成比较亲密、熟识的"互助型邻里"；50～150 户容易形成认识、深入交往基础好的"相识性邻里"；500～1500 户只能形成偶遇的"认可型邻里"。综合上述研究成果，8～12 户可作为满足居民基本社会交往的规模，64～150 户可作为满足基本邻里社会交往的规模（见图 6－3）。

（4）经济功能。有了就业保障和生活来源，移民家庭和社会稳定才有保障，否则因移民会导致次生贫困、大批脱离土地的失业人员，因此移民搬迁安置社区的经济功能举足轻重。基于经济功能的基本单元规模主要考虑周边地区的就业发生量。融入城镇型移民搬迁安置社区周边就业机会丰富，而城乡一体型、独立型移民搬迁安置社区要根据其产业发展模式进行就业测算，不同类型的产业有相应的人口发展支撑：如现代农业带动的移民搬迁安置社区，可以农业用地面积为基准，参考同类产业结合每个劳动力可承担的农业用地面积来进行人口测算；工业带动的移民搬迁安置社区，根据工业类型参考同类产业根据生产规模进行就业岗位测算，移民就业比例根据工业的技术要求确定，依据就业人口测算移民搬迁安置社区人口规模，如王巍在新型农村社区规模研究中提出企业带动型社区规模3000~5000户，1万~1.5万人；旅游服务型移民搬迁安置社区，需结合旅游资源条件合理预测旅游服务人口数量。

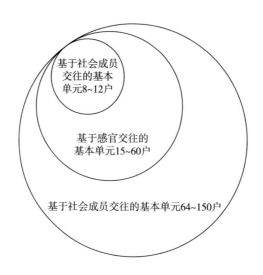

图6-3 基于交往功能的基本单元规模示意图

资料来源：笔者自绘。

（5）服务功能。现状部分移民搬迁安置社区由于规模太小导致商业、教育、文化娱乐、医疗卫生、体育等设施配置不齐全，给移民生活带来不便的同时也难以营造良好的生活氛围。只有人口达到公共设施设置的经济门槛，才能提高其服务水平和使用效率。参照日本、韩国等国家的经验，1500~2000人的居民点能比较完整地配置各项生活服务设施，且投资较少。我国对于农村社区人口规模与公共服务设施的关系也进行了相关研究，惠怡安（2010）通过代替原则法和门槛指数得出陕北黄土丘陵沟壑区农村聚落的适宜规模是2007人。贺艳华等（2014）测算出乡村小学合理单元半径为420~1000米，人口规模为1400~7500人；医疗设施合理单元半径为450~800米，人口规模为1600~5000人；商业合理单元半径为400~800米，人口规模为1300~5000人。将相关的城市居住区、农村社区、陕西省村庄等关于公共设施配置与服务人口规模进行比较（见表6-2），城镇居住区、陕西省新型农村社区的各类公共设施有对应的人口门槛，城镇居住区居委会是组团对应的人口门槛，幼儿园、小学是居住小区对应的人口门槛，中学、医院是居住区对应的人口门槛；陕西省村庄公共设施设置中只有中小学教育

表6-2 不同类型聚落公共设施与服务人口规模比较

参考类型	参考规范或研究成果	公共设施类型		服务人口规模（人）	备注
城镇居住区	《城市居住区规划设计规范》	教育	幼儿园	10000～15000	小区级
			小学		
			中学	30000～50000	居住区级
		医疗卫生	医院	30000～50000	居住区级
			门诊所		
			卫生站	10000～15000	小区级
		文化体育	文化活动中心	30000～50000	居住区级
			文化活动站	10000～15000	小区级
			健身设施		
		社区服务	社区服务中心	10000～15000	小区级
			居委会	1000～3000	组团级
			治安联防站		
		商业服务	市场	30000～50000	居住区级
			综合百货商店	10000～15000	小区级
			便民店	1000～3000	组团级
陕西省新型农村社区	《陕西省新型农村社区建设规划编制技术导则》	教育	幼儿园	1001～3000	中型社区
			小学	3001～5000	大型社区
		医疗卫生	卫生站	600～1000	小型社区
		文化体育	文化活动中心	600～1000	小型社区
			小型图书馆		
			科技服务点	1001～3000	中型社区
			健身设施	600～1000	小型社区
		社区服务	社区委员会	600～1000	小型社区
			社区服务中心		
			礼堂及场地	1001～3000	中型社区
			敬老院		
			治安联防站	600～1000	小型社区
		商业服务	社区超市	600～1000	小型社区
			农资超市	3001～5000	大型社区
			邮政、电信、储蓄、电话及相关业务代办点	1001～3000	中型社区

续表

参考类型	参考规范或研究成果	公共设施类型		服务人口规模（人）	备注
陕西省村庄	《陕西省村庄规划编制技术规范》；《陕西省村庄规划编制导则》；《美丽乡村建设规范》（DB61/T 992–2015）	教育	幼儿园	必须设置	中心村
			小学	—	大型行政村或中型中心村
			中学	—	
		医疗卫生	卫生室	必须设置	所有等级
		文化体育	文化活动中心（含老年活动、儿童活动、农民培训）	必须设置	所有等级
			图书室（可与文化中心等合设）	必须设置	所有等级
		行政管理及综合服务	村委会	必须设置	所有等级
			礼堂及场地	>1500	大型行政村或中型中心村
		商业服务		必须设置	所有等级

资料来源：《城市居住区规划设计规范》（GB 50180–93（2002年版））《陕西省村庄规划编制技术规范》《陕西省村庄规划编制导则》《美丽乡村建设规范》（DB61/T 992–2015）。

设施及礼堂有对应的人口门槛，其他设施则要求每个等级都必须设置。综合相关研究及城镇居住区、陕西省新型农村社区、陕西省村庄等公共设施配置的比较研究，教育设施是聚居单元公共服务设施人口门槛的主要决定因素。

安康移民搬迁安置社区现状调研反映出移民最关注的公共服务设施包括幼儿园、小学、卫生室、文化活动室、健身设施、管理和商业服务，依据表6–2融入城镇型移民搬迁安置社区要满足基本生活功能至少达到城镇居住区组团级规模，若要包括小学在内的完善的服务功能至少要达到城镇居住小区级规模；而城镇边缘型和乡村独立型移民搬迁安置社区若设置包括小学在内的完善的服务功能至少要达到陕西省中型农村社区、大中型行政村的规模。

（6）管理功能。管理功能是行政管理体制和社会组织体制的体现，融入城镇型移民搬迁安置社区可依照城镇居住区进行管理，参考居住区、小区、组团层次设置管理机构，由于安康城镇人口规模都比较小，移民搬迁安置社区规模可借鉴小区、组团两个层次。从可操作性出发，城镇边缘型和乡村独立型移民搬迁安置社区可参考陕西省村庄和新型农村社区行政管理规模（见表6-3）。

表6-3　城镇居住区、陕西省村庄及新型农村社区管理规模

类型	城镇居住区			陕西省新型农村社区			
规模层级	居住区	小区	组团	特大型	大型	中型	小型
人口规模（人）	3万~5万	1万~1.5万	3000~5000	≥5001	3001~5000	1001~3000	600~1000

类型	陕西省村庄		
规模层级	大型	中型	小型
人口规模（人）	中心村>3000 行政村>1000 自然村>300	中心村1000~3000 行政村>300~1000 自然村<300	行政村<300

资料来源：《城市居住区规划设计规范》（GB 50180-93（2002年版））《陕西省新型农村社区建设规划编制技术导则》《陕西省村庄规划编制技术规范》。

（二）移民搬迁安置社区基本单元规模

综合国内外社区规模的理论，对比我国和陕西省现行的相关规范，根据安康地域条件、移民搬迁安置社区的类型等因素，将不同功能条件下的基本单元合理规模耦合（见图6-4），得出移民搬迁安置社区基本单元人口规模（见表6-4），基本单元规模不是单一的层次和既定的数值，而是有层次的数值范围。

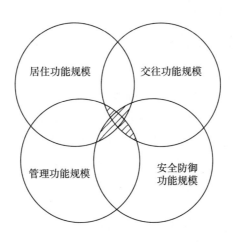

图6-4　基于多功能的基本单元规模耦合示意图

资料来源：笔者自绘。

表6-4 移民搬迁安置社区基本单元规模

基本单元层次	功能	户数（户）	人数（人）	公共设施配置	与我国现有农村居民点体系及城市居住区的关系
基本交往单元	满足社会成员基本交往的最小规模	8～12	30～50	—	相当于传统农村的村民小组规模
基本邻里单元	基于社会成员交往、安全防卫功能的居住邻里规模	64～150	250～600	乡村：卫生站、文化活动中心、小型图书室、健身设施、社区委员会、社区服务中心、治安联防站、社区超市等基本服务功能 城镇：便民店	接近中型行政村、小型新型农村社区
基本功能单元	有较完善的基本服务功能的最小单元规模	150～600	600～2500	乡村：以幼儿园、小学教育设施为人口门槛；设施主要包括幼儿园、小学、卫生站、文化活动中心、小型图书室、科技服务点、健身设施、社区委员会、社区服务中心、礼堂及场地、治安联防站、社区超市、邮政电信等相关业务代办点 城镇：以基本的社区管理服务为人口门槛；设施主要包括居委会、便民店、健身设施	接近大中型村庄、中小型新型农村社区；接近城镇居住区的组团

资料来源：根据移民搬迁安置社区基本单元研究成果整理。

三、移民搬迁安置社区规模建议

移民搬迁安置社区可以根据类型、建设用地容量、城乡发展要求等对基本单元进行不同层次的组合。受地理环境所限，安康的城镇规模都较小，居住区规模普遍也较小，一般以组团和小区两个层级为主，因此融入城区镇区型、城镇边缘型移民搬迁安置社区规模参照城镇居住区标准相应降低，包括基本邻里单元、基本功能单元和市民社区三个层次（见表6-5）。乡村独立型移民搬迁安置社区参照陕西省村庄及新型农村社区标准，包括基本邻里单元和基本功能单元两个层次。

移民搬迁安置社区的用地规模在人口规模基础上，按《陕南地区移民搬迁安置工作实施办法（暂行）》提出的建设用地标准进行测算，人口和用地规模均要以迁入地的生态环境容量为前提。

表6-5 移民搬迁安置社区适宜规模层级建议

移民搬迁安置社区规模等级		户数（户）	人口（人）	设施配置	与我国现有农村居民点体系及城市居住区的关系
融入城区镇区、城镇边缘型	基本邻里单元	64~150	250~600	便民店	—
	基本功能单元	150~600	600~2500	以基本的社区管理服务为人口门槛；设施主要包括居委会、便民店、健身设施	接近城镇居住区的组团规模
	市民社区	2000~3000	8000~12000	以幼儿园、小学教育设施为人口门槛；设施主要包括幼儿园、小学、卫生站、文化活动站、健身设施、社区服务中心、综合百货商店	功能完善的城镇居住小区规模
乡村独立型	基本邻里单元	64~150	250~600	设施主要包括卫生站、文化活动中心、小型图书室、健身设施、社区委员会、社区服务中心、治安联防站、社区超市	接近中型行政村、小型新型农村社区规模
	基本功能单元	150~600	600~2500	以幼儿园、小学教育设施为人口门槛；设施主要包括幼儿园、小学、卫生站、文化活动中心、小型图书室、科技服务点、健身设施、社区委员会、社区服务中心、礼堂及场地、治安联防站、社区超市、邮政电信等相关业务代办点	接近大中型村庄、中小型新型农村社区规模

资料来源：根据移民搬迁安置社区基本单元研究成果整理。

根据现状调研（见表6-6），反映出目前运行较为良好的移民搬迁安置社区规模与研究结论基本一致。

表6-6 现状调研移民搬迁安置社区规模分析

序号	移民搬迁安置社区	类型	规模	设施配置	规模等级
1	旬阳县老街移民搬迁安置社区	融入镇区型移民搬迁安置社区	386户1351人	幼儿园、社区服务中心、卫生室、超市、邮政储蓄及其他沿街商业	3~5个基本功能单元组成的适宜生活社区

续表

序号	移民搬迁安置社区	类型	规模	设施配置	规模等级
2	旬阳县金坡移民搬迁安置社区	城镇边缘型移民搬迁安置社区	190户419人	托幼、小学、管理、商业、文化设施	基本功能单元
3	白河县双丰镇移民搬迁安置社区	乡村独立型移民搬迁安置社区	108户378人	卫生站、文化活动中心、小型图书室、健身设施、社区委员会、社区服务中心、社区超市	基本功能单元
4	白河县卡子镇黎明移民搬迁安置社区	乡村独立型移民搬迁安置社区	254户890人	托幼、管理、商业、文化设施	2～3个基本功能单元组成的适宜生活社区
5	平利县广佛镇广佛村移民搬迁安置社区	乡村独立型移民搬迁安置社区	128户451人	卫生站、文化活动中心、小型图书室、健身设施、社区委员会、社区服务中心、社区超市	基本功能单元

资料来源：根据移民搬迁安置社区调研成果整理。

第二节 社会人文营建策略

一、社会融合与社会管理

（一）重建社会网络，促进社会融合

移民搬迁一般会失去原有的社会资本或社会关系网络，在迁入地建构新的社会关系网络。国内外大量移民案例经验表明，就近集中安置减少了移民在交流和文化上的差异，社会关系网络也得以较快地建立起来，这在安康白河县移民搬迁中得到了验证，该县移民搬迁大多数都控制在5千米以内，移民能较快地适应迁入地环境。

政府部门应通过政策引导、社会组织尽快消除移民的心理障碍，引导其逐步适应新的生活，重构社会关系网络。借鉴 R. 帕克提出的建立"社区中心"来组织社区活动，积极开展各种公共文化娱乐活动，使移民在参与活动的过程中逐步恢复建立社交能力，渐渐融入社区日常生活，增强社会支持感和社区意识。

（二）完善公众参与，强化社会管理

社区治理的目的是要社区居民达成共识，实现多元化利益诉求达到一致。移民只有通过积极主动地参与社区治理才能更好地将自身的意愿、需求反映出来并得到解决；同时，移民的广泛参与和情感互动，有利于形成社区的凝聚力和社区归属感，有利于社区健康发展和社会文化的丰富。

移民搬迁安置社区营建不仅要在设想阶段考虑移民的诉求，同时还要鼓励移民参与搬迁安置规划目标确定、安置社区规划建设方案选择等重要环节。为保障移民发挥主体作用，最大程度地实现以移民为核心的实施模式，应完善社会参与机制：①拓宽参与渠道，要鼓励移民参与到安置社区营建的目标确定、方案选择、建设实施、运营管理等环节中。设置可以与政府沟通和协商的第三方组织、移民代表直接进入管理机构等。建立适合地区发展的公众参与方式，有利于提高对政府决策的认同，有利于政府各项措施的有效执行。②完善参与制度，各地政府还需制定出一套有章可循的公众参与政策，使公众参与法制化、程序化，提高了移民搬迁的效率与科学决策的民主性。

此外，为保障移民搬迁安置社区营建的顺利进行以及移民后续生产生活的可持续性，政府必须完善资金组织和监管体系，积极引导移民合理有效地配置资金，严格控制移民资金的使用与管理，推进移民资金监管的规范化与制度化。

（三）文化传扬策略

社区文化包括两方面：一是物质文化，即社区内的场所、设施、文化活动；二是精神文化，通过社区文化活动培养起来的社区居民对社区的归属感、认同感等。地域特色文化是乡土精神的象征和支撑，对乡村居民来说具有非常重要的社会意义，对移民的传统文化应积极传承，并结合迁入地文化有效创新，加强对迁出地和迁入地文化的差异性研究，尊重并接受文化的差异性，创造共融的多元文化体系，实现移民与当地社会的融合。如移民搬迁安置社区的建筑形态应在原有的建筑形态基础上积极适应，适应移民的生活、适应新的环境条件、适应迁入地的地域文化，创造出适合移民生活的建筑。

二、素质提升与社会保障

（一）素质提升策略

根据人力资本归因论的研究，乡村移民的文化教育水平、劳动技能、语言技能、工作经验等人力资本缺乏，不具备适应新社会经济生产体系、职业流动、劳动力市场的基本条件，导致就业困难、收入低下等问题。从根本上提高移民的人力资本条件是移民融入的关键所在,可以通过开展移民人力资本培训、建立健全就业服务体系等来实现。

提升移民人力资本可以由政府组织,也可由教育部门、科技部门、企业组织开展。针对移民的年龄、受教育程度以及就业层次的不同,可开展多元化的移民人力资本培训:①免费为初中文化以上的中青年人开展培训班和职业技能学校培训,使他们掌握新的技能,为职业转变和今后发展奠定基础;②针对移民的就业需求,可由科研部门和劳务输出企业定期、定向进行培训指导,实现与用人单位的有效对接。

在进行人力资本培训的同时,还应建立健全就业服务体系:①通过税收减免、岗位补贴、金融扶持一系列政策帮扶,减小移民的就业风险、提供就业保障;②建设移民就业信息平台,通过通信、网络、媒体多种渠道及时发布就业信息,发挥政府的桥梁作用;③拟订移民创业帮扶计划,帮助创业型移民掌握行业一技之长,学习经营管理和市场营销知识,提高自主创业能力;④建立各级政府的移民就业保障机构,向移民提供就业援助,促进移民稳妥就业。

(二)社会保障策略

人口迁移的制度取向理论强调结构性制度政策对于移民融入的限制作用,包括迁入地在移民就业、社会福利与保障、社会救助、住房、子女教育、社会歧视、宗教信仰、政治权利等多方面的政策与制度安排,政策和制度的完善与保障是移民融入的决定性因素。

虽然安康市县各级政府已经在土地分配、资金补贴、住房等方面做了大量工作,但随着移民工作的推进,部分问题和矛盾逐渐显露,还需要政府予以协调和政策支持。健全的社会保障体系是移民安心生活的保障,融入城区镇区型、城镇边缘型移民搬迁安置社区要纳入城镇社区统一管理,将移民纳入就业、医疗、养老、低保等城镇社会保障体系,确保移民与城镇居民享有同等的教育、医疗、就业等权利和服务。乡村独立型移民搬迁安置社区扩大移民参保范围,健全医疗、养老保险等服务,推进移民社会保障制度与新农保制度、低保制度等救助制度的衔接。

第三节　空间营建策略

移民搬迁安置社区既是移民的物质生活场所,又是移民的精神家园。移民对安置社区不只是有满足生理、安全等的物质需求，还有心理健康和精神的需求。移民搬迁安置社区的空间营建应区别于传统物质空间规划的概念，应是在满足移民物质需求的基础上更加关怀移民的精神需求，营建物质空间与社会人文协调统一的空间。

一、混合式空间营建

移民搬迁安置社区混合空间营建包括居住空间混合和功能空间混合两方面。社会学研究认为混合居住有利于社会资源的公平分享、促进社会各阶层的相互理解与交往、帮助弱势群体，营造开放的社区文化，有利于形成统一的社区意识，建立社区归属感和认同感；美国的查斯金（Robert J. Chaskin）从政治经济、文化与行为、社会网络、社会控制四方面论证了混合居住的必要性及可行性。居住空间混合：一方面，融入城区镇区的移民搬迁安置社区通过管理调控，采用"大混合，小聚居"的模式（见图6-5），将移民与城市居民混合居住，避免移民与城市原住民在空间上的隔离，在保证城市公共资源公平共享的同时使移民能真正融入城市社会环境；另一方面，城镇边缘型移民搬迁安置社区与乡村独立型移民搬迁安置社区，以小聚居的模式尽可能保留和延续移民熟人社会、原有社会关系的同时，还要注重移民间的混合居住，促进移民交往的机会（见图6-6）。

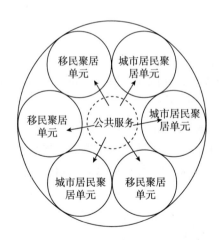

图6-5　融入城区镇区型移民搬迁安置社区空间混合模式示意图

资料来源：笔者自绘。

功能空间混合：与多元化的安置社区类型及移民生活方式相对应，如城镇边缘型、乡村独立型移民搬迁安置社区在保障移民生活安全便捷的同时，还要兼顾产业服务和移民的技能培训等服务功能，因此安置社区内提倡一定程度的功能混合，并为功能混合与发展预留弹性空间。在为移民提供多元化服务的同时，提高了土地利用效率，激发了社区活力。

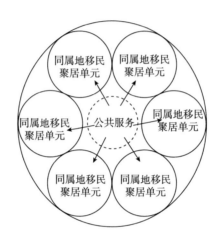

图6-6　城镇边缘型、乡村独立型移民安置社区空间混合模式示意图

资料来源：笔者自绘。

二、类型化空间营建

不同类型的移民搬迁安置社区在区位、产业、城镇规划要求上有差异，相应地在空间营建上也需要分类对待。

（一）融入安康中心城区、县城城区的移民搬迁安置社区

该类移民搬迁安置社区主要吸纳安康市区、县城近郊的移民，这部分人群与中心城区和县城的联系较为紧密，能较快地融入城市生活，但仍保留有乡村社会关系和社会文化。移民在第二、第三产业中就业，安置社区不需要设置专门的产业空间。针对居住人群特征，此类安置社区空间营建需要关注以下方面：

针对安康中心城区和县城人口规模较小的特点，采用"基本交往单元—基本邻里单元—基本功能单元—市民社区"四级结构进行空间布局（见图6-7），各类公共设施按照城市居住区标准。采用混合居住的模式，对安置房、保障性住房和普通商品房进行适度混合，构筑多元化居住空间，使移民与原住居民适度混合，避免文化隔离，使移民逐渐融入城市生活中，彻底实现城镇化。公共设施参

照城市居住区和陕西新型农村社区标准按人口规模配置，在保留乡土文化的基础上注重公共交流空间的营造，增强社区活力和居民的归属感。道路交通与城区衔接，借鉴 TOD 模式，从城区引入公交线路进入，在出入口均衡布置站点。考虑城市土地成本，建设强度适中，居住建筑以多层为主、中高层为辅。

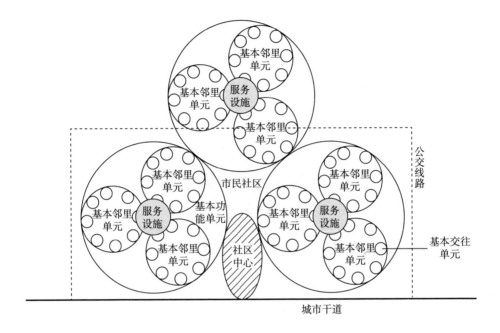

图 6-7 融入安康中心城区、县城区的移民搬迁安置社区布局模式示意图

资料来源：笔者自绘。

（二）融入镇区的移民搬迁安置社区

融入镇区的移民搬迁安置社区是指在规划镇区建设用地范围内的安置社区，主要吸纳镇区周边的农村移民，移民主要在镇区、县城从事第二、第三产业，也有部分移民在周边现代农业产业园就业，这部分移民处在乡村生活方式向城镇生活方式转变的过渡阶段。此类移民搬迁安置社区既要推动小城镇建设，又要兼顾移民的传统生活习俗，因此其空间布局不能完全照搬城市居住区和新农村规划建设模式，应针对其特点进行相应调整：

由于地域条件所限和现状，镇区人口规模较小，因此采用"基本交往单元—基本邻里单元—基本功能单元"三级结构进行弹性空间布局（见图 6-8）。公共设施参照城市居住区和陕西新型农村社区标准按人口规模配置，设置公共服务中心，除生活服务之外还要兼顾为农业生产服务，尤其是金融、技能培训等。为了减少对安置社区的干扰，应将过境交通引至安置社区外围。居住建筑结合城镇安置房、保障性住房多元组合，以低层、多层为主。

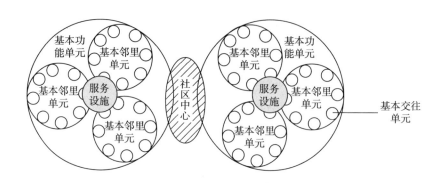

图 6－8　融入镇区的移民搬迁安置社区布局模式示意图
资料来源：笔者自绘。

（三）城镇边缘型、乡村独立型移民搬迁安置社区

这两类移民搬迁安置社区以产业发展为支撑，吸纳就近移民。不同产业带动的移民搬迁安置社区在空间布局上有所差异。

（1）现代农业型移民搬迁安置社区。该类移民搬迁安置社区是在现有农业资源条件基础上，将生产生活与观光旅游、教育体验有机结合起来的乡村特色安置社区，最接近移民原有的生产生活方式，有利于移民的社会融入和社会稳定。根据用地规模和农业生产条件，采用"基本交往单元—基本邻里单元—基本功能单元"的层级结构灵活空间布局（见图6－9）。充分考虑自然条件和现代农业发展特点，采用扇形发散布局模式，依托对外交通和居住组团间隙发展观光农业和设施农业，开展休闲娱乐、农业观光等功能，最大程度地发挥农地的多元价值，外围为自然耕种区域。社区中心位于安置社区中心，辐射各居住组团，参考陕西省新型农村社区和村庄规划标准按人口规模配置公共服务设施，同时兼顾农业生产的需要，方便群众，在社区中心为农业合作社和各类农业生产协会预留发展空间，发挥其组织农业生产作用。与现代农业相呼应，应在保留乡村地域风貌特征的基础上融入现代化产业特征，居住建筑以传统低层院落式民居为主。

（2）工业带动型移民搬迁安置社区。该类移民搬迁安置社区结合区域资源分布及产业布局形成，吸纳周边村庄移民，经过技术培训解决部分移民的就业，以产业发展带动移民就业和配套设施建设，实现产住一体、配套完善、发展动力

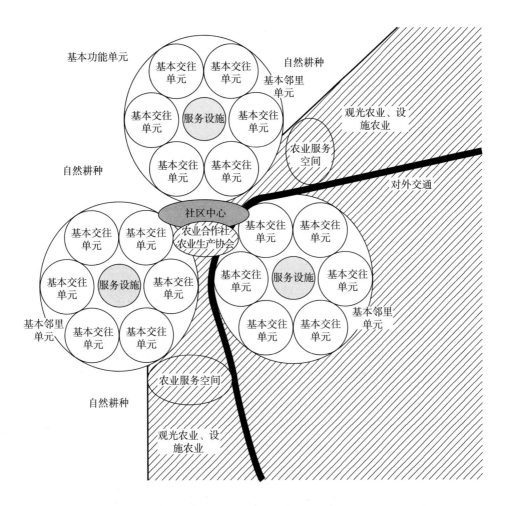

图 6 – 9 现代农业型移民搬迁安置社区布局模式示意图

资料来源：笔者自绘。

可持续的目标。工业与居住相对独立，工业与居住组团间采用绿带隔离，居住组团采用"基本交往单元—基本邻里单元—基本功能单元"的层级结构灵活布局（见图 6 – 10）。社区中心位于安置社区中心，辐射各居住组团和工业组团，参考陕西省新型农村社区和村庄规划标准按人口规模配置公共服务设施，为兼顾工业生产需要，在社区中心预留移民产业技术培训空间，既减少了产业的人力成本，又解决了移民的就业生存问题。为与工业发展相协调，可在保留乡村地域风貌特色的基础上适当融入现代工业文明的元素。居住以传统低层院落式住宅为主、多层单元式为辅。

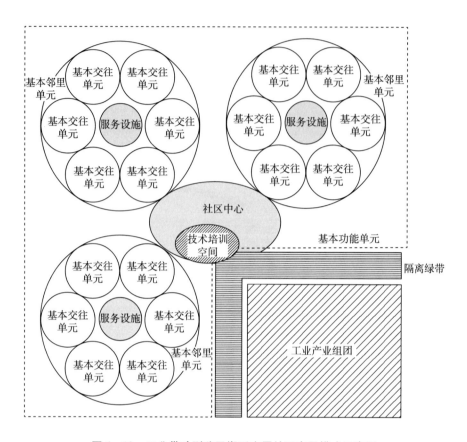

图 6 - 10 工业带动型移民搬迁安置社区布局模式示意图

资料来源：笔者自绘。

（3）旅游服务型移民搬迁安置社区。该类移民搬迁安置社区以周边良好的自然和人文资源为基础，吸纳周边村庄移民，发展旅游服务业带动移民的就业。规划建设成为功能完善、交通便利、特色鲜明的旅游型社区。

为最大限度地保护生态环境和旅游资源，采用组团式分散布局，采用"基本交往单元—基本邻里单元"模式灵活组合，营造小尺度、有特色的宜居空间（见图6 - 11）。社区生活与旅游服务各自相对独立，减少游客对居民生活的干扰。社区中心相对集中，辐射各个居住组团，参考陕西省新型农村社区和村庄规划标准按人口规模配置公共服务设施。为突出地域特色和旅游资源条件，应保留传统乡村地域风貌特征，不宜建设多层住宅，应以低层院落式民居为主。

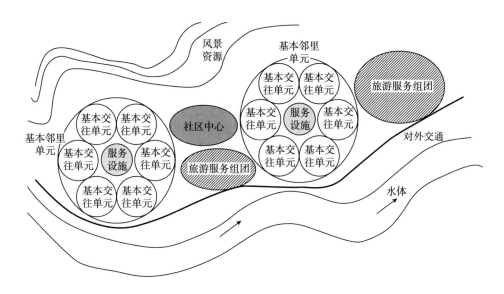

图6-11 旅游服务型移民搬迁安置社区布局模式示意图

资料来源：笔者自绘。

三、邻里空间组织

对人际关系的需求是满足人的安全感和自我价值肯定的需要。邻里交往是人们共同生活的特殊形式，对于人的社会化具有重大意义。面对移民搬迁安置社区邻里交往不积极、社会关系网络难以建立的现状，迫切需要改善邻里交往的空间环境，激发移民交往的主观能动性和积极性。

国内外对邻里空间的研究比较多，如亚历山大的《建筑模式语言》、纽曼的可防卫空间理论、扬·盖尔的交往与空间研究、芦原信义的外部空间设计研究等，研究核心是如何通过空间的营造来刺激住区居民的交往，增加居民的归属感，强调了缩小居住规模、建立可认知的交往层次、采用适宜的亲切尺度等手法，促进居民的交往活动，获得良好的居住氛围。

根据纽曼提出的"领域层次"原理，在公共交往空间层次营造基础上对空间领域进行划分被认为是产生住区归属感的重要条件。确定空间领域层次有助于促进居民的相互交往，使住区居民产生归属感，增强住区的凝聚力，是邻里交往空间形成的重要因素。

人们对原有的生活环境已经形成了依赖感，由于移民搬迁打破了这种依赖感，要促进移民的交往和凝聚力，如果能延续传统聚落的邻里空间格局，根据移民的交往需求塑造不同层次的交往空间，是增加移民的安全感和归属感、促进社会融入的重要空间营建策略。

（一）建立在传统邻里关系基础上的交往空间

传统邻里关系是以地域关系为基础的人际交往，传统邻里关系具有以下特点：以农业社会为基础，以家族和宗族文化为纽带的熟人关系和熟人社会；以道德准则作为调节手段，以乡邻和睦为价值目标，形成以亲仁善邻为道德态度、以相扶相助为伦理义务、以相容相让为基本道德的观念和规范。

传统聚落的交往空间是人们在长期生活中慢慢积累和沉淀的，居民可以在行走、休憩、生产活动过程中进行交往，院落、街巷、村口、公共建筑等都自然成为交往空间。根据交往人群、交往方式以及心理感受的差异，安康传统聚落的户外邻里空间可以分为"公共—半公共—半私密"三个空间层次（见图6-12），其中半私密空间对应的是户前邻里空间，安康传统民居中院落有一些是有围墙的半私密院落，但有一些由于地形条件所限是没有围墙的开敞式院坝，这些院坝既担负晒场、晴天家居活动等功能，也是举行婚丧嫁娶和左邻右舍聊天交流的重要场所，还是重要的室外公共活动空间，受用地条件所限规模一般较小，深度2~5米；半公共空间是宅前的街巷邻里空间，可以满足人们在茶余饭后的人际交往；公共空间是村委会、村口、祠堂及庙宇等公共建筑，空间内的交往对象是整个村民。因其空间具备了一定的领域性而获得了居民的认可，并成为积极的交往空间，对于领域空间层次的界定是实现良好邻里交往的必要条件。

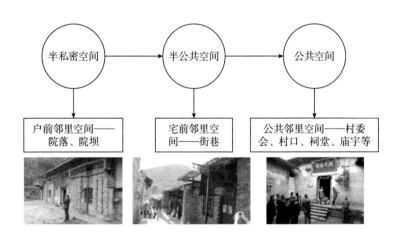

图6-12 安康传统聚落交往空间

资料来源：笔者自绘、调研拍摄。

（二）建立在移民新邻里关系基础上的交往空间塑造

移民搬迁安置社区内的邻里关系主要以地缘为主，虽然移民之间不再有血缘纽带凝结，但由于都是乡村移民，在道德准则、价值观、经济条件等方面还是存在较大的共性，这为建立良性互动的邻里关系提供了共同的基础。

（1）缩小交往规模，混合居住。根据邻里层次理论，结合安康山地用地条件紧张的特点，应尽量缩小邻里交往规模、顺应人的认知能力，促进移民的交往。第一层次居住邻里尽量保证 8~12 户的基本交往规模，尽量把熟悉的住户统一安置，可以增加移民的安全感和归属感，多层住户基本上相当于一个单元；再根据基本单元规模研究结论形成不同的邻里层次空间。混合居住可以促进移民之间的相互包容和理解，在此过程中形成密切的邻里关系，进而建立友善的社会网络，可将来自不同地区的移民组织在不同的邻里层次空间，促进邻里关系的发展。如旬阳县小河镇金坡移民搬迁安置社区（见图 6-13），结合地形分为南北两个片区，北部居住片区以低层院落式住宅为主，包括五个居住单元40 户，每个单元 7~14 户；南部居住片区以多层居住组团为主，每个单元 15 户共 150 户，都达到了基本的社会交往规模，且单元内原住民和移民、移民间相互混合，以促进交往。

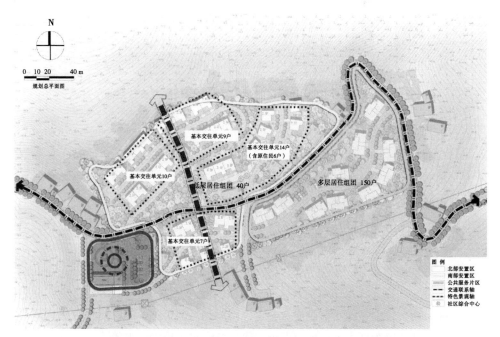

图6-13　旬阳县小河镇金坡移民搬迁安置社区邻里规模

资料来源：笔者自绘。

（2）延续传统聚落，塑造层次性交往空间。

1）院落、宅前交往空间。传统民居的院落及宅前的院坝是重要的半私密交往空间，延续当地传统民居的独栋式住宅，在用地集约紧凑的前提下，应保留一定尺度的宅前院落空间（见图6-14），在保证私密性的同时促进居民间的相互交流。

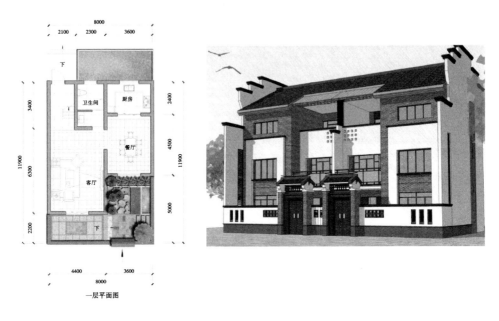

图6-14　旬阳县小河镇金坡移民搬迁安置社区居住院落交往空间示意图

资料来源：笔者自绘。

2）街巷交往空间。街巷空间是联系住户的通道，起到组织社区空间秩序的作用。街巷空间为居民提供了交流的场所，与生活息息相关的婚丧嫁娶、社会聚会也都在此进行，街巷表现出浓厚的生活色彩。街巷交往空间可通过以下几方面促进居民的交流活动：与地形紧密结合，通过公共建筑、住宅群体的错位、对位、轴线等组织和围合、局部放大或缩小，形成有机的空间序列和街巷景观；院落与街道之间通过绿化、铺装等形成缓冲空间，形成半私密空间到半公共空间的过渡，过渡空间设置休息座椅供人休息、逗留，促进交往；环境设计需注重文化艺术性及趣味性，特别是融入移民文化要素，引起移民的精神共鸣。对于城镇边缘型和乡村独立型移民搬迁安置社区，考虑安康传统农村风俗中操办婚丧嫁娶等红白喜事都在自家院落、宅前，街巷设计应结合这种习俗，宽度至少控制在5~6米。

第四节　本章小结

为保障移民搬迁安置社区功能的有效发挥、满足移民的社会交往需求、实现公共设施的合理配置、适宜于工程建设的可复制性，本章提出移民搬迁安置社区基本单元的概念，从多角度出发探讨基本单元的合理规模，进而得出类型化移民搬迁安置社区的规模层级体系；在此基础上，从社会人文和空间两方面提出安置社区营建策略，为具体的建设提供指导。

（1）作为社区的一种表现形式，移民搬迁安置社区的规模与功能之间相互影响和制约。依照马斯洛的需求层次理论，从移民搬迁安置社区基本单元的居住、安全防御、交往、经济、服务和管理功能几个层面探讨耦合得到基本单元的合理规模包括基本交往单元和基本邻里单元两个层次，进而提出安康移民搬迁安置社区规模层级体系。

（2）分别从社会融合与社会管理、素质提升与社会保障两个方面进行移民搬迁安置社区的社会人文营建。社会融合与社会管理主要包括采用就近搬迁、文化相似促进新社会关系网络建构，强化社会组织管理建立社区归属和认同感加强社会融入；完善移民公共参与机制提高移民参与移民搬迁安置社区营建的效率，满足移民的需求；拓宽资金渠道、完善资金监管机制保障移民搬迁安置营建的可持续动力；加强对迁出地和迁入地文化的差异性研究，尊重并接受文化的差异性，创造共融的多元文化体系。素质提升与社会保障通过开展移民培训计划、建立健全就业服务体系，提升移民的人力资本，健全管理服务和制度保障体系。

（3）移民搬迁安置社区的空间营建是建立在生态安全基础上、经济支撑前提下、物质空间与社会人文协调统一的空间规划。

混合空间包括居住空间混合和功能空间混合两层含义。居住混合包括两个方面：融入城区镇区的移民搬迁安置社区采用"大混合，小聚居"的模式，将移民与城市居民混合居住；城镇边缘型与乡村独立型移民搬迁安置社区以小聚居的模式既保留原有社会关系还与其他移民间混合居住。功能空间混合提倡安置社区存在一定程度的功能混合，并为功能混合与发展预留弹性空间。

借鉴传统聚落营建智慧的基础上，针对不同类型的移民搬迁安置社区，从空间结构层次、公共服务配置、功能布局、建筑形式以及风貌特色几方面提出空间营建策略。

邻里交往是人类特有的相互作用的需要，对于人的社会化具有重大意义。本书在安康传统邻里关系基础上，提取出安康传统聚落院落、街巷和公共三个层次的交往空间；提出缩小交往规模、混合居住，并在新邻里关系的基础上建立院落、街巷和中心三个层次的交往空间，促进移民的邻里交往，重建社会网络。

第七章　新型城镇化背景下安康移民搬迁安置社区营建 PPR 评价机制

安康移民 88 万人，大规模人口迁移必然会对区域生态环境、社会经济发展和空间体系造成重大影响。因此，需要对移民搬迁安置社区营建目标达成情况、营建过程的合理程度以及营建对区域生态环境、社会经济和城镇发展带来的影响进行全面评价，评估移民搬迁营建决策和执行的科学合理性，进而根据反馈及时调控，为下一步移民搬迁安置社区营建策略制定提供依据。我国关于移民搬迁安置评价的研究主要集中在移民的满意度评价上，缺乏对移民搬迁安置社区营建的系统评价。安康移民种类多、安置方式多元化、地域条件差异也较大，借鉴国内外项目后评价的相关理论及方法，针对安康移民搬迁安置营建的特征，将新型城镇化的内涵转化为评价指标，搭建安康移民搬迁安置社区营建的科学评价体系，对安置社区的开发建设进行动态评价，对移民搬迁安置社区营建及城乡发展策略制定具有重要的战略意义。

第一节　PPR 评价体系建构

一、评价层次与评价目的

我国项目后评价通常包括目标、实施过程、经济效益、影响评价及可持续发展评价五方面的内容。其中目标评价是通过跟踪项目的目标，发现变化情况并分析原因，为调整政策、制定策略提供参考；实施过程评价是对项目的决策、规划设计、施工建设过程的正确性和合理性的评估；经济效益评价是通过分析项目的投入产出，判断项目的盈利能力和流动性，评价项目的成败；影响评价是评价项目所造成的社会、经济和环境影响；可持续发展评价是判断项目未来能否持续发挥其作用与价值和可持续运行的能力。

安康移民搬迁安置社区营建具有多目标复合，过程动态变化、管控复杂，建设周期长、效益实现滞后性，类型多样化等特点，对其评价不能只就移民搬迁安置社区自身展开，而是包括从区域层面到移民搬迁安置社区个体层面的多层次评价。移民搬迁安置社区营建是政府主导的自上而下的营建，营建评价不能仅对营建结果进行考量，而应从目标的实现程度、营建过程的合理性以及营建造成的综合影响进行全面评价，客观地反映营建存在的问题，为制定和调整策略提供有效依据。因此借鉴我国项目后评价体系，构建包括营建目标、营建过程和营建结果的全过程评价体系（PPR 评价）。

二、评价体系设计原则

（1）定性与定量相结合的原则。移民搬迁安置社区营建评价涉及生态、经济、社会、空间建设多方面内容，许多内容无法定量衡量，需要采用定性评价。为了使评价具有可比性，尽量选用可量化的指标，准确地反映移民搬迁安置社区营建的状态。

（2）系统性与适用性相结合的原则。评价指标必须系统地反映移民搬迁安置社区营建在生态、经济、社会、空间各个方面的特征，同时还要反映自区域至移民搬迁安置社区个体的营建层次特征，指标要有普适性，便于对各区县以及各个类型的移民搬迁安置社区的营建状况进行比较。

（3）真实性与可操作性相结合的原则。评价所采用的数据、资料必须具有真实性，才能通过评价客观地反映移民搬迁安置社区营建存在的问题，指引下一步的发展方向。同时选取的指标应易于收集和量化，评价才具有可操作性。

三、评价指标体系设计

（一）指标体系设计思路

构建移民搬迁安置社区营建评价指标体系的思路是以新型城镇化内涵为指导，依据目标、过程、结果评价的目的，以人为本，将新型城镇化在生态保护、经济发展、社会发展和空间建设方面的内涵转化为各个层次的评价内容，在相关评价体系的基础上整合相同的指标，进而形成针对安康移民搬迁安置社区营建目标、过程、结果评价的指标体系。

（二）评价指标体系构建方法

通过对相关文献的梳理，项目后评价的方法主要有层次分析法、德尔菲法、模糊评价法、BP 神经网络评价、灰色预测模型等。安康移民搬迁安置社区营建涉及多个层面、多个方面的内容，系统非常庞杂，本书拟主要采用目标分解法构建评价指标体系，目标分解法（Target Decomposition）是将总体目标在横向、纵向等不同方向上分解为不同的内容以形成目标体系，并通过分析比对筛选出具有决定作用的评价指标，通过定性或定量的指标来衡量以实现总体评价的目的，是解决复杂问题的有效方法。

第二节　PPR 评价体系

本书根据移民搬迁安置社区营建的特征、目标以及移民发展的诉求，构建目标、过程和结果三个评价体系（见图 7 – 1），各个评价体系既相互独立，又相互联系，每个体系涵盖自区域至移民搬迁安置社区个体的生态、经济、社会、空间等要素，对移民搬迁安置社区营建进行全面衡量。

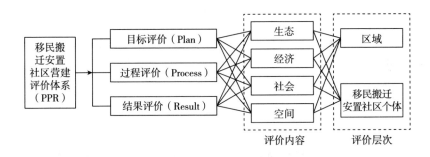

图 7 – 1　安康移民搬迁安置社区营建 PPR 评价体系

资料来源：笔者自绘。

一、目标评价（Plan）体系

目标评价是对移民搬迁安置社区营建目标的实现程度进行评价，对照目标建议值，检查建设的实际情况，分析目标未达成的原因，对建设决策的正确性、合理性和成效性进行分析评价。移民搬迁安置社区营建目标包括生态适宜、经济支撑、社会提升和空间适应四个层面。

（一）评价体系构建

围绕安康移民搬迁安置社区营建目标，以"中国人居环境奖"评价指标体系为基本框架，结合城市、乡村人居环境营建目标评价研究成果，参考 2020 年小康社会标准、EIU宜居城市评价指标体系、《中国新型城镇化健康发展报告》中的健康城镇化指标体系、《生态县、生态市、生态省建设指标》、安康移民搬迁的相关规划及政策，征询专家、城乡规划管理部门、规划建筑设计人员以及移民的意见，构建3个层次、43个单项指标的营建目标评价体系（见表7-1）。

（1）生态适宜目标评价指标。针对安康自然生态环境面临的巨大压力，结合PSR模型探讨生态适宜目标实现的指标。

生态环境压力：由于土地资源紧缺，人地矛盾是困扰移民和安康城乡发展的首要问题，因此人口密度、人均耕地是反映人地矛盾压力的指标。

生态环境状态：水环境、空气、土壤环境是关系人居环境健康安全的三项重要指标。

生态环境响应：为了衡量有效改善社会经济发展对生态环境的影响，采用绿色GDP的比重指标。森林覆盖率、受保护国土面积、水源涵养能力、灾害频度是衡量安康生态环境质量、维持生态平衡、维护生态安全和人居环境安全的重要指标。同时为了控制水土流失对生态环境的影响，采用水土流失面积占区域面积的比例作为衡量标准。

（2）经济支撑目标评价指标。可持续发展要求人居环境建设必须充分考虑经济发展对人居环境的作用。只有经济发展才能使人类摆脱贫困，只有居民的经济水平提高才能带来生活品质的改善和提升。

适宜性产业的合理选择，结合区域资源条件、产业现状和移民的实际状况选择产业，既有利于移民就业实现移民的可持续发展，又有利于区域产业结构优化。基于安康生态资源优势和陕南循环产业发展要求，选择三大主导产业贡献率、第二和第三产业占GDP的比重和人均GDP作为衡量产业适宜性的标准。

支撑性基础设施包括教育、医疗、文化设施，交通、电力、通信、能源、饮用水等公共服务设施和市政基础设施。完善合理的公共服务设施是移民搬迁安置社区居住质量的重要保障，公共服务设施包括小学及中学、公共体育设施和文化设施、医疗卫生设施三方面指标。市政设施包括供水覆盖率、供水水质达标率、排水与生活污水处理、电力供应正常率、生活垃圾收集、有线电视网覆盖率、移动网络覆盖率、交通通达性八项个体指标，该项内容是保障移民搬迁安置社区有效运行的支撑体系，安康地区山高坡陡，排水管网对坡度要求较高，统一进行污水处理难度较大，所以对排水与生活污水处理很难定量评价，拟以是否具有排水管网和污水处理设施作为定性衡量标准；为保证移民搬迁安置社区环境质量，减少对生态环境的污染，以有无垃圾收集和转运设施为衡量标准；交通通达性是衡

表 7 - 1　营建目标评价体系

目标层 A	准则层 B	因素层 C	建议目标值 2015 年	建议目标值 2020 年	建议目标依据 2015 年	建议目标依据 2020 年	指标性质
生态适宜 A1 0.450	人口与资源协调 B1 0.048	人口密度 C1 0.018	合理	合理	—	—	指导
		人均耕地 C2 0.030	1.7 亩/人	1.87 亩/人	《安康土地利用总体规划》（2006－2020 年）	《安康市人民政府关于贯彻落实粮食安全省长责任制的实施意见》提到 2020 年保障 512.3 万亩耕地红线	指导
	区域生态平衡 B2 0.117	大气环境质量 C3 0.039	达到功能区标准	达到功能区标准	《生态县、生态市、生态省建设指标》	《生态县、生态市、生态省建设指标》	约束
		水环境质量 C4 0.039	达到功能区标准	达到功能区标准	《生态县、生态市、生态省建设指标》	《生态县、生态市、生态省建设指标》	约束
		土壤环境质量 C5 0.039	达到功能区标准	达到功能区标准	《土壤环境质量标准》	《土壤环境质量标准》	约束
	区域生态安全 B3 0.285	森林覆盖率 C6 0.166	62%	县≥75% 市≥70%	《安康国民经济与社会发展第十二个五年规划纲要》	《生态县、生态市、生态省建设指标》	约束
		受保护地区占国土面积比例 C7 0.060	县≥20% 市≥17%	县≥20% 市≥17%	《生态县、生态市、生态省建设指标》	《生态县、生态市、生态省建设指标》	指导
		水土流失面积占区域面积 C8 0.059	35%	20%	根据目前每年治理面积估算	根据目前每年治理面积估算	指导

续表

目标层 A	准则层 B	因素层 C	建议目标值		建议目标依据		指标性质
			2015年	2020年	2015年	2020年	
经济支撑 A2 0.251	适宜性产业选择 B4 0.033	人均GDP C9 0.011	26020元	51280元	《安康城乡一体化建设规划(2011-2020)》	《安康城乡一体化建设规划(2011-2020)》	指导
		第二、第三产业占GDP比重 C10 0.011	≥86%	—	《安康国民经济与社会发展第十二个五年规划纲要》	—	指导
		安康三大主导产业贡献率 C11 0.011	≥60%	≥70%	《陕南循环经济产业发展规划(2009-2020年)》	《陕南循环经济产业发展规划(2009-2020年)》	指导
	支撑性基础设施完善 B5 0.125	安置社区小学、中学 C12 0.0143	按相应建设标准设置	按移民搬迁安置社区相应建设标准设置	《安康移民搬迁安置规划(2011-2020年)》	《安康移民搬迁安置规划(2011-2020年)》	约束
		安置社区公共体育设施和文化设施 C13 0.0143	按相应建设标准设置	按移民搬迁安置社区相应建设标准设置	《安康移民搬迁安置规划(2011-2020年)》	《安康移民搬迁安置规划(2011-2020年)》	约束
		安置社区医疗卫生设施 C14 0.0143	按相应建设标准设置	按移民搬迁安置社区相应建设标准设置	《安康移民搬迁安置规划(2011-2020年)》	《安康移民搬迁安置规划(2011-2020年)》	约束
		安置社区供水覆盖率 C15 0.0143	≥98.5%	≥98.5%	"中国人居环境奖"评价指标体系	"中国人居环境奖"评价指标体系	约束
		移民搬迁安置社区供水水质达标率 C16 0.0143	100%	100%	"中国人居环境奖"评价指标体系	"中国人居环境奖"评价指标体系	约束

续表

目标层 A	准则层 B	因素层 C	建议目标值 2015 年	建议目标值 2020 年	建议目标依据 2015 年	建议目标依据 2020 年	指标性质
	支撑性基础设施完善 B5 0.125	移民生活污水处理率 C17 0.0143	>80%	>90%	《美丽乡村建设规范》(DB61/T 992 - 2015)	"中国人居环境奖"评价指标体系	约束
		安置社区电力供应正常率 C18 0.0143	>99%	100%	《美丽乡村建设规范》(DB61/T 992 - 2015)	《安康移民搬迁安置规划》(2011 - 2020 年)	约束
		安置社区垃圾无害化处理率 C19 0.0053	>80%	>80%	《美丽乡村建设规范》(DB61/T 992 - 2015)	"中国人居环境奖"评价指标体系	约束
		安置社区有线电视网覆盖率 C20 0.0053	>80%	100%	《安康移民搬迁安置规划》(2011 - 2020 年)	《安康移民搬迁安置规划》(2011 - 2020 年)	约束
		安置社区交通通达性 C21 0.0143	步行≤15 分钟至区域交通设施	步行≤15 分钟至区域交通设施	人居环境适宜性研究成果	人居环境适宜性研究成果	指导
经济支撑 A2 0.251	就业体系 B6 0.093	移民人均收入 C22 0.031	≥8000 元	—	《安康国民经济与社会发展第十二个五年规划纲要》	—	指导
		移民人均纯收入率 C23 0.031	18%	20%	《陕南循环经济产业发展规划》(2009 - 2020 年)	《陕南循环经济产业发展规划》(2009 - 2020 年)	指导
		移民在第二、第三产业的就业率 C24 0.031	50%	70%	依据现状农民就业水平及"十二五"发展规划	《陕南循环经济产业发展规划》(2009 - 2020 年)	指导

续表

目标层A	准则层B	因素层C	建议目标值 2015年	建议目标值 2020年	建议目标依据 2015年	建议目标依据 2020年	指标性质
社会提升A3 0.131	社会保障体系B7 0.081	安置社区社会养老保险覆盖率C25 0.0269	>95%	100%	《美丽乡村建设规范》(DB61/T 992-2015)	中国宜居城市标准	约束
		安置社区农村合作医疗覆盖率C26 0.0272	>98%	100%	《美丽乡村建设规范》(DB61/T 992-2015)	中国宜居城市标准	约束
		九年义务教育覆盖率C27 0.0269	100%	100%	《美丽乡村建设规范》(DB61/T 992-2015)	《美丽乡村建设规范》(DB61/T 992-2015)	指导
	社会融合发展B8 0.029	安置社区归属感C28 0.008	较好	较好	中国宜居城市标准	中国宜居城市标准	指导
		移民对政府的满意度C29 0.008	>90%	>90%	《美丽乡村建设规范》(DB61/T 992-2015)	中国宜居城市标准	指导
		移民对社会安全的满意度C30 0.008	>90%	>90%	《美丽乡村建设规范》(DB61/T 992-2015)	中国宜居城市标准	指导
	地域文化传承与创新B9 0.021	移民搬迁安置社区文化包容性C31 0.005	较好	较好	中国宜居城市标准	中国宜居城市标准	指导
		移民的社会文化适应性C32 0.0122	较好	较好	—	—	指导
		民俗文化的传承C33 0.0088	较好	较好	—	—	指导

续表

目标层A	准则层B	因素层C	建议目标值		建议目标依据		指标性质
			2015年	2020年	2015年	2020年	
空间适应 A4 0.169	城乡空间一体化 B10 0.024	城镇化率 C34 0.024	46%	≥55%	《安康国民经济与社会发展第十二个五年规划纲要》	《生态县、生态市、生态省建设指标》	指导
	适应性空间塑造 B11 0.072	与自然环境融合 C35 0.0349	较好	较好	—	—	指导
		交往空间塑造 C36 0.0125	较好	较好	—	—	指导
		地域文化传承与地域特色 C37 0.0124	较好	较好	—	—	指导
		绿色建筑技术应用 C38 0.0125	较好	较好	—	—	指导
	居住环境品质提升 B12 0.073	移民居住标准 C39 0.0058	≤25 平方米/人	≤25 平方米/人	《陕南地区移民搬迁安置工作实施办法（暂行）》	《陕南地区移民搬迁安置工作实施办法（暂行）》	约束
		移民搬迁住房建设计划完成率 C40 0.0057	≥90%	100%	《安康移民搬迁安置规划（2011-2020年）》	《安康移民搬迁安置规划（2011-2020年）》	指导
		安置社区空气质量标准 C41 0.0205	《环境空气质量标准》	《环境空气质量标准》	"中国人居环境奖"评价指标体系	"中国人居环境奖"评价指标体系	约束
		安置社区水环境标准 C42 0.0205	《地表水环境质量标准》	《地表水环境质量标准》	"中国人居环境奖"评价指标体系	"中国人居环境奖"评价指标体系	约束
		安置社区土壤环境标准 C43 0.0205	《土壤环境质量标准》	《土壤环境质量标准》	"中国人居环境奖"评价指标体系	"中国人居环境奖"评价指标体系	约束

资料来源：根据相关文献研究构建；研究"中国人居环境奖"评价指标体系，《生态县、生态市、生态省建设指标》，《陕南地区移民搬迁安置总体规划（2011-2020年）》，《安康移民搬迁安置规划（2011-2020年）》，《安康市城乡一体化发展规划（2009-2020年）》，《陕南循环经济产业发展规划（2009-2020年）》等。《美丽乡村建设规范》（DB61/T 992-2015），《陕南地区移民搬迁安置规划（2011-2020年）》，《安康国民经济与社会发展第十二个五年规划纲要》，《中国宜居城市标准》，《土壤环境质量标准》，

量对外交通便捷的重要条件，主要指安置社区与交通干线的距离。

为改善传统以农业为主、收入低的现状，反映移民的就业和生活改善程度，选取移民在第二和第三产业的就业比例、移民家庭人均收入、移民人均纯收入增长率三个指标反映移民的生活水平和就业生存能力。由于安康目前经济发展水平相对滞后，移民基本都是农民，结合现场调研访谈结果，参照 2020 小康社会标准，采用农村居民家庭人均收入作为衡量指标比较客观。

（3）社会提升目标评价指标。社会保障是保障移民生存、社会稳定的必要手段。由于移民都是农民，因此选取社会养老保险覆盖率、农村合作医疗覆盖率、居民接受义务教学率三项指标作为衡量移民社会保障的标准。

社会融合是移民搬迁安置社区社会提升的核心，只有移民能融入迁入地、融入移民搬迁安置社区、移民之间相互适应和包容，才能实现社会稳定和长期发展。依据其他移民的经验，选择社区的归属感、移民对政府的满意度、移民对社会安全的满意度和移民搬迁安置社区文化包容性几方面来衡量，该类指标难以定量，采用定性衡量。

文化目标包括民俗文化和地域建筑文化。民俗文化的衡量主要从移民的社会文化适应性和民俗文化的传承两方面来评价，此类指标主要以定性评价为主。地域建筑文化的衡量和移民搬迁安置社区的空间营建密不可分，从选址、建筑布局、建筑技术、建筑装饰等多个方面构建起营建目标指标内容。

（4）空间适应目标评价指标。城乡空间一体化是城乡全面融合的重要体现，主要采用城镇化率来衡量移民搬迁安置社区建设后城乡空间营建的融合程度。移民搬迁安置社区内部空间营建目标的实现可以从空间与自然环境的融合度、交往空间塑造、地域文化传承与特色、适宜生态建筑技术应用、空间与移民习惯的契合五方面来衡量，其中空间与自然环境的融合度反映了移民搬迁安置社区从选址到规划布局与自然环境的结合；交往空间塑造衡量了空间营造对移民心理、风俗习惯和社会关系组织的考虑，并为促进移民的社会交往，形成良好的归属感和认同感提供载体；地域文化传承与特色衡量空间营造对地域文化内涵的理解、传扬与融合，有利于地域特色的塑造与凸显；适宜生态建筑技术衡量空间营建对安康传统聚落空间及建筑营建技术的传承，以及当代绿色建筑技术的应用。

良好的居住环境是移民生存的基础，该类评价指标的选取要能为移民搬迁安置社区的建设标准提供明确的方向，从居住标准、移民搬迁住房建设计划完成率、空气、水环境、土壤环境质量五方面作为衡量居住环境品质提升的标准。

（二）权重计算及目标设定

为和城镇中长期发展计划及移民安置规划相协调，确定了 2015 年和 2020 年两个阶段建议目标。采用层次分析法与德尔菲法相结合，层次分析法（AHP）是将与决策有关的要素分解成目标、准则、因素层等不同层次，进行定性和定量分析的决策方法，先建立层次结构模型，再构造判断矩阵、排序，通过一致性检验，并计算指标权重。德尔菲法和层次分析法结合使用，是主客观相结合的方法，使定性方法有定量分析的精确性，增强评价的合理性和科学性。根据指标体系制作发放专家问卷，向城乡规划专家、建筑设计专家、政府管理部门工作者、移民搬迁实施者等 15 位专家发放问卷，根据专家打分表构建判断矩阵：

$$
A = \left[a_{ij} \right] = \begin{bmatrix} a_{11} & a_{12} & \cdots & a_{1n} \\ a_{21} & a_{22} & \cdots & a_{2n} \\ \cdots & \cdots & \ddots & \cdots \\ a_{n1} & a_{n2} & \cdots & a_{nn} \end{bmatrix}
$$

且满足 $a_{ij} > 0$，$a_{ij} = 1/a_{ji}$，判断矩阵每行的乘积 $M_i = a_{1j} \times a_{2j} \times a_{3j} \times \cdots \times a_{ij}$，则 M_i 的 n 次方根 $W_i = (M_i)^{1/n}$，

对向量 $W = \left[W_1, W_2, \cdots, W_n \right]^T$ 进行归一化处理：

$$W_i = W_i / \sum W_i$$

得到特征向量 $W = \left[W_1, W_2, \cdots, W_n \right]^T$，设判断矩阵 A 的最大特征根为 λ_{max}，当 $AW = \lambda_{max} W$ 时所得到的特征向量 W，即为同一层指标对于上一层某一指标相对重要性的权重向量。最后对判断矩阵进行一致性检验：

$$\lambda_{max} = \sum_{i=1}^{n} \frac{(AW)_i}{(nW_i)}$$

$$CI = \frac{\lambda_{max} - n}{n - 1}$$

$$CR = CI/RI$$

采用 AHP 求解软件进行运算，计算结果为最大特征值 $\lambda_{max} = 4.1181$，一致性指标 C. I. = 0.0394，平均随机一致性指标 R. I. = 0.9，一致性比率 C. R. = 0.0437 < 0.1，判断矩阵一致性合理，以此计算出各指标权重值（见表 7-1）。

（三）评价方法

考虑到评价的可操作性，借鉴连林慧（2007）的综合指数评价法对营建目标实现程度进行评价，首先对各项指标个体指数加权平均，计算出综合值反映目标实现程度。具体步骤如下：

（1）计算因素层的评价指数（单个目标的实现程度）。因素指标评价指数 =（指数实际数值/指数标准数值）×100% 。若指标实际值大于目标值，则个体评价指数按 100% 计算。

（2）计算准则层的评价指数（准则层目标的实现程度）。分别对每一方面中各因素指标评价指数加权平均，以求出评价指数。例如，居住环境品质提升评价指数 = ∑（该方面因素层指标个体评价指数权数）。

（3）计算目标层的评价指数（营建目标的实现程度）。在准则层评价指数的基础上，再对准则层评价指数按权重数进行加权平均。

营建目标实现程度 = 生态适宜目标实现程度 + 经济支撑目标实现程度 + 社会提升目标实现程度 + 空间适应目标实现程度。

二、过程评价（Process）体系

目标的实现取决于过程的有效保障。对建设过程实施评估使建设轨迹与目标的偏离度处在可控制范围。

（一）评价体系构建

参照大型项目管理运营过程，将移民搬迁安置社区建设过程分为启动、计划、执行、控制和结束 5 个环节。选择对移民工作比较了解的权威专家、规划建筑设计人员、管理者、开发建设者等进行调查，将影响因子进行归纳分类，参考任涛飞（2015）、孙越（2009）、王颖（2014）项目后评价的过程评价体系，建立 4 个层次、41 个单项指标的评价体系（见表 7-2），采用 AHP 求解软件进行运算，计算结果为最大特征值 $\lambda_{max} = 5.0026$ ，一致性指标 C. I. = 0.0006，平均随机一致性指标 R. I. = 1.12，一致性比率 C. R. = 0.0006 < 0.1，判断矩阵一致性合理，以此计算出各指标权重值（见表 7-2）。

（1）启动过程包括规划策略和移民搬迁安置社区营建的可行性评价。其中规划策略主要是区域空间战略的制定，在国家新型城镇化和移民工程背景下对区域生态环境、产业体系规划、城镇体系格局、人口分布、设施配置的宏观策略进行研究。在规划策略的基础上进行移民项目的立项决策，营建可行性评价是下一步开展营建的重要依据，包括移民搬迁安置社区定位和发展评价；建设的自然条件评价，包括气候、水、土壤等自然条件的适宜性，以及基础设施条件是否具备；社会条件评价，包括各级政府、移民和当地群众的支持度和是否符合国家相关政策；最后是建设可行性评价，包括移民搬迁安置社区的规模合理性、是否有产业支撑等。

表 7-2　营建过程评价体系

目标层 A	准则层 B		因素层 C		指标层 D	
	指标	权重	指标	权重	指标	权重
启动过程 A1 0.269	规划策略 B1	0.09	区域空间战略制定 C1	0.09	区域综合承载力分析 D1	0.0232
					区域城乡体系重构 D2	0.0174
					人口再分布合理性 D3	0.0158
					公共设施和基础设施的配置 D4	0.0158
					产业体系规划 D5	0.0178
	可行性评价 B2	0.179	安置社区定位和发展评价 C2	0.0384	安置社区定位 D6	0.0192
					安置社区发展目标 D7	0.0192
			自然条件评价 C3	0.0498	气候、水、土壤等自然条件的适宜性 D8	0.0498
			社会条件评价 C4	0.0394	各级政府、移民和当地群众的支持度 D9	0.0197
					是否符合国家相关政策 D10	0.0197
			建设可行性评价 C5	0.0514	安置社区规模 D11	0.0227
					产业支撑条件 D12	0.0287
计划过程 A2 0.268	规划设计 B3	0.124	安置社区选址 C6	0.0686	与生态环境承载力的结合 D13	0.0170
					与城镇发展结合 D14	0.0144
					与经济发展结合 D15	0.0142
					地域文化因素的结合 D16	0.0114
					政策的引导 D17	0.0116
			规划布局 C7	0.0554	与自然环境的结合 D18	0.0223
					与地域传统文化的结合 D19	0.0149
					产业发展 D20	0.0182
	建筑设计 B4	0.124	建筑设计方案 C8	0.0548	对移民生活习惯的考虑 D21	0.0168
					与自然环境的关系，对通风、日照的考虑 D22	0.0212
					地域文化的传承和发展 D23	0.0168
			营建技术 C9	0.0692	环保材料的运用 D24	0.0346
					建筑节能比例 D25	0.0346
	公众参与 B5	0.020	移民公众参与 C10	0.020	公众参与程度 D26	0.020

续表

目标层 A	准则层 B		因素层 C		指标层 D	
	指标	权重	指标	权重	指标	权重
执行过程 A3 0.269	政策保障 B6	0.054	政策体系配套 C11	0.018	国家、省、市各层面的移民工程相关政策配套是否健全 D27	0.018
			技术指导相关政策的制定 C12	0.018	是否为移民工程制定相关的技术指导政策 D28	0.018
			社会保障 C13	0.018	社会保障政策是否健全 D29	0.018
	资金支持 B7	0.105	省级资金配套 C14	0.032	省级资金到位率 D30	0.032
			市、县资金配套 C15	0.021	市、县级资金到位率 D31	0.021
			部门配套资金 C16	0.035	部门配套资金到位率 D32	0.035
			移民搬迁户资金保障 C17	0.017	资金保障率 D33	0.017
	规划管理 B8	0.046	规划建设过程管理 C18	0.046	用地规划管理 D34	0.046
	建设实施 B9	0.043	施工过程 C19	0.043	施工进度 D35	0.043
	公众参与 B10	0.021	移民公众参与 C20	0.021	公众参与程度 D36	0.021
控制过程 A4 0.1393	营建监测 B11	0.0887	规划监测 C21	0.0483	建设进度控制 D37	0.048
			建设监测 C22	0.0404	建设质量控制 D38	0.040
	市场机制 B12	0.0506	市场参与程度 C23	0.0506	开发商参与移民搬迁安置社区营建的比例 D39	0.0506
结束过程 A5 0.0547	项目验收 B13	0.0547	安置社区建设项目验收 C24	0.0547	验收程序的合法性 D40	0.0287
					资料的齐全程度 D41	0.026

资料来源：根据相关文献研究构建。

（2）计划过程主要界定工作目标，包括对规划设计和建筑设计的评价。规划设计是在宏观规划策略和移民项目的立项决策依据下，对移民搬迁安置社区进行选址和规划布局，选址是否得当关系到生态环境承载力、移民搬迁安置社区与城镇发展的协调、与经济发展的结合、地域文化能否得以延续和传承等；规划布局直接关系到移民的人居环境质量，与自然环境的结合、与地域文化的结合、与产业发展的协调，以及是否严格执行国家及地方的相关规范及定额标准是规划布局衡量的因素。建筑设计直接影响移民的居住生活，包括方案设计和营建技术两方面，其中方案设计要考虑移民的生活习惯、日照、通风等因素，对地域文化的传承和发展，严格执行国家及地方的相关规范及定额标准等；营建技术包括环保材料的运用和建筑节能的比例。公众参与主要是在移民前期计划阶段移民的参与程度，直接反映移民的相关意见及需求。

（3）执行过程需要协调人力和其他各项资源，贯彻各项计划，评价内容包括政策保障、资金支持、规划管理、建设实施、公众参与。借鉴关金华和关翔（2010）对移民后评价的研究中移民项目建设管理和资金使用效率评价选取指标。

政策是移民营建过程执行的重要保障，政策的完善与否、落实是否公平有效是达成移民顺利搬迁安置和发展致富的基础。政策保障涵盖政策体系配套、社会保障和技术指导相关政策的制定三方面的评价，其中政策体系配套主要指国家、省、市各层面的移民工程相关政策配套是否健全，这是移民工程顺利进行的前提条件；社会保障主要指市、地、县的移民工程行政管理机构及协调机制是否健全，移民工程需要规划建设、土地、农林、社会保障、财政等多个部门协调进行，因此健全的协调机制是移民工程得以顺利进行的保障；而技术指导相关政策的制定是移民工程进行的依据。资金支持是决定移民工程能否顺利稳定推进的决定力量之一。规划管理目的是保障预期规划建设目标的实现，具体包括用地规划管理和建设工程规划管理。用地规划管理对移民搬迁安置社区的选址、规划布局进行控制，建设工程规划管理对移民搬迁安置社区的建筑工程规划设计进行控制。建设实施主要是对施工过程、施工质量的评价，包括施工效率及施工组织方式等。公众参与主要是在移民安置点建设过程中移民的参与程度，直接影响移民的后期生产生活。

（4）控制过程是通过监测各项工作进展，发现实际操作与计划之间的偏差，及时反馈并采取必要的措施纠偏，从而保证营建目标的全面实现。控制过程评价包括营建监测和市场机制评价，营建监测评价包括规划监测和建设监测，通过规划监督检查和建筑工程监督检查来反映；市场机制评价是为了反映市场的参与程度，一是有利于扩大移民搬迁安置社区营建的资金渠道，减小政府和移民的资金压力，二是有利于规范移民搬迁安置社区的营建方式，提高营建质量。

（5）结束过程是对移民搬迁安置社区营建项目或阶段成果的正式验收，移民搬迁安置社区建设项目验收主要是对验收程序的合法性和资料的齐全程度进行评价,保障项目的建设与目标和计划的一致性。

（二）评价方法

上述指标大多数为定性指标,难以衡量,为使评价结果具有可比性,采用李克特量表法（Likert Scale）进行定量评价。李克特量表的评价分为五个等级:其中很差=1、较差=2、一般=3、好=4、很好=5,受访者根据自己的理解和想法进行打分,可以得出调查者对评价对象的看法。具体步骤为:①评价指标问卷化;②五分制赋值问卷调查;③简单均值处理调查结果;④评价结果分析。

三、结果评价（Result）体系

建设结果评价主要包括移民使用、规划实施和建设后影响三方面的评价,结果作为下一步建设策略制定的基础和依据。

（一）移民使用后评价

移民搬迁安置社区建设成功与否很大程度上取决于使用者的使用效果和满意程度,即使用后评价（POE）。针对安康移民特点,侧重于与移民密切相关的居住、生活、生产发展、基础设施和社会保障及社会融合评价,借鉴移民满意度评价研究,参考居住区、乡村、项目建设等使用后评价研究,构建3个层次、30个单项指标的移民使用后评价体系（见表7-3）,采用AHP求解软件进行运算,计算结果为最大特征值 $\lambda_{max} = 5.0001$,一致性指标 C. I. =0.013,平均随机一致性指标 R. I. =1.12,一致性比率 C. R. =0.0116 <0.1,判断矩阵一致性合理,以此计算出各指标权重值（见表7-3）。在生活水平评价中,考虑到移民后就业的变化,采用人均纯收入、非农收入比例来衡量生活水平的满意度;在生产发展水平评价中,由于移民搬迁导致大批失地移民,就业生存是他们面临的困境,就业机会以及安置补偿满意度是衡量其生产发展水平的关键指标;在社会保障和社会融合评价中,为判断移民搬迁安置社区营建是否考虑移民的多元需求,将公众参与度纳入评价指标,为判断移民在安置社区的社会交往,将亲属交往密切程度、邻里交往融洽程度和社会生活丰富度作为评价指标。

（二）规划实施后评价

规划实施后评价是指针对移民搬迁安置社区规划编制和实施所进行的客观、系统的评价,通过评价反馈为规划政策、规划策略提出修正和调整意见。借鉴城市、乡村规划实施后评价等研究,针对安康区域发展规划和移民搬迁安置社区规划特点,构建3个层次、25个单项指标的规划实施后评价体系（见表7-4）,采用AHP求解软件进行运算,计算结果为最大特征值 $\lambda_{max} = 2.0001$,一致性指标

表7-3 营建使用后评价体系

目标层 A	准则层 B		因素层 C	
	指标	权重	指标	权重
移民搬迁安置社区营建使用后评价 A	居住水平 B1	0.333	规划布局满意度 C1	0.028
			住房建设满意度 C2	0.070
			绿化环境满意度 C3	0.013
			治安环境满意度 C4	0.013
			空气质量 C5	0.070
			水环境质量 C6	0.070
			垃圾处理满意度 C7	0.070
	生活水平 B2	0.111	人均纯收入 C8	0.083
			非农收入比例 C9	0.028
	生产发展水平 B3	0.111	就业机会 C10	0.034
			非农就业比例 C11	0.017
			人均耕地面积 C12	0.034
			安置补偿满意度 C13	0.027
	基础设施水平 B4	0.333	教育设施的满意度 C14	0.062
			医疗卫生设施满意度 C15	0.062
			文化娱乐设施满意度 C16	0.018
			自来水使用满意度 C17	0.062
			用电满意度 C18	0.062
			污水处理满意度 C19	0.022
			有线电视、通信满意度 C20	0.022
			交通出行满意度 C21	0.022
	社会保障和社会融合水平 B5	0.111	养老保险覆盖率 C22	0.024
			新型合作医疗覆盖率 C23	0.024
			最低生活保障 C24	0.023
			政府救济与补贴 C25	0.010
			亲属交往密切程度 C26	0.010
			邻里交往融洽程度 C27	0.010
			社会生活丰富度 C28	0.004
			与当地政府的融洽度 C29	0.004
			公众参与度 C30	0.004

资料来源：根据相关文献研究构建。

表7-4 规划实施后评价体系

目标层 A	准则层 B		因素层 C	
	指标	权重	指标	权重
移民搬迁安置社区规划实施后评价 A1 0.667	空间布局 B1	0.053	规划选址的合理性 C1	0.0291
			规划规模的适中性 C2	0.0239
	土地利用 B2	0.053	用地布局的集约性 C3	0.027
			人均建设用地 C4	0.026
	公共服务设施 B3	0.154	设施布局的合理性 C5	0.059
			设施与人口的匹配 C6	0.095
	基础设施 B4	0.197	交通可达性和便捷性 C7	0.099
			设施的通达性 C8	0.098
	生产发展 B5	0.154	产业发展方向一致性 C9	0.068
			产业布局合理性 C10	0.086
	建筑设计 B6	0.056	功能性 C11	0.035
			对地域文化传承 C12	0.021
区域规划实施后评价 A2 0.333	区域城乡体系 B7	0.048	城镇化率 C13	0.048
	区域自然环境 B8	0.177	污水处理率 C14	0.059
			全年空气质量优良天数 C15	0.063
			单位 GDP 能耗水平 C16	0.055
	区域经济发展 B9	0.060	GDP C17	0.011
			产业结构 C18	0.018
			城乡居民恩格尔系数比 C19	0.013
			城乡收入比 C20	0.018
	区域社会发展 B10	0.048	城镇登记失业率 C21	0.010
			城镇居民最低生活保障率 C22	0.010
			义务教育普及率 C23	0.010
			千人拥有医生数 C24	0.009
			城乡人均拥有图书比 C25	0.009

资料来源：根据相关文献研究构建。

C. I. = 0.002，平均随机一致性指标 R. I. = 0.8，一致性比率 C. R. = 0.0025 <
0.1，判断矩阵一致性合理，以此计算出各指标权重值（见表7-4）。在移民搬
迁安置社区层面，将规划选址和规模作为评价指标，是衡量规划科学合理性的关
键；考虑到安康土地的稀缺性，将用地布局的集约性作为评价指标衡量土地利用

的合理性；考虑到公共设施设置的经济性和移民使用的便捷性，将设施与人口的匹配作为评价指标。在区域层面，由于移民进入城镇引起城镇非农人口的变化，因此将城镇化率作为区域城乡体系发展的评价指标；衡量规划是否推动了经济的发展，改善了人们生活水平，采用城乡收入比和城乡居民恩格尔系数比作为评价指标。

（三）营建影响评价

移民搬迁安置社区建设不仅关注移民的生产生活，更要注重区域生态环境平衡、经济协调增长、地域文化传承等协调发展，通过客观评价移民搬迁安置社区建设带来的生态、经济、社会方面的影响，预见或及时修正其负面影响，才能提高决策的科学性。生态影响主要是评价移民搬迁安置社区建设对生态环境带来的影响，经济影响包括宏观对区域经济发展的影响、微观对移民个体的影响；社会影响主要是在社会结构、社会公平、社会融合、社会安全和社会群体权益保护方面的影响。借鉴生态、社会、经济影响评价的相关研究成果，在一般项目的生态影响评价指标基础上，针对安康自然灾害和水土流失的严重性，特别选择灾害频度和水土流失率作为评价指标；针对安康生态资源条件和发展循环经济的要求，采用万元 GDP 能耗下降和自然环境资源综合利用率作为评价指标。在一般项目的经济影响评价基础上，针对农村移民进城、进镇带来的产业变化，采用非农产业所占比重和移民在非农产业的就业率作为评价指标。在一般项目的社会影响评价指标基础上，考虑到移民对城镇化的推动作用，采用非农人口比重作为社会结构评价指标，考虑到移民与迁入地原住民之间的社会公平和社会融合，采用移民与原住民的社会融合度、移民群体和原住民权益的保护作为评价指标。构建 3 个层次、25 个单项指标的建设影响评价体系（见表 7-5），采用 AHP 求解软件进行运算，计算结果为最大特征值 $\lambda_{max} = 3.0043$，一致性指标 C. I. $= 0.0021$，平均随机一致性指标 R. I. $= 0.58$，一致性比率 C. R. $= 0.0037 < 0.1$，判断矩阵一致性合理，以此计算出各指标权重值（见表 7-5）。

表 7-5 营建影响评价体系

目标层 A	准则层 B		因素层 C	
	指标	权重	指标	权重
生态影响评价 A1 0.499	对区域生态环境的直接影响 B1	0.374	森林覆盖率 C1	0.083
			灾害频度 C2	0.163
			水土流失率（％）C3	0.128

目标层 A	准则层 B		因素层 C	
	指标	权重	指标	权重
生态影响评价 A1 0.499	对区域生态环境的间接影响 B2	0.125	污染控制 C4	0.063
			万元 GDP 能耗下降（%）C5	0.031
			自然环境资源综合利用率 C6	0.031
经济影响评价 A2 0.132	产业结构 B3	0.019	人均 GDP C7	0.006
			非农产业所占比重 C8	0.013
	劳动与就业 B4	0.056	移民在非农产业的就业率 C9	0.022
			就业率 C10	0.034
	生活水平 B5	0.057	移民人均收入水平 C11	0.015
			城镇人均收入水平 C12	0.014
			移民搬迁安置社区恩格尔系数 C13	0.014
			城镇恩格尔系数 C14	0.014
社会影响评价 A3 0.369	社会结构 B6	0.023	非农人口比重 C15	0.023
	社会公平 B7	0.057	公共设施配置的公平 C16	0.0285
			土地资源分配的公平 C17	0.0285
	社会融合 B8	0.057	开放空间共享程度 C18	0.009
			移民与原住民的融合程度 C19	0.019
			移民心理与社会适应 C20	0.019
			居民社会参与度 C21	0.009
	社会安全 B9	0.153	空间环境的安全性 C22	0.068
			社会治安和社会稳定 C23	0.085
	社会群体权益的保护 B10	0.079	移民群体权益的保护 C24	0.0395
			原住民权益的保护 C25	0.0395

资料来源：根据相关文献研究构建。

第三节　移民搬迁安置社区现状评价实证

一、移民搬迁安置社区现状评价

现状评价的重要任务在于对上述"目标—过程—结果"评价体系进行实证，

根据评价结果找到问题所在，从而反馈调整移民搬迁安置社区营建策略。评价体系中涉及安康区域的指标，以安康市统计年鉴和移民开发局统计资料为依据；涉及移民搬迁安置社区的指标，由于移民搬迁安置社区数量多、分布广、差异较大，因此以调研的移民搬迁安置社区各项指标平均值为依据。对不同规模、不同类型的移民搬迁安置社区采用抽样调查和深入调查相结合，抽样调查选择大规模的移民搬迁安置社区以问卷形式进行，深入调查选择小规模的移民搬迁安置社区进行访谈收集；此外还通过高校科研院所、设计单位、施工单位、承建单位、乡镇管理部门等多种渠道寻求数据来源。受多种因素影响，能直接使用的数据不多，大多数需要推算、归并、拆分等进一步加工。

（一）营建目标评价

在数据资料收集的基础上对 2015 年的阶段性目标进行总结计算，并与营建目标评价的建议目标值进行对比（见表 7-6），采用综合指数法得出至 2015 年安康移民搬迁安置社区人居环境营建目标得分为 0.877，目标实现程度为 88.8%，较好地实现了既定目标。但森林覆盖率、受保护地区占国土面积比例、水土流失面积占区域面积还未达到预期，对区域生态安全有一定的影响；三大主导产业贡献率未达标，表明产业结构的优化还有待深入；教育、文体、医疗、污水处理、垃圾处理、有线电视及交通可达性等支撑性基础设施还不完善；移民在第二、第三产业的就业率不高，人均收入的增加缓慢；移民的社会归属感、对政府的满意度等社会融合程度不高，地域文化的传承和创新也不足；与自然环境的融合、交往空间的塑造、地域文化传承与地域特色、绿色建筑技术的应用等方面还有不足，与预期目标有一定差距，有待深入研究和完善。

表 7-6 2015 年移民搬迁安置社区人居环境营建目标评价

目标层 A	准则层 B	因素层 C	建议目标值	实际完成值	达标率（%）	目标实现程度
			2015 年	2015 年		
生态适宜 A1 0.450	人口与资源协调 B1 0.048	人口密度 C1 0.018	一般	一般	70%	0.0126
		人均耕地 C2 0.030	1.7 亩/人	1.71 亩/人	100%	0.030
	区域生态平衡 B2 0.117	大气环境质量 C3 0.039	达到功能区标准	达到功能区标准	100%	0.039
		水环境质量 C4 0.039	达到功能区标准	达到功能区标准	100%	0.039
		土壤环境质量 C5 0.039	达到功能区标准	达到功能区标准	100%	0.039

续表

目标层 A	准则层 B	因素层 C	建议目标值 2015 年	实际完成值 2015 年	达标率（%）	目标实现程度
生态适宜 A1 0.450	区域生态安全 B3 0.285	森林覆盖率 C6 0.166	62%	60%	93.75%	0.155
		受保护地区占国土面积比例 C7 0.060	县≥20% 市≥17%	16.1%	94.7%	0.057
		水土流失面积占区域面积比例 C8 0.059	35%	33%	94.28%	0.055
经济支撑 A2 0.251	适宜性产业选择 B4 0.033	人均 GDP C9 0.011	26020 元	26130 元	100%	0.011
		第二、第三产业占 GDP 比重 C10 0.011	≥86%	87.6%	100%	0.011
		安康三大主导产业贡献率 C11 0.011	≥60%	56.1%	93.5%	0.010
	支撑性基础设施完善 B5 0.125	安置社区小学、中学 C12 0.0143	按相应建设标准设置	60% 按相应建设标准设置	60%	0.008
		安置社区公共体育设施和文化设施 C13 0.0143	按相应建设标准设置	70% 按相应建设标准设置	70%	0.010
		安置社区医疗卫生设施 C14 0.0143	按相应建设标准设置	70% 按相应建设标准设置	70%	0.010
		安置社区供水覆盖率 C15 0.0143	≥98.5%	91.5%	92.89%	0.0133
		移民搬迁安置社区供水水质达标率 C16 0.0143	100%	100%	100%	0.0143
		移民生活污水处理率 C17 0.0143	>80%	45%	75%	0.0107
		安置社区电力供应正常率 C18 0.0143	>99%	95%	95%	0.0135
		安置社区垃圾无害化处理率 C19 0.0053	>80%	30%	60%	0.0031
		安置社区有线电视网覆盖率 C20 0.0053	>80%	70%	87.5%	0.0046
		安置社区交通通达性 C21 0.0143	步行≤15 分钟至区域交通设施	74% 交通通达性较好	74%	0.0106

续表

目标层 A	准则层 B	因素层 C	建议目标值	实际完成值	达标率	目标实现
			2015 年	2015 年	（％）	程度
经济支撑 A2 0.251	就业体系 B6 0.093	移民人均收入 C22 0.031	≥8000	7450	93.12%	0.0288
		移民人均纯收入增长率 C23 0.031	18%	14.6%	81.11%	0.0251
		移民在第二、第三产业的就业率 C24 0.031	50%	41.5%	83%	0.0257
社会提升 A3 0.131	社会保障体系 B7 0.081	安置社区社会养老保险覆盖率 C25 0.0269	>95%	87.4%	92%	0.0247
		安置社区农村合作医疗覆盖率 C26 0.0272	>98%	90%	94.73%	0.0257
		九年义务教育覆盖率 C27 0.0269	100%	75%	100%	0.0269
	社会融合发展 B8 0.029	安置社区归属感 C28 0.008	较好	一般	60%	0.0048
		移民对政府的满意度 C29 0.008	>90%	67.5%	75%	0.006
		移民对社会安全的满意度 C30 0.008	>90%	67.2%	75%	0.006
		移民搬迁安置社区文化包容性 C31 0.005	较好	一般	60%	0.003
	地域文化传承与创新 B9 0.021	移民的社会文化适应性 C32 0.0122	较好	一般	70%	0.0085
		民俗文化的传承 C33 0.0088	较好	一般	75%	0.0066
空间适应 A4 0.169	城乡空间一体化 B10 0.024	城镇化率 C34 0.024	46%	43.4%	94.34%	0.0226
	适应性空间塑造 B11 0.072	与自然环境融合 C35 0.0349	较好	一般	70%	0.0244
		交往空间塑造 C36 0.0125	较好	一般	60%	0.0074

续表

目标层 A	准则层 B	因素层 C	建议目标值 2015 年	实际完成值 2015 年	达标率（%）	目标实现程度
空间适应 A4 0.169	适应性空间塑造 B11 0.072	地域文化传承与地域特色 C37 0.0124	较好	一般	60%	0.0074
		绿色建筑技术应用 C38 0.0125	较好	一般	40%	0.0049
	居住环境品质提升 B12 0.073	移民居住标准 C39 0.0058	≤25	24.05	100%	0.0057
		移民搬迁住房建设计划完成率 C40 0.0057	≥90%	94.6%	100%	0.0056
		安置社区空气质量标准 C41 0.0205	《环境空气质量标准》	达标	100%	0.0204
		安置社区水环境标准 C42 0.0205	《地表水环境质量标准》	达标	100%	0.0204
		安置社区土壤环境标准 C43 0.0205	《土壤环境质量标准》	达标	100%	0.0204
合计						0.8877

资料来源：根据《安康市统计年鉴》（2012～2016 年）、安康市各区县统计年鉴（2012～2016 年）、安康市移民开发局统计资料（2011～2015 年）及调研数据整理计算。

（二）营建过程评价

通过对 2011～2015 年安康移民搬迁安置社区人居环境营建从启动、计划、执行、控制到结束过程的相关资料的收集，进行统计及标准化处理后进行定量评价（见表7-7），评价得分为2.8609（满分为5分），表明营建过程还存在问题。规划策略对区域综合承载力分析、人口再分配合理性分析考虑不足，可行性评价中对自然条件适宜性的评价不全面、移民搬迁安置社区规模论证的不足等造成营建策略的科学性、合理性欠妥。移民搬迁安置社区选址对生态承载力、城镇发展和地域文化等因素不够重视，规划布局与地域文化和产业发展的结合不够紧密，欠缺环保材料的应用和建筑节能等技术支撑使具体营建过程缺乏合理的引导。由于财政困难使市县级资金到位率不足，由于建房成本相对较高移民负担重使移民搬迁户的资金保障率不足，资金保障不足影响了营建过程；移民搬迁安置社区建设缺乏有效的规划管理造成建设的无序。对建设质量的把控不足导致居住环境质量不高；市场参与程度较低，仅依靠政府主导的建设缺乏资金、缺乏发展动力。在整个营建过程中，公众参与程度和效率都比较低下，营建不能全面客观地反映移民的需求和意愿。

表 7 – 7　2011～2015 年移民搬迁安置社区人居环境营建过程评价

目标层	准则层	因素层	指标层		调研平均分值	评价得分
			指标	权重		
启动过程 A1 0.269	规划策略 B1	区域空间战略制定 C1	区域综合承载力分析 D1	0.0232	2.8	0.0649
			区域城乡体系重构 D2	0.0174	3.2	0.0557
			人口再分布合理性 D3	0.0158	2.6	0.0411
			公共设施和基础设施的配置 D4	0.0158	3.2	0.0506
			产业体系规划 D5	0.0178	3	0.0534
	可行性评价 B2	安置社区定位和发展评价 C2	安置社区定位 D6	0.0192	3	0.0576
			安置社区发展目标 D7	0.0192	3	0.0576
		自然条件评价 C3	气候、水、土壤等自然条件的适宜性 D8	0.0498	2.6	0.1295
		社会条件评价 C4	各级政府、移民和当地群众的支持度 D9	0.0197	3.4	0.0670
			是否符合国家相关政策 D10	0.0197	3	0.0591
		建设可行性评价 C5	安置社区规模 D11	0.0227	2.8	0.0636
			产业支撑条件 D12	0.0287	2.6	0.0746
计划过程 A2 0.268	规划设计 B3	安置社区选址 C6	与生态环境承载力的结合 D13	0.0170	2.6	0.0442
			与城镇发展结合 D14	0.0144	2.8	0.0403
			与经济发展结合 D15	0.0142	3	0.0426
			地域文化因素的结合 D16	0.0114	2.8	0.0319
			政策的引导 D17	0.0116	3.2	0.0371
		规划布局 C7	与自然环境的结合 D18	0.0223	3.2	0.0714
			与地域传统文化的结合 D19	0.0149	2.8	0.0417
			产业发展 D20	0.0182	2.8	0.0510
	建筑设计 B4	建筑设计方案 C8	对移民生活习惯的考虑 D21	0.0168	2.8	0.0470
			与自然环境的关系，对通风、日照的考虑 D22	0.0212	2.8	0.0594
			地域文化的传承和发展 D23	0.0168	2.8	0.0470
		营建技术 C9	环保材料的运用 D24	0.0346	2.4	0.0830
			建筑节能比例 D25	0.0346	2.4	0.0830
	公众参与 B5	移民公众参与 C10	公众参与程度 D26	0.020	2.2	0.044

续表

目标层	准则层	因素层	指标层		调研平均分值	评价得分
			指标	权重		
执行过程 A3 0.269	政策保障 B6	政策体系配套 C11	国家、省、市各层面的移民工程相关政策配套是否健全 D27	0.018	3	0.054
		技术指导相关政策的制定 C12	是否为移民工程制定相关的技术指导政策 D28	0.018	2.8	0.0504
		社会保障 C13	社会保障政策是否健全 D29	0.018	3	0.054
	资金支持 B7	省级资金配套 C14	省级资金到位率 D30	0.032	3.8	0.1216
		市、县资金配套 C15	市、县级资金到位率 D31	0.021	2.8	0.0588
		部门配套资金 C16	部门配套资金到位率 D32	0.035	3.4	0.119
		移民搬迁户资金保障 C17	资金保障率 D33	0.017	2.6	0.0442
	规划管理 B8	规划建设过程管理 C18	用地规划管理 D34	0.046	2.6	0.1196
	建设实施 B9	施工过程 C19	施工进度 D35	0.043	3	0.129
	公众参与 B10	移民公众参与 C20	公众参与程度 D36	0.021	2.2	0.0462
控制过程 A4 0.1393	营建监测 B11	规划监测 C21	建设进度控制 D37	0.048	3.6	0.1728
		建设监测 C22	建设质量控制 D38	0.040	2.4	0.096
	市场机制 B12	市场参与程度 C23	开发商参与移民搬迁安置社区营建的比例 D39	0.0506	2.4	0.1214
结束过程 A5 0.0547	项目验收 B13	安置社区建设项目验收 C24	验收程序的合法性 D40	0.0287	3.4	0.0976
			资料的齐全程度 D41	0.026	3	0.078
合计						2.8609

资料来源：根据《安康市统计年鉴》（2012～2016 年）、安康市各区县统计年鉴（2012～2016 年）、安康市移民开发局统计资料（2011～2015 年）及调研数据整理计算。

（三）营建结果评价

通过对汉滨区大竹园镇七堰移民搬迁安置社区、白河县茅坪镇枣树移民搬迁安置社区、白河县西营镇天逸移民搬迁安置社区、旬阳县小河镇金坡移民社区等移民搬迁安置社区的现场调研、问卷调查和深入访谈，对移民搬迁安置社区人居环境使用效果、规划实施及影响进行相应的评价。

使用后评价（见表 7-8）得分为 3.158，表明移民搬迁安置社区的使用效果比较好，但在住房建设、垃圾处理、教育、医疗卫生、污水处理、交通出行等设施建设方面还有待进一步完善和提升；就业机会较少，人均收入还不是很满意；政府补贴和最低生活保障偏低，公众参与的渠道和力度不足，移民话语权没有充分体现。

表 7-8　2011~2015 年移民搬迁安置社区营建使用后评价

目标层	准则层		因素层		调研平均分值	评价得分
	指标	权重	指标	权重		
移民搬迁安置社区营建使用后评价 A	居住水平 B1	0.333	规划布局满意度 C1	0.028	3.2	0.090
			住房建设满意度 C2	0.070	2.8	0.196
			绿化环境满意度 C3	0.013	3	0.039
			治安环境满意度 C4	0.013	3.4	0.044
			空气质量 C5	0.070	4.4	0.308
			水环境质量 C6	0.070	3.6	0.252
			垃圾处理满意度 C7	0.070	2.6	0.182
	生活水平 B2	0.111	人均纯收入 C8	0.083	2.6	0.216
			非农收入比例 C9	0.028	3.2	0.090
	生产发展水平 B3	0.111	就业机会 C10	0.034	2.6	0.088
			非农就业比例 C11	0.017	2.8	0.048
			人均耕地面积 C12	0.034	3	0.102
			安置补偿满意度 C13	0.027	3	0.081
	基础设施水平 B4	0.333	教育设施的满意度 C14	0.062	2.8	0.174
			医疗卫生设施满意度 C15	0.062	2.8	0.174
			文化娱乐设施满意度 C16	0.018	2.6	0.047
			自来水使用满意度 C17	0.062	3.6	0.223
			用电满意度 C18	0.062	4.2	0.260
			污水处理满意度 C19	0.022	2.6	0.057
			有线电视、通信满意度 C20	0.022	2.8	0.062
			交通出行满意度 C21	0.022	2.6	0.057

续表

目标层	准则层		因素层		调研平均分值	评价得分
	指标	权重	指标	权重		
移民搬迁安置社区营建使用后评价 A	社会保障和社会融合水平 B5	0.111	养老保险覆盖率 C22	0.024	3.8	0.091
			新型合作医疗覆盖率 C23	0.024	3.8	0.091
			最低生活保障 C24	0.023	2.6	0.060
			政府救济与补贴 C25	0.010	2.8	0.028
			亲属交往密切程度 C26	0.010	3.6	0.036
			邻里交往融洽程度 C27	0.010	3	0.030
			社会生活丰富度 C28	0.004	2.8	0.011
			与当地政府的融洽度 C29	0.004	3	0.012
			公众参与度 C30	0.004	2.4	0.010
合计						3.158

资料来源：根据《安康市统计年鉴》（2012～2016 年）、安康市各区县统计年鉴（2012～2016 年）、安康市移民开发局统计资料（2011～2015 年）及调研数据整理计算。

规划实施后评价（见表 7-9）得分为 2.966，规划实施建设效果不佳。主要是选址和规模确定、产业布局的合理性论证；公共服务设施配置与人口的匹配关系研究仍有欠缺，需要进一步深入。

表 7-9　2011～2015 年移民搬迁安置社区规划实施后评价

目标层	准则层		因素层		调研平均分值	评价得分
	指标	权重	指标	权重		
移民搬迁安置社区规划实施后评价 A1 0.667	空间布局 B1	0.053	规划选址的合理性 C1	0.0291	2.8	0.081
			规划规模的适中性 C2	0.0239	2.8	0.067
	土地利用 B2	0.053	用地布局的集约性 C3	0.027	3	0.081
			人均建设用地 C4	0.026	3.2	0.083
	公共服务设施 B3	0.154	设施布局的合理性 C5	0.059	3	0.177
			设施与人口的匹配 C6	0.095	2.8	0.266
	基础设施 B4	0.197	交通可达性和便捷性 C7	0.099	2.8	0.277
			设施的通达性 C8	0.098	3.2	0.314
	生产发展 B5	0.154	产业发展方向一致性 C9	0.068	2.8	0.190
			产业布局合理性 C10	0.086	2.8	0.241
	建筑设计 B6	0.056	功能性 C11	0.035	3.4	0.119
			对地域文化传承 C12	0.021	2.8	0.059

续表

目标层	准则层		因素层		调研平均分值	评价得分
	指标	权重	指标	权重		
区域规划实施后评价 A2 0.333	区域城乡体系 B7	0.048	城镇化率 C13	0.048	3	0.144
	区域自然环境 B8	0.177	污水处理率 C14	0.059	2.4	0.142
			全年空气质量优良天数 C15	0.063	3.8	0.239
			单位 GDP 能耗水平 C16	0.055	3	0.165
	区域经济发展 B9	0.060	GDP C17	0.011	3	0.033
			产业结构 C18	0.018	2.8	0.050
			城乡居民恩格尔系数比 C19	0.013	3.2	0.042
			城乡收入比 C20	0.018	3.2	0.058
	区域社会发展 B10	0.048	城镇登记失业率 C21	0.010	2.8	0.028
			城镇居民最低生活保障率 C22	0.010	2.8	0.028
			义务教育普及率 C23	0.010	3.4	0.034
			千人拥有医生数 C24	0.009	2.8	0.025
			城乡人均拥有图书比 C25	0.009	2.6	0.023
合计						2.966

资料来源：根据《安康市统计年鉴》（2012～2016 年）、安康市各区县统计年鉴（2012～2016 年）、安康市移民开发局统计资料（2011～2015 年）及调研数据整理计算。

营建影响评价（见表 7 - 10）得分为 3.0132，移民搬迁使区域生态环境得到了良性发展，尤其是退耕还林、生态恢复使森林覆盖率提高、灾害频度和水土流失率下降，但在污染控制和自然资源的综合利用方面还有待加强；产业对移民搬迁安置社区的辐射和支撑不足，使移民的就业困难，收入水平相对较低。

表 7 - 10　2011～2015 年移民搬迁安置社区营建影响评价

目标层	准则层		因素层		调研平均分值	评价得分
	指标	权重	指标	权重		
生态影响评价 A1 0.499	对区域生态环境的直接影响 B1	0.374	森林覆盖率 C1	0.083	4	0.332
			灾害频度 C2	0.163	3	0.489
			水土流失率（%）C3	0.128	3	0.384
	对区域生态环境的间接影响 B2	0.125	污染控制 C4	0.063	2.8	0.1764
			万元 GDP 能耗下降（%）C5	0.031	2.6	0.0806
			自然环境资源综合利用率 C6	0.031	2.8	0.0868

续表

目标层	准则层		因素层		调研平均分值	评价得分
	指标	权重	指标	权重		
经济影响评价 A2 0.132	产业结构 B3	0.019	人均 GDP C7	0.006	3	0.018
			非农产业所占比重 C8	0.013	3.2	0.0416
	劳动与就业 B4	0.056	移民在非农产业的就业率 C9	0.022	2.6	0.0572
			就业率 C10	0.034	2.8	0.0952
	生活水平 B5	0.057	移民人均收入水平 C11	0.015	2.8	0.042
			城镇人均收入水平 C12	0.014	3	0.042
			移民搬迁安置社区恩格尔系数 C13	0.014	2.8	0.0392
			城镇恩格尔系数 C14	0.014	3	0.042
社会影响评价 A3 0.369	社会结构 B6	0.023	非农人口比重 C15	0.023	3	0.069
	社会公平 B7	0.057	公共设施配置的公平 C16	0.0285	2.8	0.0798
			土地资源分配的公平 C17	0.0285	2.6	0.0741
	社会融合 B8	0.057	开放空间共享程度 C18	0.009	3	0.027
			移民与原住民的融合程度 C19	0.019	3	0.057
			移民心理与社会适应 C20	0.019	3	0.057
			居民社会参与度 C21	0.009	2.4	0.0216
	社会安全 B9	0.153	空间环境的安全性 C22	0.068	3.2	0.2176
			社会治安和社会稳定 C23	0.085	3	0.255
	社会群体权益的保护 B10	0.079	移民群体权益的保护 C24	0.0395	2.8	0.1106
			原住民权益的保护 C25	0.0395	3	0.1185
合计						3.0132

资料来源：根据《安康市统计年鉴》（2012~2016 年）、安康市各区县统计年鉴（2012~2016 年）、安康市移民开发局统计资料（2011~2015 年）及调研数据整理计算。

二、移民搬迁安置社区现状评价结果与分析

评价结果反映出安康移民搬迁安置社区营建已经较好地完成了阶段性目标，但仍存在以下问题：生态方面表现为人口再分布与资源分布的协调性、生态承载力分析欠缺，人地矛盾比较突出；移民搬迁安置社区规划布局、建筑设计与自然环境之间还存在不协调。经济方面表现为产业与移民搬迁安置社区结合不够紧密，辐射不足，导致移民就业困难，可持续发展动力不足；资金难以保障，缺乏

资金支持与市场的有机结合不足；交通和污水处理比较滞后，教育、医疗、文化设施的布局和辐射还不足，难以支撑移民搬迁安置社区的可持续发展。社会方面表现为社会保障体系不够健全，尤其是政府救济和补贴、最低生活保障等还不够完善；缺乏公共参与渠道和制度保障，在移民搬迁安置社区营建过程中公众缺乏话语权，"自下而上"的营建难以实现。空间方面表现为移民搬迁安置社区选址不够科学合理，与区域城乡一体化发展结合不够紧密，不能有效发挥对城镇化发展的推动作用；规模确定欠缺分析，造成设施的配置不够经济合理；建设缺乏绿色生态技术的支持以及对地域文化重视不足，造成功能使用上的不合理和地域特色缺失。针对这些问题在本书所提出的移民搬迁安置社区营建策略中已有响应。

三、小结

本章构建了涵盖目标、过程和结果的移民搬迁安置社区营建评价 PPR 体系，通过评价目标实现程度、建设过程合理性、移民使用满意度、对区域社会经济发展造成的影响，及时反馈调整营建策略。并将评价体系应用于安康当前的移民搬迁安置社区建设现状进行实证反馈。

（1）从生态适宜、经济支撑、社会提升和空间适应四方面构建安康移民搬迁安置社区营建目标评价体系，对营建目标的实现程度进行评价。结合营建过程中的启动、计划、执行、控制和结束五个环节建立过程评价体系，通过评价促使移民搬迁安置社区营建发展轨迹与规划目标的偏离度处在可控制范围。从移民使用、规划实施和营建影响三方面分别建立评价体系，全面反映营建的效果。

（2）将目标、过程和结果 PPR 评价体系应用于安康当前移民搬迁安置社区营建现状评价，评价结果反映出存在缺乏对人口再分布与资源分布的协调性分析不足，社会保障体系不够健全、产业对移民搬迁安置社区的辐射不足导致移民就业困难，选址不够科学合理、与区域城乡一体化发展结合不够紧密、规模确定欠缺分析、缺乏绿色生态技术的支持以及地域特色缺失，交通和污水处理比较滞后等问题。

第八章　结论与展望

第一节　研究结论

本书以探索移民搬迁安置社区营建模式、引导移民合理搬迁建设和城镇化健康发展为目标，按照"解读本底—总结现状—分析机制—构建模式—提出策略—评价反馈"的研究思路，对安康移民搬迁安置社区营建环境、现状、营建模式及策略展开研究，得到以下主要结论：

（1）基于安康区域的环境发展本底分析，得出安康移民搬迁安置工程营建面临生态环境安全限制、发展动力不足、社会融合的多元复杂以及城镇化进程的地域限制等诸多条件限定。

安康生态环境综合特征表现为生态脆弱、自然灾害频繁，且时空分布不均匀。通过生态环境敏感性分析得出安康约45%的人口分布在生态敏感区，对生态造成了较大的干扰和影响，需要迁移调控。安康经济发展环境综合特征表现为整体经济实力加速提升但经济总量仍然很小、县域发展差异明显、城乡发展差距逐步扩大，不利于乡村经济的发展，土地资源供给有限，限制区域经济发展。通过人口与资源的均衡发展分析反映出整个区域处于人口超载状态，且地域间有差异，其中土地资源是制约经济发展的主要因素。安康社会人文环境表现为区域人口呈现增长缓慢趋势，乡村社会组织还是以血缘和地缘为主、城镇社会组织以地缘和业缘社会组织为主，地理环境和移民形成安康地域文化多元化的特征。安康空间环境特征表现为城镇化水平偏低、城镇化滞后于产业发展、异地城镇化现象突出、各区县城镇化发展不均衡的特征；人口空间分布呈现区县分布不均衡、城少乡众城乡分布不均衡、依地形及交通条件差异较大的特征；山地乡村聚落空间布局分散，丘陵乡村聚落空间集中度低、小规模、均质分布状态。

（2）安康移民搬迁安置社区营建现状与问题分析。通过营建目标及进展、工作框架阐述移民搬迁安置社区的营建概况，从营建类型、生态、经济、社会及空间几方面总结移民搬迁安置社区营建模式，在肯定营建积极成效的同时梳理存在的问题并剖析问题根源。

通过对安康移民搬迁安置社区营建目标、进展、工作框架的梳理，从生态、经济、社会、空间四方面总结安康移民搬迁安置社区的营建模式，得出当前移民搬迁安置社区营建的积极成效，并剖析当前营建存在生态承载论证不足、人口再分布不协调，产业支撑带动不足、人与资源矛盾突出，移民需求关注不足、社会网络难以建立，城乡统筹选址不足、缺乏适宜营建模式等问题。

安康移民搬迁安置社区营建模式的现状：①迁出地生态恢复与迁入地生态营建结合模式。②结合各区县的资源优势和发展条件创新多元化产业支撑模式，采取搬迁后宅基地土地复垦、城乡建设用地增减挂钩、控制建设标准等方式创新集约节约的资源利用模式。③多元化移民社会管理模式和就近搬迁促进融合的模式，进入城镇的移民被纳入城镇社区的社会管理保障体系，乡村移民搬迁安置社区采用"村中社""村改社"和新建安置社区多种管理模式，采用就近搬迁促进移民与迁入地之间的融合。④就近、就地城镇化发展模式，延续传统聚落的选址和营建布局模式。当前移民搬迁安置社区营建的积极成效包括改善了生态环境质量、优化了部分人口分布与资源配置并推动了地方经济发展、提高了人居环境质量、加快推动了城镇化进程。

（3）结合新型城镇化的内涵，明确安康移民搬迁安置社区营建空间尺度多层级、"生态、经济、社会、空间"四位一体的营建特征，建构包含生态适宜、经济支撑、社会提升、空间适应的目标体系。在目标导向下，通过对安康移民搬迁安置社区营建影响作用机制的分析，架构多尺度"四位一体"的营建模式框架。

移民搬迁安置社区营建目标体系中，生态适宜目标核心是协调人口与资源、维护区域生态平衡、保障区域生态安全；经济支撑目标核心是选择适宜性产业、完善就业体系和支撑性基础设施均等化；社会提升目标核心是完善社会保障体系、加强社会认同和社会融合、地域文化传承与创新；空间适应目标核心是推动城乡空间一体化、塑造适应性空间和居住环境品质的提升。

从自然因素、产业发展与经济水平、移民搬迁安置政策、地域文化、城镇化发展和服务水平、移民个体六方面分析对移民搬迁安置社区营建的影响作用机制，前五项因素对移民搬迁安置社区营建的影响主要体现在空间选址分布、规模、布局等方面，移民个体虽面临经济压力和就业压力，但通过产业比较利益和城乡比较利益，移民的搬迁愿望会转化为移民搬迁安置社区营建的内生动力。

多层级"四位一体"的营建模式包括区域和移民搬迁安置社区两个层面：区域层面采用维度综合选址与营建模式，从承载力、城镇化发展、人居环境适应性、社会文化认同等方面对于人口的再分布应做出合理调控，在此基础上引导移民搬迁安置社区合理选址，进而对区域发展进行合理分区引导；移民搬迁安置社区层面采用类型化营建模式，针对与城乡空间关系划分为融入城区镇区型移民搬迁安置社区、城镇边缘型移民搬迁安置社区和乡村独立型移民搬迁安置社区，分别提出其低碳集聚、产住融合和资源开发的营建模式。

（4）在营建模式框架下，从区域和移民搬迁安置社区两个层面提出安康移民搬迁安置社区营建策略。

区域层面：①从市域层面着重解决人口的合理再分布和调控问题，采用多因子空间叠加法，从人口承载力与城镇化发展协调、人居适应性、文化认同等方面综合确定人口再分布，在此基础上进行移民搬迁安置社区选址区划，将安康划分为移民迁出区、移民迁入区和移民稳定区，移民迁出区采用生态恢复营建策略，注重移民迁出后的生态恢复，逐步恢复区域生态系统的良性循环；移民迁入区采用城镇群主导集聚营建策略，遴选有发展潜力的城镇作为增长极，提升城镇的吸引力和辐射力，建立城镇融合型移民搬迁安置社区，在"点—轴"的基础上逐渐向腹地扩散，结合交通轴线、产业发展营建乡村型移民搬迁安置社区；移民稳定区采用适应性优化营建策略，建立"中心—县城、支撑—镇、基础—乡村独立型移民搬迁安置社区和村庄"的聚落体系，合理引导人口从人居环境适宜性差的地区向适宜性较好地区的城镇迁移。②县域层面核心解决移民搬迁安置社区在城乡发展体系中的定位及移民搬迁安置社区选址问题，将融入城区镇区型、城镇边缘型移民搬迁安置社区纳入城镇社区的管辖范畴，构建"县城—镇—乡村独立型移民搬迁安置社区、中心村—基层村"的城乡均衡发展体系；并针对不同类型的移民搬迁安置社区提出具体的选址要求，融入城区镇区型移民搬迁安置社区选址侧重于对成本、就业和社会融合的考虑；城镇边缘型移民搬迁安置社区选址侧重于对产业发展、用地条件、交通和地缘文化的考虑；乡村独立型移民搬迁安置社区选址更关注安全、用地条件、与周边的关系等。

移民搬迁安置社区层面：基于建设管理、移民的社会交往、公共设施设置经济性等需求提出移民搬迁安置社区"基本单元"的概念，从居住、安全防御、交往、经济、服务和管理功能几个层面探讨基本单元的合理规模包括基本交往单元和基本邻里单元两个层次，并进行耦合得到不同类型安康移民搬迁安置社区规模层级建议。在此基础上，从社会人文和空间两方面提出移民搬迁安置社区营建策略。社会营建通过社会融合与社会管理、素质提升与社会保障两个方面进行：①采用就近搬迁、文化相似促进新社会关系网络建构，强化社会组织管理；完善移民公共参与机制，提高移民参与移民搬迁安置社区营建的效率；拓宽资金渠道、完善资金监管机制，保障移民搬迁安置营建的可持续动力；加强移民传统文化、迁入地文化传承和创新。②素质提升与社会保障通过开展移民培训计划、建立健全就业服务体系，提升移民的人力资本，健全管理服务和制度保障体系。

空间营建通过混合空间营建、类型化空间营建和邻里交往空间营建三方面实现：①混合空间包括混合居住和功能混合，采用"大混合，小聚居"的混合居住模式，将移民与城市居民、移民之间进行混合，促进交往；提倡移民搬迁安置社区存在一定程度的功能混合，并为功能混合与发展预留弹性空间。②借鉴传统聚落营建智慧，针对不同类型的移民搬迁安置社区，从空间结构层次、公共服务配置、功能布局、建筑形式以及风貌特色几方面提出空间营建策略。③延续传统聚落的邻里空间格局，提取出安康传统聚落院落、街巷和公共三个层次的交往空间，提出缩小交往规模、混合居住，在新邻里关系的基础上建立院落、街巷和中心三个层次的交往空间，促进移民的邻里交往，重建社会网络。

（5）建构了安康移民搬迁安置社区营建 PPR 评价机制。在国内外移民搬迁安置评价相关文献的基础上，围绕安康移民搬迁安置社区营建特征和营建目标，采用目标分解法等方法，建构涵盖目标、过程和结果的 PPR 全过程营建评价体系：①目标评价是对移民搬迁安置社区建设目标的实现程度进行评价，围绕生态适宜、经济支撑、社会提升和空间适应四个层面建立评价体系。②结合营建过程中的启动、计划、执行、控制和结束五个环节建立过程评价体系，通过评价促使移民搬迁安置社区营建发展轨迹与规划目标的偏离度处在可控制范围。③从移民使用、规划实施和营建影响三方面分别建立评价体系，全面反映营建的效果，作为下一步营建策略制定的基础和依据。

第二节　本书创新之处

本书的创新之处在于：

（1）建立了移民搬迁安置社区自区域至个体的选址方法体系。区域层面注重移民导向下人口再分布的合理性调控，采用多因子空间叠加法，对人口承载力与城镇化发展协调、人居环境适宜性及文化认同等分析基础上的人口分布调控及选址结果叠加得出区域选址综合区划；个体层面针对不同类型的移民搬迁安置社区从自然环境、居住安全、产业支撑、社会交往、城镇辐射等方面提出具体的选址方法。

（2）提出了移民搬迁安置社区基本单元的概念及其适宜规模的确定方法。在移民搬迁安置社区营建中，从建设的适宜性和可操作性、移民社会交往和社会认同、设施配置的经济性和合理性角度出发，提出移民搬迁安置社区"基本单元"概念，基于多学科研究成果和方法探讨满足居住、安全防御、社会交往、经济、服务和管理等功能的基本单元规模，通过耦合得出移民搬迁安置社区基本单元适宜规模体系，并结合安康城镇发展现状提出不同类型移民搬迁安置社区的适宜规模建议。

（3）建立了移民搬迁安置社区的 PPR 评价体系。在移民搬迁安置社区策略提出的基础上建立了 PPR "目标—过程—结果"评价体系，该体系通过对移民搬迁安置社区的生态、社会、经济、空间发展目标评价反映目标的实现程度，对营建自启动到计划、执行、控制和结束全过程评价反映营建策略及执行过程的合理性，对移民的使用后评价、规划实施后评价及影响进行评价反映营建效果。通过评价反馈对移民搬迁安置社区的营建策略及时调整。

第三节　研究展望

安康当代移民研究尚处于初级阶段，移民问题涉及面广且较为复杂，鉴于笔者的学识、能力、实践及数据资料有限，虽得出了一定的研究结论，但在研究方法、深度及观点方面还有欠缺和不足，需要在今后的研究工作中不断完善和深化，主要表现在以下几个方面：

（1）对移民搬迁安置社区的建设需要进一步追踪调查。移民是一个长期、复杂的过程，移民搬迁安置社区建设前移民的意愿、建设使用后移民的感受都关系到移民搬迁安置社区的营建策略，关系到移民搬迁安置社区和整个安康的社会稳定和可持续发展。虽然已进行了调研并总结了现状存在的问题，但始终欠缺对移民搬迁安置社区从建设前到建设后长期的追踪调查，对问题的反映不够客观全面，长期的跟踪调查、及时反馈总结是今后研究的基础和前提。

（2）区域层面移民搬迁安置社区的营建有待进一步考证与充实。移民问题应从区域层面来协调组织和统筹安排，从更大范围内合理地利用区域资源，打破行政界限，从区域层面提出移民搬迁安置社区选址的综合区划，但本书对于每个区域单元的空间营建策略只提出了框架性的策略和建议，由于人口迁移的动态性以及缺乏详尽完善的数据支撑，对移民导向下人口在区域范围的合理分配未能量化；相应地由于缺乏人口的支撑未能建立理论模型进行移民搬迁安置社区及其他城镇、居民点体系的关联度分析，还需要借助国内外相关研究技术和成果进行深入研究。

（3）移民搬迁安置社区营建评价体系需要进一步完善。移民搬迁安置社区营建评价涉及生态、社会、经济和空间各个方面，由于涉及学科多、内容庞大，只能筛选关键性和影响较大的指标进行评价，无法对每个指标进行深入解读，对指标的实效性和适应性还需在实践反馈中进一步检验与改进。移民搬迁安置社区建设与新型城镇化基本同时进行，对新型城镇化的推动作用在短期内还未完全显现，而且新型城镇化的衡量比较庞杂，已有研究的指标体系主要针对城市展开，指标庞杂，无法对移民导向下安康新型城镇化的特点进行评价，在有限的研究中也无法全面展开，随着移民搬迁安置社区建设的推进，对新型城镇化评价应逐步完善。

（4）对其他地域不同类型安置社区进一步的拓展研究。本书以安康市为研究对象，基于安康市移民搬迁安置社区现状特点及实际问题提出了营建模式和策略，研究对于这一类型的安置社区具有较强的针对性和操作性，但对汉中、商洛以及其他地域不同类型安置社区的借鉴作用体现得还不明晰，未来结合安康移民搬迁安置社区研究的思路和方法可对其他地域不同类型的安置社区的营建与发展进行拓展研究。

参考文献

［1］Brunckhorst D. J. Buliding Captial through Bioregional Planning and Biosphere Reserves［J］. Ethics in Science & Environmental Polictics, 2001（1）: 19 – 32.

［2］Clark W. C. , Dickson N. M. Sustainability Science: The Emerfing Research Program［J］. Proceedings of the National Academy of Sciences of the United States of America, 2003（100）: 8059 – 8061.

［3］Fleskens L. , Nainggolan D. , Stringer L. An Exploration of Scenarios to Support Sustainable Land Management Using Integrated Environmental Socio – Economic Models［J］. Environmental Management, 2014, 54（5）: 1005 – 1021.

［4］Levitas R. The Inclusive Society［J］. Macmillan, 1998: 7 – 28.

［5］Mabogunje, Akin L. Systems Approach to a Theory of Rural – urban Migration［J］. Geographical Analysis, 1970, 2（1）: 1 – 18.

［6］Moon K. Conditional and Resistant Non – participation in Marketbased Land Management Programs in Queensland, Australia［J］. Land Use Policy, 2013, 31（1）: 17 – 25.

［7］Ravenstein E. G. The Laws of Migration［J］. Journal of the Statistical Society of London, 1885, 48（2）: 198 – 199.

［8］包智明. 关于生态移民的定义、分类及若干问题［J］. 中央民族大学学报（哲学社会科学版）, 2006（1）: 27 – 31.

［9］毕均健. 城市邻里住区模式研究［D］. 大连理工大学硕士学位论文, 2008.

［10］毕文婷. 三峡库区人居环境十年跟踪研究——库区城市（镇）移民安置与住区建设研究［D］. 重庆大学硕士学位论文, 2006.

［11］C. 亚历山大, S. 伊希卡娃, M. 西尔佛斯坦, 等. 建筑模式语言［M］. 王昕度, 周序宏, 译. 北京: 知识产权出版社, 2002.

［12］蔡云辉. 洪灾与近代陕南城镇［J］. 西安电子科技大学学报（社会科

学版），2003，13（3）：77-82.

［13］曹树基．中国移民史（第六卷）［M］．福州：福建人民出版社，1997.

［14］曹书乐．和谐居住社区规划对策研究［D］．武汉理工大学硕士学位论文，2010.

［15］常昊，王昊辰，田亚平．低碳化乡村人居环境评价指标体系初探［J］．衡阳师范学院学报，2012，33（3）：124-127.

［16］钞晓鸿．晚清时期陕西移民入迁与土客融合［J］．中国社会经济史研究，1998（1）：66-74.

［17］陈怀录，贾睿，唐永伟．新型城镇化理念下西北地区小城镇规划研究［J］．现代城市研究，2013（5）：28-31.

［18］陈良学．明代陕南屯田及移民［J］．汉中师范学院学报（社会科学版），1998，16（1）：16-19.

［19］陈良学，邹荣础．清代前期客民移垦与陕南的开发［J］．陕西师范大学学报（哲学社会科学版），1988（1）：82-89.

［20］陈文成，苏建云．福建省区域可持续发展评价指标体系研究［J］．泉州师范学院学报，2008，26（4）：81-85.

［21］陈亚芬．安康城市边缘区村庄空间整合研究［D］．西安建筑科技大学硕士学位论文，2010.

［22］陈振华，侯建辉，刘津玉．新型农村社区建设：空间布局与建设模式［J］．规划师，2014，30（3）：5-12.

［23］陈正发，叶琰．重庆石堤水库移民效果评价分析［J］．人民长江，2009，40（7）：44-46.

［24］陈忠祥，陈亮．宁夏移民搬迁安置社区剩余劳动力状态分析［J］．人文地理，2008，104（6）：23-27.

［25］程淑杰，朱志玲，白林波．基于 GIS 的人居环境生态适宜性评价——以宁夏中部干旱带为例［J］．干旱区研究，2015，32（1）：176-183.

［26］程钰．人地关系地域系统演变与优化研究［D］．山东师范大学博士学位论文，2013.

［27］程震．基于土地资源约束下的区域 PRED 综合协调度研究——以宜春市为例［D］．江西师范大学硕士学位论文，2011.

［28］成文连，刘玉虹，关彩虹，等．生态影响评价范围探讨［J］．环境科

学与管理，2010，35（12）：185－189.

［29］成锦亚. 水库项目移民后评价［D］. 天津大学硕士学位论文，2011.

［30］崔亚楠. 三峡库区移民进程中的动态人口分布结构模式研究［D］. 重庆大学博士学位论文，2009.

［31］但俊，阴劼. 中国县内人口流动与就地城镇化［J］. 城市发展研究，2016，23（9）：88－93.

［32］戴承元，杨明贵. 论安康地域文化的基因图谱——兼论安康地域文化的特征［J］. 安康学院学报，2017，29（2）：1－9.

［33］邓玲. 陕南产业结构生态化调整研究［J］. 新西部，2010（12）：21－22.

［34］邓玲，顾金土. 人居环境评价指标研究综述与思考［J］. 怀化学院学报，2011，30（7）：35－38.

［35］迪特里克·凯尔舒尔. 移民—印尼的迁居计划［J］. 利民，译. 东南亚纵横，1989（4）：58－62.

［36］董晶晶. 基于行为改变理论的城市健康生活单元构建［D］. 哈尔滨工业大学博士学位论文，2010.

［37］董又维. "多点多极" 战略背景下四川新型城镇化发展研究［D］. 四川师范大学硕士学位论文，2015.

［38］段成荣. 人口迁移研究原理与方法［M］. 重庆：重庆出版社，1998.

［39］段炼. 三峡区域新人居环境建设研究［D］. 重庆大学博士学位论文，2009.

［40］段学军，田方. 基于人居环境适宜性的市域人口增长调控分区研究——以南京市为例［J］. 地理科学，2010，30（1）：45－52.

［41］范晶晶. 外迁三峡移民社会融入研究——基于山东省淄博市张店区的调查［D］. 山东理工大学硕士学位论文，2014.

［42］樊绯，吴得文，陈铁柱. 农村聚落选址影响因素分析［J］. 海南师范大学学报（自然科学版），2009（12）：462－467.

［43］冯亮，彭洁. 陕南移民搬迁应有系统的观点［J］. 新西部，2011（8）：17，24.

［44］冯明放，冯亮. 陕南移民搬迁应处理好十大关系［J］. 产业与科技论坛，2011（10）：13－14.

［45］冯三俊. 陕南移民搬迁与城镇化发展研究［J］. 新西部，2013（29）：

18 – 19.

[46] 付鼎，宋世杰．基于相对资源承载力的青岛市主体功能区区划［J］．中国人口·资源与环境，2011，21（4）：148 – 151.

[47] 甘露．三峡库区新型农村社区建设研究——以重庆市忠县为例［D］．西南大学硕士学位论文，2012.

[48] 甘联君．三峡库区人口迁移与城市化发展互动机制研究［D］．重庆大学博士学位论文，2008.

[49] 高奇．三峡库区农村移民安置新模式初探——关于兴建"移民城"安置农村移民的思考［J］．重庆三峡学院学报，2000（2）：14 – 16.

[50] 高扬．避灾移民项目社会影响评价研究［D］．西北大学硕士学位论文，2012.

[51] 苟中华．基于环境心理学的建成环境使用后评价模式研究［D］．浙江大学硕士学位论文，2008.

[52] 顾浩，赵佩佩，孙加凤．新型城镇化背景下城乡规划的转型思考［J］．规划师，2014（4）：96 – 101.

[53] 关金华，关翔．三峡水库农村移民后评价初探［J］．人民长江，2010，41（23）：15 – 17，30.

[54] 郭大千，郭熙，陈凤华，等．基于 GIS 的新农村规划选址研究［J］．江西农业学报，2012，24（10）：146 – 148.

[55] 郭斌．安康地区传统建筑语汇的研究与发展应用［D］．西安建筑科技大学硕士学位论文，2010.

[56] 郭晓东，马利邦，张启媛．基于 GIS 的秦安县乡村聚落空间演变特征及其驱动机制研究［J］．经济地理，2012，32（7）：56 – 62.

[57] 郭夜白．新农村建设目标评价及其影响因素分析［J］．吉林农业大学学报，2008，30（6）：879 – 883，888.

[58] 管义伟．论新农村建设中农村社区的规模与其功能的关系［J］．当代世界与社会主义，2008（5）：132 – 135.

[59] 韩倩倩，杨贵庆．农村住区选址评价体系及应用研究——以浙江省安吉县皈山乡为例［J］．上海城市规划，2013（4）：84 – 91.

[60] 韩玮．城市宜居社区规模解析及设计方法研究［J］．科技资讯，2010（6）：243 – 244.

[61] 韩曦，徐琳瑜，陈彬，等．移民型城市生态人居环境评价与优化研究

[J].中国人口·资源与环境，2009，19（5）：22-27.

[62] 何得桂.山区避灾移民搬迁政策执行研究——陕南的表达［M］.北京：人民出版社，2016.

[63] 何得桂，党国英，杨彦宝.集中连片特困地区精准扶贫的结构性制约及超越——基于陕南移民搬迁的实证分析［J］.地方治理研究，2016（1）：31-45.

[64] 何得桂，廖白平.机遇与挑战：西部地区开展避灾移民的 SWOT 态势分析——以陕南为例［J］.灾害学，2014，29（2）：95-101.

[65] 何虹熳.耕作半径优化农村居民点布局的实证研究［D］.重庆大学硕士学位论文，2014.

[66] 何成.我国近现代交往方式变迁对城市住宅演变的影响研究［D］.湖南大学硕士学位论文，2008.

[67] 贺艳华，唐承丽，周国华，等.论乡村聚居空间结构优化模式——RROD 模式［J］.地理研究，2014，33（9）：1716-1727.

[68] 侯东民.中国生态脆弱区生态移民现状及展望［J］.世界环境，2010（4）：32-35.

[69] 胡鸿翔，张卓，郑风波.三峡移民与迁入地居民间文化影响的实证研究——以浙江省为例［J］.科协论坛，2010（11）：188-189.

[70] 胡燕君，周国艳.城市规划实施结果评价指标体系研究［J］.工程与建设，2012（1）：32-35.

[71] 胡艳君.基于多目标评价方法的城市规划实施结果评价研究——以合肥市近期建设规划（2006-2010）的实施为例［D］.合肥工业大学硕士学位论文，2012.

[72] 胡燕琴，陈忠祥，周志建.宁夏移民安置地生态安全建设研究［J］.江西农业学报，2008，20（4）：131-133.

[73] 胡兆量.中国文化地理概述［M］.北京：北京大学出版社，2009.

[74] 黄嘉隽.基于广州住区传统邻里交往模式下的住区外部空间营造研究［D］.华南理工大学硕士学位论文，2012.

[75] 黄其霜.陕南循环经济发展模式研究［D］.西北大学硕士学位论文，2010.

[76] 黄勇.三峡库区人居环境建设的社会学问题研究［M］.南京：东南大学出版社，2011.

［77］黄勇．三峡库区移民城镇的形态学过程研究［J］．室内设计，2013（2）：5－10.

［78］黄研，闫杰，田海宁．移民安置点的聚落重构——以陕南移民工程为例［J］．生态经济，2013（2）：441－443.

［79］黄妍．基于POE评价的移民安置社区人居环境研究——以陕南移民搬迁为例［J］．西北大学学报（自然科学版），2016，16（5）：751－754.

［80］黄正文，张斌．城市人居环境评价指标体系研究评介［J］．环境保护，2008（14）：33－36.

［81］惠怡安．试论农村聚落的功能与适宜规模——以延安安塞县南沟流域为例［J］．人文杂志，2010（5）：183－187.

［82］霍阳阳．社旗县县域居民点体系空间布局研究［D］．北京建筑大学硕士学位论文，2014.

［83］贾永飞，李红远．农业移民安置环境容量模型探讨［J］．人民黄河，2008（4）：5－6.

［84］佳宏伟．清代陕南生态环境变迁的成因探析［J］．清史研究，2005（2）：55－66.

［85］姜冬梅．草原牧区生态移民研究——以内蒙古为例［D］．西北农林科技大学博士学位论文，2012.

［86］蒋建东．关于三峡水库移民环境容量的反思［J］．人民长江，2011（2）：184－188.

［87］蒋昭侠．三峡工程移民环境容量及移民安置分析［J］．水利科技与经济，1998（4）：222－223.

［88］姜莘．城市型社区配套设施规划类型及规模的确定［J］．合肥工业大学学报，2011，34（4）：578－582.

［89］焦晓云．新型城镇化进程中农村就地城镇化的困境、重点与对策探析——"城市病"治理的另一种思路［J］．城市发展研究，2015（1）：108.

［90］康新春，刁乐，王娟．移民安置规划设计过程中应注意的几个要素［J］．河南水利与南水北调，2009（8）：135－136.

［91］孔亚菲．基于生态敏感性评价的济西国家湿地公园生态规划研究［D］．山东建筑大学硕士学位论文，2015.

［92］李昌雄．湖南人口与资源均衡发展研究［D］．湖南师范大学硕士学位论文，2013.

［93］李陈. 中国城市人居环境评价研究［D］. 华东师范大学博士学位论文，2015.

［94］李厚之，张会鉴. 安康宗教文化研究（上）安康道教文化［M］. 北京：中国文史出版社，2007.

［95］李厚之，张会鉴. 安康宗教文化研究（下）安康道教文化［M］. 北京：中国文史出版社，2007.

［96］李红艳，赵芸婷，张睿. 撤村建居的文化认同与社区重构——陕西合阳知堡社区规划实践［J］. 华中建筑，2014（8）：147－153.

［97］李继翠，程默. 西北农村人口对生态环境的压力与生态移民的战略选择［J］. 哈尔滨工业大学学报（社会科学版），2007（1）：85－88.

［98］李林凤. 从"候鸟"到"留鸟"——论城市少数民族流动人口的社会融合［J］. 贵州民族研究，2011（1）：13－19.

［99］李禄胜. 生态安全视域下区域人口迁移与经济社会发展——对新一轮西部大开发期间宁夏生态移民安置的思考［J］. 宁夏社会科学，2011，169（6）：45－49.

［100］李禄胜. 宁夏移民安置地村落建设问题研究——基于红寺堡移民开发区的实证分析［J］. 宁夏社会科学，2009，152（1）：52－55.

［101］李明月. 生态移民视角下恒口示范区发展模式与空间策略研究［D］. 长安大学硕士学位论文，2014.

［102］李平，王宏伟. 大型建设项目区域经济影响评价理论基础及其评价体系［J］. 中国社会科学院研究生院学报，2011，182（2）：34－41.

［103］李四高，李亚光，李宪，王乐，刘洁，胡生君. 典型土石山区驿马图居民点空间分布格局及人居适宜性特征研究［J］. 南京农业大学学报，2014，37（2）：160－166.

［104］李悟. 被动式交往——促进居住区中、青年邻里交往的设计思想研究［D］. 中南大学硕士学位论文，2010.

［105］李文正. 陕南新型城镇化水平测度与提升策略研究［J］. 江西农业学报，2013，25（6）：132－136.

［106］李小建，罗庆. 新型城镇化中的协调思想分析［J］. 中国人口·资源与环境，2014，24（2）：47－53.

［107］李小伟，余兴福. 紫阳打造陕南移民搬迁样本［N］. 人民日报，2015－04－24.

［108］李秀娟．吉林省国有林区经济社会环境系统协调发展评价研究［D］．北京林业大学博士学位论文，2008.

［109］李雪铭，张建丽，杨俊，等．社区人居环境吸引力研究［J］．地理研究，2012，31（7）：1200-1207.

［110］李泽新．三峡库区人居环境建设综合交通体系研究［D］．重庆大学博士学位论文，2006.

［111］李泽新，赵万民．长江三峡库区城市街道演变及其建设特点［J］．重庆建筑大学学报，2008（4）：1-6.

［112］李增刚，夏永侠．三峡外迁农村移民生活满意度及影响因素分析——以山东省广饶县移民安置点为例［J］．制度经济学研究，2010（3）：169-186.

［113］连林慧．"全面小康"评价体系研究［J］．陕西行政学院学报，2007（4）：115-117.

［114］梁波，王海英．国外移民社会融入研究综述［J］．甘肃行政学院学报，2010（2）：18-27.

［115］梁福庆．中国长江三峡工程库区生态移民思考及对策［J］．水利学报，2007（10）：521-525.

［116］梁涛，蔡春霞，刘民，等．城市土地的生态适宜性评价方法——以江西萍乡市为例［J］．地理研究，2007，26（4）：782-788.

［117］梁振民．新型城镇化背景下的东北地区城镇化质量评价研究［D］．东北师范大学博士学位论文，2014.

［118］雷开春．城市新移民的社会认同研究［D］．上海大学博士学位论文，2013.

［119］刘春红，刘邵权，刘淑珍，等．四川省汶川地震重灾区人居环境适宜性评价［J］．四川大学学报（工程科学版），2009（5）：102-108.

［120］刘定胜．关于结合生态移民促进西部城镇化的思考［J］．甘肃农业，2006（8）：24.

［121］刘根社，张亮，吴琛．陕南移民搬迁的紫阳样本［N］．三秦都市报，2013-09-04.

［122］刘惠敏．基于生态可持续的区域发展系统研究［D］．同济大学博士学位论文，2008.

［123］刘晋飞．移民"扎根"的想象与现实——对三峡库区城镇移民的实证调查［J］．西北人口，2010，4（31）：97-103.

［124］刘律，孙烨．生态移民地区城乡居民点体系规划策略探索——以新余市孔目江流域城乡统筹规划为例［C］．城乡治理与规划改革——2014 中国城市规划年会论文集，2014.

［125］刘瑞强，余咪咪．新型城镇化：区域经济结构优化调整的助推器［J］．生产力研究，2016（12）：54 – 57.

［126］刘舒昕．陕南避灾扶贫移民的社会影响研究——基于镇安县移民安置点的调查［D］．西北农林科技大学硕士学位论文，2015.

［127］刘舒昕，李松柏．陕南避灾扶贫移民生存现状的满意度研究——以镇安县云盖寺镇移民安置点为例［J］．城市发展研究，2015，22（1）：102 – 107.

［128］刘晓，宋世杰，蒋武燕．安康市相对资源承载力与可持续发展研究［J］．能源与环境，2008（4）：19 – 22.

［129］刘新华，张洪霖，周潮．新型农村社区规模和空间范围研究［J］．淮阴工学院学报，2014，23（3）：58 – 61.

［130］刘彦随．区域可持续发展系统原理与决策［J］．陕西师范大学学报（自然科学版），1996，24（2）：98 – 102.

［131］刘杨．基于 SG – MA – ISPA 模型的区域可持续发展评价研究［D］．重庆大学博士学位论文，2012.

［132］龙梅．关于生态移民的社会学分析［D］．内蒙古师范大学硕士学位论文，2011.

［133］罗强强，杨国林．宁夏移民扶贫开发的经验和效果［J］．农业现代化研究，2009，30（5）：575 – 578.

［134］吕静．陕南地区生态移民搬迁的成本研究［D］．西北大学博士学位论文，2014.

［135］吕园．区域城镇化空间格局、过程及其响应——以陕西省为例［D］．西北大学博士学位论文，2014.

［136］吕宗领．熟人社会的瓦解对失地农民社区管理的影响研究——以城市化进程中的重庆市 X 社区为例［D］．西南大学硕士学位论文，2013.

［137］马巨海．秦皇岛市区域可持续发展评价、预警及调控研究［D］．燕山大学博士学位论文，2009.

［138］马宇博，范玉凤．京津冀一体化背景下区域 PRED 系统的综合评价研究［J］．价值工程，2016（10）：50 – 51.

［139］孟庆松，韩文秀．复合系统协调度模型研究［J］．天津大学学报，

2000，33（4）：445－447.

［140］孟宪海．项目管理成熟度模型——工程项目过程评价体系［J］．建筑经济，2006（12）：55－58.

［141］聂晓晴．三峡库区城市居住空间重构研究［D］．重庆大学博士学位论文，2010.

［142］乔建中．试论中国音乐文化分区的背景依据［J］．中国音乐学，1997（2）：75－87.

［143］亓莱滨，张亦辉，郑有增，等．调查问卷的信度效度分析［J］．当代教育科学，2003（22）：53－54.

［144］陶卫宁．历史时期陕南汉江走廊人地关系地域系统研究［D］．陕西师范大学博士学位论文，2000.

［145］田兵权．陕南地区近代社会发展研究［D］．西北农林科技大学硕士学位论文，2012.

［146］潘玉爽．功能视角下的新农村社区建设——以山东省潍坊市为例［J］．青岛农业大学学报（社会科学版），2011，23（3）：46－49.

［147］彭洁，冯明放．陕南移民搬迁安置点选择的影响因素分析［J］．安徽农业科学，2011，39（36）：22702－22703.

［148］彭洁，冯明放．陕南移民后续产业发展的现状与对策［J］．陕西理工学院学报（社会科学版），2015，33（2）：1－7.

［149］彭洁，冯明放．告别贫困的抉择——陕南生态移民可持续发展研究［M］．成都：西南交通大学出版社，2015.

［150］彭立，杨武年，刘汉湖，等．基于 RS 和 GIS 的地震移民选址空间决策研究与实现［J］．西南大学学报（自然科学版），2011，33（3）：97－103.

［151］乔家君，周洋．基于空间界面理论乡村社区选址研究——以河南省晴岚社区为例［J］．人文地理，2014，138（4）：72－77.

［152］覃志敏．社会网络与移民生计的分化发展——以桂西北集中安置扶贫移民为例［D］．华中师范大学博士学位论文，2014.

［153］钱振澜．"基本生活单元"概念下的浙北农村社区空间设计研究［D］．浙江大学硕士学位论文，2010.

［154］任淑花．陕北地区 PREE 协调发展测算及提升战略研究［D］．陕西师范大学博士学位论文，2008.

［155］任涛飞．农民集中居住区项目后评价研究［D］．扬州大学硕士学位

论文, 2015.

[156] 陕南移民搬迁工作领导小组办公室. 陕南移民搬迁 [N]. 陕西日报, 2015 - 07 - 06.

[157] 施国庆, 严登才, 周建. 生态移民社会冲突的原因及对策 [J]. 宁夏社会科学, 2009 (6): 75 - 78.

[158] 石伯勋, 尹忠武, 王迪友. 三峡工程移民安置规划与实践 [J]. 中国工程科学, 2011, 13 (7): 123 - 128.

[159] 史东梅, 郭长友. 三峡库区奉节县欧营移民生态环境容量研究[J]. 水土保持通报, 2004, 24 (4): 27 - 30.

[160] 史俊宏, 盖志毅. 内蒙古生态移民安置点选择问题研究 [J]. 内蒙古农业科技, 2006 (1): 1 - 4.

[161] 沈燕清. 印度尼西亚国内移民计划浅析 (1905 - 2000) [J]. 东南亚纵横, 2010 (9): 20 - 24.

[162] 舒克盛. 基于相对资源承载力信息的主体功能区划分研究——以长江流域为例 [J]. 地域研究与开发, 2010, 29 (1): 33 - 36.

[163] 司徒尚纪. 广东省文化地理 [M]. 广州: 广东人民出版社, 1993.

[164] 孙德芳, 沈山, 武廷海. 生活圈理论视角下的县域公共服务设施配置研究——以江苏省邳州市为例 [J]. 规划师, 2012 (8): 68 - 72.

[165] 孙曼莉. 生态移民是生态环境优化的重要措施 [J]. 农村经济与科技, 2006 (12): 70 - 71.

[166] 孙越. 水利建设项目后评价研究 [D]. 山西财经大学硕士学位论文, 2009.

[167] 宋林飞. 中国小康社会指标体系及其评估 [J]. 新华文摘, 2010 (1): 6 - 14.

[168] 苏虹, 吴越. 新型城镇化背景下的农村社区规划探讨 [J]. 中外建筑, 2015 (5): 86 - 88.

[169] 谭国太. 三峡库区生态移民的理论与实践 [J]. 重庆行政(公共论坛), 2010 (2): 79 - 82.

[170] 唐丽静, 王冬艳, 王霖琳. 基于耕作半径合理布局居民点研究——以山东省沂源县城乡建设用地增减挂钩项目区为例 [J]. 中国人口·资源与环境, 2014, 24 (6): 59 - 64.

[171] 陶德凯. 重大城市规划与建设项目的社会影响评价初步研究 [D].

华中科技大学硕士学位论文，2006.

[172] 滕敏敏，韩传峰，刘兴华.中国大型基础设施项目社会影响评价指标体系构建［J］.中国人口·资源与环境，2014，24（9）：170－175.

[173] 王鹤，马军山，魏琦丽.基于使用后评价方法的乡村人居环境评价研究［J］.山西建筑，2014，40（3）：213－215.

[174] 王惠平.建设新型农村社区是推进城乡一体化的有效切入点——对河南、山东、湖北等新型农村社区改革试点的调研［J］.农村财政与财务，2011（10）：17－18.

[175] 王吉昌.陕南移民的现状分析与对策［J］.宝鸡文理学院学报（自然科学版），2015（3）：52－56.

[176] 王昀.传统聚落结构中的空间概念［M］.北京：中国建筑工业出版社，2009.

[177] 王宁.陕西省城镇化水平分析及其前景预测［D］.西北农林科技大学硕士学位论文，2012.

[178] 王涛.甘肃省易地扶贫搬迁工程后评价研究［D］.兰州交通大学硕士学位论文，2015.

[179] 王署见.三峡工程移民的社会融合问题研究［D］.西安工业大学硕士学位论文，2007.

[180] 王澍，王峰，朱耀琪，等.陕南移民搬迁工程对地质灾害防灾减灾的启示［J］.国土资源情报，2011（8）：53－56.

[181] 王巍.山东省新型农村社区发展模式与规划对策研究［D］.山东建筑大学硕士学位论文，2010.

[182] 王小敏.河南省人口—经济—土地—社会城镇化协调发展时空演变研究［D］.河南大学硕士学位论文，2015.

[183] 王夏洁，刘红丽.基于社会网络理论的知识链分析［J］.情报杂志，2007（2）：18－21.

[184] 王晓欢，王晓峰，张晖，等.基于灰色关联投影的陕南县域城镇化水平评价及对策研究［J］.宁夏师范学院学报，2010（12）：68－74.

[185] 王彦辉.走向新社区［M］.南京：东南大学出版社，2003.

[186] 王颖.项目后评价理论与案例分析［D］.昆明理工大学硕士学位论文，2014.

[187] 王永丽，戚鹏程，李丹，等.陕西省地形起伏度和人居环境适宜性评

价 [J]. 西北师范大学学报（自然科学版），2013，49（2）：96－101.

[188] 王志国，滕玉庆，王鳄一. 区域开发生态影响评价方法及应用[J]. 上海环境科学，2001，20（7）：343－346.

[189] 魏晓芳. 三峡人居环境文化地理变迁研究 [D]. 重庆大学博士学位论文，2013.

[190] 吴得文，樊绯，王雯旎. 村镇住区选址评价指标体系的构建 [J]. 海南师范大学学报（自然科学版），2010，23（1）：96－103.

[191] 吴宾. 明清时期陕南移民农业开发及其对生态环境的影响 [J]. 内蒙古农业大学学报（社会科学版），2005（4）：241－243.

[192] 吴良镛. 人居环境科学导论 [M]. 北京：中国建筑工业出版社，2001.

[193] 吴娜，张建. 北方地区村庄规划后评价体系研究 [C]. 中国城市规划年会，2013.

[194] 伍锡论. 苏南农村集中居住空间形态研究——以常州新北区西夏墅镇为例 [J]. 小城镇建设，2008（2）：60－63.

[195] 夏永侠. 三峡农村外迁移民生活满意度研究——以山东省广饶县移民安置点为例 [D]. 山东大学硕士学位论文，2009.

[196] 谢林. 重庆人居环境可持续发展评价研究 [D]. 重庆大学硕士学位论文，2007.

[197] 谢喜丽. 重大建设项目区域经济影响评价方法研究 [D]. 重庆大学硕士学位论文，2010.

[198] 项继权. 论我国农村社区的范围与边界 [J]. 中共福建省委党校学报，2009（7）：4－10.

[199] 肖作鹏，柴彦威，张艳. 国内外生活圈规划研究与规划实践进展述评 [J]. 规划师，2014（10）：89－95.

[200] 熊德荣，江兴. 重点生态功能区的城镇化之路——对安康市加快推进新型城镇化的思考 [J]. 陕西行政学院学报，2014，28（4）：66－68.

[201] 熊文，毛瑞，王斐. 实施开发性移民的新思路 [J]. 人民长江，2010（23）：87－89.

[202] 许娟. 秦巴山区乡村聚落规划与建设策略研究 [D]. 西安建筑科技大学博士学位论文，2011.

[203] 徐凯，刘红燕. 关于新型城镇化的思考 [C]. 中国城市规划年

会，2014.

［204］徐鲲，刘忠群．借鉴历史经验　促进西部大开发——清代陕南山区资源开发个案分析［J］．重庆大学学报（社会科学版），2004（2）：15－17.

［205］徐磊青．以环境设计防止犯罪研究与实践30年［J］．新建筑，2003（6）：4－7.

［206］徐萌．川西林盘社区营造研究［D］．西南交通大学硕士学位论文，2013.

［207］徐绍史．新型城镇化重在改革［J］．城市开发，2014（5）：13－15.

［208］薛平拴．明清时期陕西境内的人口迁移［J］．中国历史地理论丛，2001（3）：99－119.

［209］闫杰．陕南民居建筑及其文化特征［J］．四川建筑科学研究，2009（5）：37－38.

［210］闫杰．秦巴山地乡土聚落及当代发展研究［D］．西安建筑科技大学博士学位论文，2015.

［211］燕萌．地域文化视野下的陕南移民搬迁点建设研究——以陕西商洛地区为例［D］．西安建筑科技大学硕士学位论文，2015.

［212］杨风．陕南县域循环经济发展研究［D］．西北大学硕士学位论文，2010.

［213］杨贵庆，顾建波，庞磊，等．社区单元理念及其规划实践——以浙江平湖市东湖区规划为例［J］．城市规划，2006，30（8）：87－92.

［214］杨国胜．重庆市三峡库区城镇化与生态协调性评价探讨［J］．农业现代化研究，2007（7）：454－456.

［215］杨海艳．我国人居适宜性的海拔高度分级研究［D］．南京师范大学硕士学位论文，2013.

［216］杨骏野．公路建设项目生态影响评价研究与案例分析［D］．西南交通大学硕士学位论文，2013.

［217］杨培峰．恢复生态学视角下生态脆弱地区的城镇化问题思考——以重庆三峡库区为例［J］．山地学报，2010（3）：183－190.

［218］杨士弘．广州城市环境与经济协调发展预测及调控研究［J］．地理科学，1994（2）：136－143.

［219］杨文健．中国水库农村移民安置模式研究［D］．河海大学博士学位论文，2004.

［220］杨洋，马骁．移民的地理聚集、隔离与社会融合研究述评［J］．人口与发展，2012，18（6）：104－109．

［221］姚尚远．基于低碳视角的社区空间规模确定［J］．长江大学学报（自然科学版）理工卷，2012，9（12）：145－146．

［222］叶嘉国，雷洪．三峡移民对经济发展的适应性——对三峡库区移民的调查［J］．中国人口科学，2000（6）：58－64．

［223］叶盛杰，严志强，杨巧玲．基于熵值法和综合评价法的区域 PRED 综合协调度研究［J］．资源与产业，2015，17（5）：82－87．

［224］野蔚．住区空间归属感设计研究［D］．长安大学硕士学位论文，2008．

［225］余吉玲．生态移民中的文化适应［J］．经济研究导刊，2010，90（16）：141－142．

［226］余咪咪，任云英，刘淑虎．基于可持续发展的陕南移民安置农村社区规模研究［J］．华中建筑，2015（3）：117－120．

［227］余咪咪，朱轶韵，刘淑虎．新型城镇化背景下安康移民新区区域选址研究［J］．开发研究，2016（5）：104－115．

［228］余咪咪，朱轶韵，刘瑞强，等．陕南移民新区发展困境及对策探讨——以安康为例［J］．生产力研究，2016（12）：82－86．

［229］余咪咪，任云英．历史地理视角下移民对陕南城镇发展的影响［J］．华中建筑，2015（1）：163－167．

［230］岳东霞．生态承载力理论、方法及其应用研究［D］．兰州大学博士学位论文，2005．

［231］岳文海．中国新型城镇化发展研究［D］．武汉大学博士学位论文，2013．

［232］于书霞，郭怀成，刘永．区域土地利用规划的适宜性［J］．中国环境科学，2006，26（2）：248－252．

［233］曾建生．水资源工程移民后评价指标体系研究［D］．河海大学硕士学位论文，2003．

［234］曾祯．基于图形叠加及地统计学的浙江文化区空间透视［D］．浙江师范大学硕士学位论文，2013．

［235］张鸽娟．陕南新农村建设的文化传承研究［D］．西安建筑科技大学博士学位论文，2011．

［236］张贵凯．人本思想指导下推进新型城镇化研究——以陕西省为例［D］．西北大学博士学位论文，2013．

［237］张国栋，谭静池，李玲．移民搬迁调查分析——基于陕南移民搬迁调查报告［J］．调研世界，2013（10）：25-27．

［238］张俊，王靖雯．政策支持与移民融入［J］．吉林工商学院学报，2015，31（2）：19-22．

［239］张立，赵民．转型发展与应对策略——论新型城镇化的九个关键问题［M］//张立，陆希刚．理想空间：No. 61 新型城镇化——转型与应对．上海：同济大学出版社，2014．

［240］张力仁．清代陕南秦巴山地的人类行为及其与环境的关系［J］．地理研究，2008（1）：183-194．

［241］张美娟．基于生活圈理论的甘肃回族新型农村社区构建研究——以临夏回族自治州麻臧村和三谷村为例［D］．兰州交通大学硕士学位论文，2015．

［242］张梦婕，官冬杰，苏维词．基于系统动力学的重庆三峡库区生态安全情景模拟及指标阈值确定［J］．生态学报，2015，35（14）：1-14．

［243］张伟然．湖南历史文化地理研究［M］．上海：复旦大学出版社，1995．

［244］张晓虹，满志敏，葛全胜．清代陕南土地利用变迁驱动力研究［J］．中国历史地理论丛，2002，17（4）：114-125．

［245］张晓虹．陕西文化区划及其机制分析［J］．人文地理，2000，15（3）：17-21．

［246］张馨月，杨东峰，周勇．面向灾害移民的安全社区建设：中斯经验比较［C］．中国城市规划年会，2014．

［247］张兴国，郭璇．三峡库区移民居住区人居环境建设初探——以巫山县大昌新镇移民居住区设计为例［J］．新建筑，2004（6）：42-44．

［248］张芸．灾害移民社区建设研究——基于安康七堰社区的个案调查［D］．西北农林科技大学硕士学位论文，2014．

［249］张越．生态移民工程中的移民满意度实证研究——以宁夏泾灵新村为例［D］．甘肃农业大学硕士学位论文，2015．

［250］张占斌，刘瑞，黄琨．中国新型城镇化健康发展报告（2014）［M］．北京：社会科学文献出版社，2014．

［251］张志良，张涛，张潜．三江源区生态移民推拉力机制与移民规模分析

［J］．开发研究，2005（6）：101－103.

［252］赵常兴，周敏．移民对清代陕南地区农业经济的开发与制约［J］．安徽农业大学学报（社会科学版），2004，13（1）：29－32.

［253］赵民，钟睿，吴志城．以"产城融合"为导向，促进新时期的产业社区发展——以西宁市为例［J］．西部人居学刊，2014（5）：1－6.

［254］赵思敏．秦巴山区城乡统筹发展的主要问题及对策——以安康市为例［J］．地下水，2013，35（2）：180－182.

［255］赵万民．三峡库区人居环境建设十年跟踪［J］．时代建筑，2006（4）：182－184.

［256］赵万民，李云燕．"后三峡时代"库区人居环境建设思考［J］．城市发展研究，2013（9）：73－77.

［257］赵炜．乌江流域人居环境建设研究［D］．重庆大学博士学位论文，2005.

［258］赵晓旭．新型城镇化"人往哪里去"："就地城镇化"与"异地集聚发展"之争［J］．中国名城，2015（7）：33－36.

［259］郑伟民，陈文成．福建省PRED系统评价与协调发展研究［J］．人文地理，2008，100（2）：119－123.

［260］郑潇蓉．三峡库区（重庆段）城镇化与人口容量协调发展［D］．重庆大学硕士学位论文，2009.

［261］周杜辉，李同昇，哈斯巴根．陕西省县域综合发展水平空间分异及对策研究［J］．人文地理，2011（1）：71－75.

［262］周皓．国外移民模式［J］．人口研究，1999，23（3）：43－48.

［263］周建华．内蒙古鄂托克前旗生态移民工程效益评价及满意度分析［D］．北京林业大学硕士学位论文，2011.

［264］周建，施国庆，孙中艮．基于模糊理论的生态移民搬迁安置社区优化选择［J］．生态经济，2009（5）：33－36.

［265］周军峰．陕南地区避灾移民搬迁中突发事件前瞻研究［D］．西北大学硕士学位论文，2013.

［266］周玉明，魏向东．传统民居隐性环境特征的延续［J］．南京艺术学院学报，2008（2）：131－132.

［267］周政．关于安康方言分区的再调查［J］．方言，2006（2）：177－183.

［268］朱亮，吴炳方，张磊．三峡典型区农村居民点格局及人居环境适宜性评价研究［J］．长江流域资源与环境，2011，20（3）：325 –331.

［269］朱明明，赵明华．基于相对资源承载力的山东省主体功能区划分［J］．水土保持通报，2012，32（4）：237 –241.

［270］朱查松，王德，马力．基于生活圈的城乡公共服务设施配置研究——以仙桃为例［C］．规划创新 2010 中国城市规划年会论文集，2010.

后 记

秦巴山区是长江上游地区重要的生态屏障，是国家的重要生态功能区，群山毗连，层峦叠嶂，河流源远流长。由于历史移民、长期的无序开发导致该地区自然灾害频发，为了改善人居环境、保护生态环境，不得不实施"新移民"工程。庞大的移民搬迁量、复杂的自然环境、多元化的移民类型是移民工程面临的巨大挑战。在安康出生、度过童年的我，对这片秦巴山区中的热土有着无限的眷恋。因此下决心研究移民搬迁建设的科学合理性，为故土的移民事业做一点微不足道的贡献，希望移民可以在异地盛开出幸福之花。

在本书的写作过程中，感谢西安建筑科技大学任云英教授，从理论、方法到实证予以悉心指导和帮助；感谢西安建筑科技大学李志民教授、张沛教授、雷振东教授、王树声教授、王军教授，西安交通大学曹象明副教授、张定青教授等在研究方法、写作内容上给予的指导和建议，与他们的每一次交流都让我受益匪浅。

感谢同窗好友刘淑虎、魏书威、田野、肖逸、邵风瑞、刘玲玲等提出的客观意见和帮助。感谢同事桑国臣教授、朱逸韵教授以及刘瑞强、徐冬平、高海东等给予的支持和理解。

感谢调研所在地各界人士的关心与帮助，衷心感谢安康市扶贫移民局、安康市党校江兴教授对本书调研所提供的支持与帮助；感谢安康市白河县城乡统筹办公室周远国主任在现场调研、资料收集等方面的热情帮助。

感谢我的学生郑林骄、黄阳、高宇强、王贤贤……感谢他们耗费了宝贵的学习时间协助我进行资料收集和调研。

感谢我的父母、丈夫和女儿，他们的理解、包容和支持是我完成本书的巨大动力。

2021 年 11 月